张起钧　吴怡　著

中国哲学史话

花山文艺出版社

图书在版编目（CIP）数据

中国哲学史话 / 张起钧，吴怡著. —石家庄:花山文艺出版社，2020.01
ISBN 978-7-5511-1187-4

Ⅰ.①中⋯ Ⅱ.①张⋯ ②吴⋯ Ⅲ.①哲学史－中国
Ⅳ.①B2

中国版本图书馆CIP数据核字(2020)第269074号

书　　名：**中国哲学史话**

著　　者：张起钧　吴　怡

责任编辑：林艳辉

责任校对：李　鸥

美术编辑：胡彤亮

装帧设计：棱角视觉

出版发行：花山文艺出版社（邮政编码：050061）
　　　　　　（河北省石家庄市友谊北大街330号）

销售热线：0311-88643221/29/31/32/26

传　　真：0311-88643225

印　　刷：三河市嘉科万达彩色印刷有限公司

经　　销：新华书店

开　　本：880×1230　1/32

印　　张：13.75

字　　数：260千字

版　　次：2020年1月第1版
　　　　　　2020年1月第1次印刷

书　　号：ISBN 978-7-5511-1187-4

定　　价：69.80元

目　录

献给读者的话 / 1

再版自序 / 1

第一章　中国哲学的传统精神 / 1

第二章　中国文化的象征——孔子 / 20

第三章　热情救世的巨子——墨子 / 38

第四章　恬淡自足的隐者——杨朱 / 55

第五章　智慧无双的老者——老子 / 67

第六章　超尘不羁的才士——庄子 / 82

第七章　宏辩卫道的圣雄——孟子 / 97

第八章　博学崇礼的儒宗——荀子 / 115

第九章　尚法明治的权威——韩非

　　　　（附：管仲、商鞅、申不害）/ 131

第十章　立异鸣高的辩者——公孙龙

　　　　（附：邓析、惠施）/ 148

第十一章　尊经崇儒的功臣——董仲舒 / 165

第十二章　清谈论道的名士——王弼

　　　　　　（附：何晏）/ 182

第十三章　弘扬仙道的高士——抱朴子

　　　　　　（附：魏伯阳）/ 198

第十四章　佛法初传的高僧——佛图澄

　　　　　　（附：道安、慧远）/ 218

第十五章　译经弘法的大师——鸠摩罗什

　　　　　　（附：僧肇、道生）/ 236

第十六章　沟通中印的圣僧——玄奘 / 257

第十七章　融会贯通的教宗——智颉

　　　　　　（附：法藏）/ 276

第十八章　一新佛法的天才——慧能 / 293

第十九章　卫道承统的文豪——韩愈

　　　　　　（附：李翱）/ 311

第二十章　民胞物与的哲人——张载

　　　　　　（附：邵雍、周敦颐）/ 327

第二十一章　承先启后的宗师——程颢、程颐 / 343

第二十二章　弘道立学的泰斗——朱熹 / 360

第二十三章　宇宙一心的大儒——陆象山 / 375

第二十四章　知行合一的伟人——王阳明 / 392

第二十五章　中国哲学的未来 / 410

附录：中国哲学简明系统表 / 420

献给读者的话

　　本书的目的在用通俗的语言，轻松的笔调，介绍中国哲人的思想，我们的重心不在寻章摘句、作讲"书"式的注释，而是希望能融会贯通，用简明扼要的文字，向读者报告那些哲人究竟说了些什么。尤其希望把他们所以苦口婆心、谆谆说教的底蕴烘托出来；使世人明白他们真正精神的所在，以使后人闻风而起，接过他们的棒子跑下去。

　　这一想法对于作者来说，实在是一超额负担，真使我们深深地感到：心有余而力不足。但现在既然因缘辐辏，来挑起这沉重的担子，便唯有不揣浅陋，竭尽全力地去做。书中文章虽都平淡稀松，距离理想极远，但每一篇都确曾反复推敲，几经删润；其中三分之一以上的篇章都曾彻底改写过四五遍之多，甚至短短的一两百字，也常常耗尽三四天的苦思。至于力不从心之处，只有请读者原谅和教正。

　　尤其要向读者声明的是，作者虽力求冷静客观，以符哲人的原意，但事实上终难免掺进"个人的理解"，甚至在许多阐发精神旨趣、讲述传承使命的地方，很可能流露出主观情感和意念。这在年长的读者，冷眼旁观一望可知；但对年轻的朋友，我们却生怕这"可能曾有的私见或偏差"或许会妨碍了对哲人们的正解，那我们就非常遗憾了。因此希望读者最好能参读哲人们的原著和前贤的讲解，庶几"兼听则明"，而避免本书或有的弊端。

还有一点要附带一提的，就是喜欢轻松的读者们，我们建议先从第二章看起，等全书看完之后，再回来看第一章"中国哲学的传统精神"，以免为这章严肃的文字，打断了阅读的兴趣。

最后，希望读者诸君不吝赐教，如发现有错误不妥之处，不论公开指责或私相函告，都一律感谢；一切宝贵的意见，我们都敬谨接受，并将于再版时，尽量据以改正。

张起钧　谨识

再版自序

一

　　《中国哲学史话》印行一年来，我们时时感到这书还是太早拿出来，单以错字来说就有不少都未校出，其他更不要论了。但是读者诸君对此并未介意，反而纷纷嘉勉，甚至还有许多学人远从欧、美、非、澳来信奖誉，真使我们不胜惶惭和感谢。

　　不过在惶惭之余，有一点自信还足以告慰大家的，就是这本书的撰写旨趣。它不仅想把哲学思想推广到"哲学界"之外，同时还想更真实地表达中国哲人的意境，而后者正是撰写中国哲学史的一种尝试。这一尝试如果能有些微贡献，而给大家开辟一条新路，也不枉读者诸君的一番爱护。这一点每与友朋谈起，并承殷殷垂询，因此趁这书再版之际，作一书面报告，以示答谢读者诸君的关怀和盛意。

二

中国本来并无"哲学史"之类的著述，比较近似的，只有《宋元学案》《明儒学案》等书。这些书虽然也是沿着时代介绍各家各派的学说思想，但它们只是将各家重要的著述摘录汇列在一起而已，与西方所谓的"哲学史"实大不相同。而第一部用西方哲学史的方式来写中国哲人思想的，当然就是那部众所周知、胡适先生所撰的《中国哲学史大纲》上卷，此书虽只出了上卷，并未写完，但它所介绍的方法却打破了传统的"学案"藩篱，而给国人带来一种新的研究途径。于是"哲学史"之类的著作，便如雨后春笋般地出现了。但其中多彼此模仿，少有推陈出新之作。真能够称得上"第一手"而又写完全了的，当然要推冯友兰先生的《中国哲学史》。这本书不仅在国内独步一时，成为权威的著作，并且经美国卜德（Derk Bodde）教授译为英文，成为英文中唯一的一本中国哲学史〔另有《中国哲学简史》（*A Short History of Chinese Philosophy*）一书是冯氏根据前书为蓝本缩写的〕。其所以有如此的盛誉，自是由于内容精审，水平高超，尤其中国哲学以往并未经过有系统的整理工作，冯氏首作全史，开疆辟土，功不可泯，这也是不必赘言的。但从学术史的观点来看，则冯氏此作的主要贡献乃是他第一个用西方的方式写完一部中国的哲学史。但天下事往往是"利之所在，弊亦生焉"，他的贡献固然在用西方的方式写，而其弊端也就是在用"西方"的方式来写了。

三

何以说"用西方的方式写"是弊端呢？因为毕竟中国哲学与西方哲学的路数和情调大不相同。现在用西方的方式写，固然就逻辑理路方面清晰明白，远较前人的支离摸索为佳，但是就在这有条有理的叙述中，却把中国哲学塑造成一套逻辑的论辩，一如西方哲学，而忘掉了中国哲学的"实践精神"。这"实践精神"不仅为中国哲学特征之所在，同时也正是那套逻辑论辩所附丽的主体，若舍此而不论，那就无从了解中国哲学的本来面目。这种重实践的精神，就是冯友兰先生本人也完全同意。冯氏在其《中国哲学简史》第一章论及中国哲学的精神时，便引录金岳霖教授的话（冯氏所引，据云为金氏未发表的手稿，原文不详，故下文为就该书英文译出者）：

由于伦理、政治、审思、知识备于一身，因此所有中国的哲学家都可说是不同程度的苏格拉底。知与德在他们（按：原文为"他"，兹为适应中文语气译为"他们"），为不可分的同一件事。他们的哲学需要他们身体力行（原文为 live），甚至自己就是实现其哲学的工具。按照自己的哲学信念而生活，就是他哲学的一部分。他的所为就在不断坚定地锻炼自己，以达到超乎"自私"和"以自我为中心"的纯净境界，从而与天地合而为一。这种锻炼的进行，显然不能停止，因为停止就等于私我出现失去天全。因此在"知"的方面他要永远钻研摸索，在"行"的方面他要永远勉力而为。知行既不能分，乃在"哲学家"的本义下（钧按：哲学家本义为苏格拉底自称之"爱智者"）融合于其身。就如苏格拉底一样他并不把哲学当作上班才做的事。同时也如苏氏一样绝不置身人生边缘，而做一个与世隔绝的黯淡哲人。对他而言，哲学绝不仅仅是一套为了使人理解的观念形态，而实是哲学家行为所依据的箴言体系。推而极之，甚至可说他的哲学就是他的史传。

金岳霖先生这种说法，我们完全引为同感。尤其他说一个人的哲学有时甚至可说就是他的小传，真是把中国哲学家的精神宣泄无余。在这种情形下我们怎么可以把它拿来和西方哲学一样处置，而只把理论加以组织说明便算了事？我们纵不说哲学就是他的小传，行为就是他的想法；但至少应该承认思想和行为是其同一人格的两种表现。那也就是说，学说思想是他人格在文字方面的表现，而人生行为是他人格在行动方面的表现，这两者任缺其一都不足以了解其全面的人格。其实这还是从表面来看，若进一步分析，则中国哲学除了先秦的名家、魏晋的玄论等少数派别不计外，所有主要的学派自孔子、墨子以迄王阳明无不是以人生的实践为主，而学说思想不过是其行为的说明与推动而已。因此若把哲人的行止出处弃置不论，而只讲他的思想，又怎能把握住中国哲学的真意，揭示出中国哲学的特征？这一点就是撰写《中国哲学史》的作者冯友兰也要承认的吧（由其征引金岳霖的话可为证）。所以，我们说："用西方的方式写中国哲学史"是有弊端的，其故在此。

四

正由于上述的弊端，所以我们才有《中国哲学史话》的撰写，以谋补正和改进。我们在《史话》中不仅介绍哲人的思想，尤其要阐述他为什么有此立言造论的底蕴。我们想把哲人的思想和行为打成一片，以使其人格和怀抱完整地展现在读者的眼前。因此虽有故事穿插，却绝不是为了轻松凑趣，虽则它也能给读者带来不少的趣味。

这种写法不过是我们的一个理想而已，至于实际如何能把哲人的行为和思想打成一片，如何能从德知两方面烘托出哲人的完整人格和意境，实不是简单易为的事，我们此处所做不过是一种抛砖引玉的尝试而已。

在从事这种尝试工作中，我们深深地体会到：不仅每位哲人都有其立言的旨趣和其努力的怀抱，而且他们这些旨趣、怀抱竟是彼此呼应关联的；不仅彼此呼应关联，并且还是在彼此间具有共同精神的。这种共同精神若一家一家细为比较，自然很难看出，但若持而与西方或印度的哲学思想来比较，那就显而易见了。试看希腊哲人自泰勒斯直到集大成的亚里士多德，他们一意所求的可说是全在客观真知，一心向往的就是真理，因此才有所谓"爱智之学"。再看印度以及西方中古的哲人，他们虽是终日孜孜矻矻于思辨的园地，并且对哲学有着极大的贡献，但是他们所为的却是宗教。一切学说思想在他们心中，可说是要去理解和阐扬宗教的工具而已。在这种对照下，便可以很清楚地看出中国哲人的不同情调了。中国哲学家中虽也不乏与西方、印度哲人相同的，但大体说来既不是为了抽象的客观知识和真理，也很少是为了往升天国（当然有些佛学家应作例外），而他们却是为了改善世道，造福人群。儒家如此，墨家、法家也是如此，就是道家也不例外（因为他们也都是认为人能按照他们的想法而生活，才是最幸福的）。甚至佛学，虽是从印度传来的出世之学，但也受了这种精神的感染，而与印度佛学的本来面目颇有不同。只看大乘之学在中国特别发达就是明证。总而言之，大家都可说是为世道而学问。这一情调正是中国哲学与西方、印度大异其趣的。当然，我们不能说在中外之间一刀划清，说西、印哲人完全没有这种情调，或说儒、墨等家并无西、印哲人的追求，因为人类总是人类，心岂无所同然？但中国哲人之普遍的怀着这种抱负而为学，则断断不是西方与印度所有的景象。

在这为世道而学问的洪流中，我们又可以看到儒家实别有其一脉相承的精神，那就是他们标榜要以内圣外王的学养来做救人救世的奋斗。而这一精神就构成了儒家所以为儒家的法印。我们试看，从孔子、孟子、荀子直到程朱、陆王，他们的学说内容是如何的不同，讨论的问题是如何参差互异，但尽管不同互异，却不害其同为儒家，并且他们还都自命是继圣人之绝学，传孔子之真道。这其中的关键就在他们都是秉承着同一精神，做着同一的奋斗。至于学说内容的不同那不过是由于时代环境不同而生"禹稷颜子易地则皆然"之说法而已。这种内圣外王、救人救世的精神虽是由孔子而光大，但其渊源却远承自历代的圣王（即民族伟人的代表人物），所谓尧舜禹汤文武周公者是。而这种历代相承的内圣外王、救人救世精神，也就是宋儒以来所说的"道统"了。这道统精神就其光大于孔子，且为儒者一贯的准则而言，自是儒家的特有之物，但就其远绍自尧舜禹汤、列祖列宗而言，则是我民族的共同产品，它实普遍地潜存于中国人的血液中，而非儒家一家所得而垄断。

因此每一个有心的中国读书人，无不多少具有几分这种精神，自先秦的墨、法、阴阳各家以及后世非儒非道、亦儒亦道的人士莫不皆然，不过不像儒家那样亲切分明、郑重标榜而已。试看墨子与孔子，宋轻与孟子，除了主张见地不同外，他们救世的热忱又有什么不同？由此看来，这内圣外王、救人救世的道统精神，不仅是儒家的中心怀抱，同时也流露在其他的各家各派。其间虽有佛教学者可称例外，但佛学在中国哲学史的两千五百年中，只有七百年占优势，其余的时间大体可说全是儒家的天下。因此，当我们叙述各家的思想时，可以清清楚楚地看到，尽管他们的学说内容彼此大相径庭，但其立说的旨趣、奋斗的怀抱，却每多相同互似之处，甚至还前后呼应，一贯相承，而上述的道统精神就正是这统贯全程的主流。

五

由于对上述这一事实的体认，所以很幸运，本书在无形中有了一个中心灵魂。因此虽是分章介绍不同家派的思想，但彼此间却不是隔离孤立的。我们除了把各家思想前后激荡呼应的关系指明外，还抓住他们一致百虑、殊途同归的精神，而把各个哲人的奋斗编织起来，使全书成为一个有系统的完整结构，表现出一个完整统一的气氛。于是不仅把中国与西方印度哲学的相异情调烘托出来，并且有力地说明了中国哲学的特征是什么。从孔子到王阳明，我们随处可以看到哲人们是如何为传统抱负而奋斗，而他们的学说是如何的在表达这种中心的旨趣。这种相承一贯的精神，这种完整统一的气氛，虽是哲人们所表现的客观事实，但既由我们体认而说明，于是便如前述，无形中成了本书的中心灵魂，而从写作的观点来看，也就成了我们贯穿全书脉络的骨干。假如要问本书有无特点，我们可以说有的，就是拿这内圣外王、救人救世的道统精神为主流，来说明中国哲人为世道而学问的旨趣，使读者对中国哲学的本来面目，能有正确的认识。假如本书还能有些微贡献的话，也只有这一点还能勉强滥竽充数。因为把两千五百年的哲学思想，用一个一贯相承的精神来讲解说明，这还算是一个新的尝试。当然这也只是一个"尝试"而已，我们希望这个尝试能起到抛砖引玉的作用，而引出许多伟大的作品，以光大我中国的哲学领域，发扬我中国哲人的传统精神。

六

在此有一个附带说明的，就是本书题材的安排。本书既是以道统精神为贯穿全书脉络的骨干，因此全书的取材和结构，便不能不以这个主旨为归依。有很多友人向我们问到下列的许多问题：

（一）杨朱并无著作传世，留下来的话不过三句而已，为什么也写一大篇？

（二）董仲舒，尤其是韩愈，并不是什么了不起的哲学家，为什么竟也各占一章，大写特写？

（三）王弼和抱朴子也同样分量太轻，不值得写成两章。

所有这些问题的答案，都由于按照前述的主旨安排而形成。孔子是第一个讲学论道的，依据孟子的说法，孔子的思想之所以发生动摇，就是由于杨墨兴起的缘故，所以他以距杨墨彰孔子自任。假如我们只写墨而不管杨，则孟子的呼吁奋斗岂不成了无的放矢？因此便不得不把杨朱也写成一章。当然根据三句话而写成一章也不是一件省力的事。同样的理由，也把王弼和抱朴子各写一章，分别代表道家和道教，以免有佛无道，而使宋儒辟老排佛的运动没有着落。至于董仲舒和韩愈二人，我们虽明知不是什么大哲学家，但是他们却在道统精神发展的转折点上占有极重要的历史地位。我们为了说明这种转变的动向，不能不请出他们来，以使叙述有所附丽。例如前述的内圣外王道统精神，我们就是放在韩愈章内说明的。而那表彰六经、独尊儒术的历史大事，也自然要请出董仲舒来说明，何况董氏重义轻利的呼吁又是从孟子到宋儒的一个重要桥梁呢！至于他们的哲学地位，我们早已用"功臣"和"文豪"两词为标题，而暗示他们的成就实不在哲学了。

此外还常常有朋友谈到佛学的部分写得太多。实则在我们几经考虑的结果，这已是最紧缩的写法。试问就中国思想界的立场来看，我们能不写慧能（禅宗）么？写了慧能后，能不写玄奘（法相宗）么？既写玄奘的法相宗又怎能对教下三宗的其他两宗——天台、华严抛弃不管？因此又势必要写智颢（天台宗）和法藏（华严宗）。但佛学之有如此成就并非来自一朝，何况它还是自印度输入的，因此对这一输入和发展的过程势不能不有所交代。因此又写了佛图澄和鸠摩罗什两章，以作介绍弘法（佛图澄）和译经（鸠摩罗什）的运动，庶使读者不致有突如其来的感觉，所以这实在是不能再少的节约写法了。

按：本文内容曾以《〈中国哲学史话〉的旨趣》为题，于中国哲学会第六届年会（一九六四年十二月二十日）中由本人作专题报告，并于《新天地》三卷十一期发表。今迻录于此，用作再版序言。

张起钧　谨识

第一章　中国哲学的传统精神

一

　　"哲学"是一个西方名词，是指一种思辨明理的学问。我们中国从前虽然有类似的研究，并且也有非常卓越的成就，但其研究的态度，取舍的范围，却与西方所称的"哲学"不尽相同。我们今天也一起笼统地称之为"哲学"，说它是中国哲学，不过是一种方便的说法而已。中西"哲学"的内容和意义既不太相同，研习者的旨趣自然也彼此参差，不免互异。因此我们现代虽也称孔孟老庄等人为哲学家，但他们的精神、性质实与西方的哲学家大不相同，而这一差异的所在，正构成中国哲学家的传统特质。

　　中西哲学，以及中西哲学家的差异所在，当溯源于其兴起的背景。西方哲学是兴起于古代希腊，约当公元前六世纪到四世纪的两三百年间。那时境内大体安定，生活优裕。哲人身处其间，既无伟大的政治场面鼓舞其兴致（希腊境内当时只是许多小国寡民的城邦而已），又无严重的忧患问题迫使其解决。因此足以引起他们注意的便只有这面临身处的大自然了。他们不思则已，要思考便会想到宇宙的基本问题，而去海阔天空地追问宇宙的本源，超乎人我地去探讨自然理律，并从而轻描淡写地去勾画其人生的梦境。

但中国的哲学家便没有这样幸运了。中国的哲学是兴起于春秋战国时代，那时人们遭逢史无前例的巨变，作为经济基础的井田制度（土地公有、财富平等），作为政治和社会骨干的封建制度，这些都是人们有记忆以来唯一无二的传统制度，这时都崩溃瓦解，发生革命性的变化。"君""父"是人之大伦，为宗法道德的无上尊严守则，而这时竟是："臣弑其君者有之，子弑其父者有之。"再加上战祸频仍，民生涂炭，已是到了天翻地覆，简直活不下去的境况了。这时，醉生梦死无知无识的，自当别论；只要有头脑的，摆在他面前的问题，便是这整个社会应该怎样才能活下去。这是一个活生生的现实问题，而不是纸上谈兵的理论游戏。唯其如此不同，所以希腊哲人偏于爱智，而其所追求的，不是外在现象的客观理解，便是诸般事物的抽象逻辑，流风所及便树立了西方哲学的特征。至于中国先秦的哲人，由于环境使然，都一致偏于实践。除了极少数的辩析之士：如惠施、公孙龙等喜作抽象的名理讨论外，他们努力追求的主流，全是觅取合理应行的途径，谋求人世问题的根本解决。换句话说，就是要寻求至道，以救人救世。这并不是说西方的哲人不讲求人生世道的问题，但他们的讲求多半是求之于逻辑的推论，而中国哲人的论断则都是求之于人世的实际体悟和证验。唯其求之于逻辑，往往理论响亮，事实却感扞格不通，非徒闭门造车，难合实际；有时简直就是朱子所说的"弥近理而大乱真"了。例如柏拉图的《理想国》，你能说理论不妙，陈义不高吗？但假如真要付诸实施时，却很难达于至公至爱，各扬其德的理想，这岂是柏氏所能料及？其所以如此者，就因为他这一套都是坐在书斋内凭空杜撰的，不仅对于世事并无证验，就是对他本心也无坚定的信念，一旦思考理论别有发展，又会提出其他的主张了。试观柏氏另一著作《法律论》中的主张，不就与《理想国》中的大异其趣吗？至于中国哲人就不同了，他不是坐在书斋里，乱想主张；而是投身在社会中，以生命求之。试看孔子，他是"食无求饱，居无求安"，而一心志道，甚至说："朝闻道，夕死可矣。"这样求来的结论，自然是深厚有力，而非空论可比。他们不仅以生命来求道，并以生命来行道。孔子的恓惶一代，"知其不可而为之"，不必说了；墨子又何尝不是"摩顶放踵，利天下为之"？他与信徒弟子严格实行他那兼爱非攻、尚同尚贤的主张，不惜以身相殉。姑且不论这些都是哲学大师，就是次要的如许行、陈仲子之流，也无不是笃行自己的主张。许行阐扬神农之道，认为"贤者与民并耕而食"，他便"与其徒数十人，皆衣褐捆屦，织席以为食"。陈仲子是齐国的世家巨族，他尚廉贵义，认为家中的禄俸是不义之禄，家中的宅室是不义之居，他就毅然偕妻离家，远处于陵，甘度那贫困饥寒的生活。最令人感动的，是晋朝的一位哲人慧远，他是和尚，笃信佛法，严守戒律。当他病危的时候，弟子们劝进豉酒，他认为违反戒律不饮，又以蜜和水浆进奉，他不知是否违律，叫弟子们检阅律文以做决定，检阅未半而死。像他们这些主张结论，都是付出了生命代价而得来，又付出生命的代价而信守的，自然严肃认真，不会像柏拉图的轻率立说，忽又变论，更不会像莱布尼茨藏起一套说法，而又另拿一套来肆应公卿权贵了。因此西方的哲学家只是智者，而中国的哲学家则往往都是圣贤。由于智者和圣贤的不同，使得中西哲学的本质也大不一样。西方哲学都是智者思考的纪录，而中国哲学则都是哲人们救人救世的方案，尽管大家方案不同，观点互异，而这种精神却自始至终，一以贯通，毫无二致。我们只要一溯源流，便显而易见。

二

前面说过中国哲学兴起于春秋战国时代。何以起于这时，其原因虽很复杂，但最重要的就是因为这一时代有着严重而深刻的问题，引起了仁人志士们的奋起。所谓"殷忧启圣"者是。须知有病才去寻医觅药，沉痛的刺激才能迫使人们去潜心思考。当时仁人志士们眼见天翻地覆，难于坐视，才群起奋思，彻底检讨问题，想找出一个解决办法，而我们今天研究的所谓哲学（指那一时代留下来的哲学典籍），就是他们这些办法和有关讨论的记载了。在这些仁人志士中的第一个，也是最伟大最有成就的一个，当然就是孔子。如以旧日的礼法制度来论，孔子可说是一位点石成金的守旧派。孔子眼见大厦将倾，满目疮痍，这不是头痛医头，脚痛医脚的问题，要挽狂澜，唯有重建传统礼法，恢复全面的秩序，从这一点我们说孔子是守旧派。但他这守旧，并不是顽固的复古，而是保留旧有的形式，赋予了高深的意义、进步的内容。唯其有进步的内容，才能解决新的问题；唯其有高深的意义，才有追求的价值。这正是孔子以"述"为作，点石成金的高明手段。

仁人志士们的想法，当然不能尽如孔子的老成圆到，尤其在一个制度趋于崩溃的时候，大家所见到的，往往都是那一制度的缺点流弊。因此振奋而起的哲人们，都是对旧有礼法采取反对态度，而各自提出认为正确合理的途径，以谋代替。在这一怒潮中，最主要的见解，可说有两派：一派是墨家，一派是道家。墨家创自墨翟，他认为世乱道衰，都是起于大家不相爱。假如大家都能一致相爱，毫无畛域，哪里还有互相戕害之事？天下又哪有纷乱？因此高唱"兼爱"之说，奔走呼吁，并提出许多革命性的具体主张，来推翻旧有礼法，以谋挽救世道。他的信徒很多，声势很大。不仅禽滑厘、相夫氏、相里氏、邓陵氏等在张大其说，弘扬墨教，就是"禁攻寝兵""虽饥不忘天下"的宋钘、尹文，也是属于他的阵营。至于另一派的道家，则是逐渐演变而成的。这一派最先享名的是提倡"为我"说的杨朱，而集大成的则是还淳返朴，为弱居下的老子。其后庄子出来，诗情哲意，超逸动人，更是锦上添花，增色不少。道家思想都是恬淡自守，消极出世的，甚至杨朱还公然明倡"拔一毛而利天下，不为也"的主张。表面看来，似与我们所说救人救世的旨趣无关，殊不知道家所以倡导这种思想，实因鉴于社会民生所以陷于纷乱痛苦，都是舍己逐外，妄事纷华之所致。因此才提出他们认为幸福的人生，而想解脱人民于苦海。并且他们还认为：假如人人都行其道，个个都能恬淡自守，世间自然无人作恶为非，天下自然归于宁静太平。试问这不是救人救世，是在做什么？不过他们用的是一种消极姿态，消极办法罢了。

翻案的文章照例比正面文章容易精彩。道墨这种强调一端的主张，比起维持社会全面均衡的儒家学说，自然出色动听。因此这两家的新奇创见，便迅速垄断了当时的思想界，使孟子不得不慨叹："杨朱墨翟之言盈天下；天下之言，不归杨，则归墨。"实则道墨两家，理论上虽都很高妙，但若真要付诸实施，不仅流弊极大，而且会使社会解体，国本动摇。试问人们果真彻底"为我"，还哪有社会组织？人们果真彻底"兼爱"，还哪有人伦道德？无组织，无伦常，社会国家又怎能维持？这种趋势（即道墨两家在思想界的优势）若继续发展下去，危机将不可胜言。于是乃有孟子、荀子一般见远思深之士出来力辟众说，弘扬儒术。荀子曾把所有重要的各家学说，都一一指出其蔽惑不可之处，而阐明孔子之道才是唯一健全可行的王道。孟子更是大声疾呼，以辟杨墨彰孔子而自任。孟子这种热诚卫道的精神，不仅遭受许多浅见之士的误解，甚至他的弟子也怀疑他好辩，但是又有谁知道他之出于不得已的一片苦心？他的辩难并非只是做些学术的讨论，更不是要与人争一日的短长，而是他深知"杨墨之道不息，孔子之道不著"，则邪说流行，道德沦丧，结果会是人将相食，民无噍类。因此他才深自恐惧，不得不起而论战。他把这论战比作禹抑洪水，周公兼夷狄驱猛兽，孔子成《春秋》。也就是说，他这论战乃是关乎整个民族存亡，国家兴废的奋斗，而非仅是一个学术性的论辩。孟荀这番努力总算是"功不唐捐"，使得够刺激、富诱惑的杨墨百家之学不再张扬，而深入浅出、平实妥当的孔子之道，终被认识。大家知道这才是通盘筹划、健全可行的正路，要谋长治久安，只有实行这种办法。到了汉武帝时，更索性由政府明令"罢黜百家，独尊儒术"，使孔子的主张正式成为全国上下奉行之道，以至于今。

三

在群伦共处之道得到结论后，怎样活下去的问题，大体已不存在。仁人志士不再有社会鼎沸，民无噍类的忧患。他们无须去追求"如何维持人生",而引起他们注意的,乃是人的本身。他们要问一问这人生的"究竟"。因此这时哲人们的努力方向,已不是如何外在的厚生立群,而是要进一步的来解决人生内在的基本问题。这一怒潮可说是肇始于魏晋的玄谈。那时王弼、何晏一班人们开始探讨人生的究竟,及其相关的问题。所谓"性""命""名""理""道""德""有""无"都是超越现实生活,穷究人生底蕴的讨论。这还不过是这一怒潮的前奏小唱,而随着佛教佛学的大量输入,乃使其达于极峰高潮。这时许多聪明睿智之士,聚集在佛门的旗帜下去追求人生的真正旨趣,要解决人生的最后问题。为了这一努力,他们牺牲乐利,虔诚向道。不论是孤处穷山僻壤,与世隔绝;不论是投身危邦险境,应接众生,只要是有助于明道济世,无不毅然奔赴,甘之如饴。纵令生命危殆,此身不保,也都在所不惜。玄奘之出生入死赴印度取经,就是一个典型的好例。

在他们这种努力下,乃使明心见性、了生脱死的追求,获得了惊人的发展。凡是环绕着这一目标的每个角度,无不经过发掘而有成就。从基本认识来说,有的认为一切事物确乎是存在的,有的则认为一切都是虚幻无实,那就是所谓"有"与"空"了。从达到目标的方法途径来说,有的是要从行为的磨砺修持着手,而制定许多严格奉行的戒律,那就是所谓的"戒"。有的是要从内心的锻炼攻治着手,而有种种法门,使我们能收其放心,归于宁寂,那就是所谓的"定"。有的是要从理解着手，而有种种精深的经论，使人们认识宇宙人生的实况，因而明心见性、了悟至道，那就是所谓的"慧"。从修持证悟的程序上说：有的主张一点一滴、慢慢积累而成功，所谓是"渐"，例如神秀所说的"时时勤拂拭，莫使惹尘埃"。有的则认为当下觉悟，立地成佛，所谓是"顿"，如慧能所主张者是。以上都是就其内容来说。若再就其源流发展来说，则这些哲人们的努力功绩，更有使人赞叹不已的成就。

佛教是起源于印度的，它的学说有普遍真理的部分，但也免不了带有印度的特殊情调。这种特殊情调，对于中国人并不一定适合，而且对于佛学的基本旨趣也无必要。于是佛教输入后，这一部分就渐渐改变，而趋向中国人的口味，具有中国人的色彩。例如佛学里烦琐枯燥的分析，博杂不约的赘述，都渐渐搁置，代之而起的却是简明扼要，旨约易操的面貌。这种情形本是文化交流中当然的状态，原不足奇，但在通常的情形下，一个原始东西移植于另一社会，在经过改变后，不是失去原来的意义，便是变成了第二流的东西。而此处可贵的，则是在无数苦心孤诣之士的努力下，佛教佛学的改变，既未失去本义，也未沦于二流；相反的，其改变不同之处，乃在汰芜存华，出蓝胜蓝。我们说"汰芜存华"，是指其对于精彩高贵部分的发扬光大。例如佛教虽产自印度，而印度及缅泰等地所流行的都只是小乘，而其高深有价值的大乘佛学，则是繁荣滋长于中国。因此当印度大诗人泰戈尔民国初年来访华，乃不胜浩叹，而要把大乘佛学从中国搬回印度去。我们说"出蓝胜蓝"，是指的中国人对佛教佛学的成就，实已远超出印度原来的研究。例如浩瀚无边的经典，莫衷一是的说法，经过中国哲人的努力，都组成有中心、相通贯的系统，因而成立了所谓"宗"，而这"宗"正是印度佛教所未有的。由于哲人们的观点不同，组成的情形不同，而有不同的"宗"成立。到了唐朝这种发展便达于极峰，前后建立的宗有十三个之多，即：

1. 毗昙宗

2. 俱舍宗

3. 成实宗

4. 三论宗

5. 四论宗

6. 涅槃宗

7. 法相宗

8. 天台宗

9. 华严宗

10. 律　宗

11. 禅　宗

12. 净土宗

13. 密　宗

这十三宗里，以大小乘来分，毗昙、俱舍、成实三宗为小乘，其余全是大乘。以其源流来说，则三论宗是由鸠摩罗什开始介绍，其说到嘉祥大师（吉藏）才完成。法相宗则由玄奘而建立，二者都是印度固有教义，分别阐发"空""有"之说（三论宗为空，法相宗为有）。至于智颛大师建立的天台宗，贤首大师建立的华严宗等，则都是融合经论而自成的中国教宗。其中尤以禅宗最为出色。禅宗之初起本是菩提达摩自印度传来，但经过几代，到了六祖慧能正式把禅宗建立起来时，它已别具情调，不是印度原有的东西了。它不仅具有中国人的口味，而且根本就掺入了中国的原料。它大体上可说是糅合了印度佛学旨趣和中国道家智慧而成的一种崭新的东西。除了其附会代代相传的拈花微笑传说外，实际在印度找不出什么源流故迹。它实已转化而成为一种中国宗教。佛教的"中国化"发展到这一步，可谓已到了不能再变的极峰，而佛教的成就也达到了全盛的阶段。

四

天下的问题，好比后波继前波，往往是连续着而来的。这时明心见性、了生脱死的问题，固然已有了极精彩的解答，但在同时也带来了潜在的流弊。因为佛学不论多么精深，佛教不论多么宏伟，但其究极，则终是以清净寂灭为归趋，其基本的立场是在否定现世的生养之道。假若其道大行，人人彻底遵奉，那就根本要取消了现有的人世，至少要取消了社会人伦，试问这是多么严重的问题？中国人是肯定现世的，是具有优良的世道传统的，对于这一危机，哪能袖手旁观，坐视无睹？于是便有眼光锐敏的哲人指出隐忧，大声疾呼，谋求挽救。

首先发难的重要人物，当推韩愈。他挺身而出，高揭排佛的大纛。他认为从佛老之道必致社会解体，民无噍类，而呼吁重振传统的世道，以挽狂澜。他具体地提出《大学》的说法为佐证，而要大家实践修齐治平、相生相养之道，那也就是他所标榜的尧、舜、禹、汤、文、武、周公、孔子直到孟子一脉相传的道统。只有循此道统而行，才是健全合理的正道。后来他的学生李翱也起来响应。李氏标榜《中庸》，他用佛学的理论阐述儒家的心性之说，借作修齐治平的实际功夫，而建立儒学的形上基础。韩、李这种思想，就哲学本身去讲，实在不足一道，但从哲学史的流变来看，却象征着一个划时代的转变。它意味着哲人们的奋斗方向，从"出世"转回到"入世"。这一呼吁经过五代到了宋朝，便发展成熟，结出卓越的果实，那就是宋明的理学了。

谈到宋明理学，当然要从宋朝初年说起。那时学术方面，虽有范仲淹、欧阳修等的倡导，胡瑗、孙复等的讲述，但真正在哲学思想方面有了成就的，还是要到稍后的北宋五子——周敦颐、邵雍、张载、程颢和程颐。这五个人出来后，使得传统的儒家学说整个变了面目。原来孔孟之教是要使人躬行实践，不重言说的。孟子有时为了与人争辩，还讲一讲心性养气的问题，而孔子则根本是因材施教，勉其做人，很少空谈抽象的理论。所以子贡才说："夫子之文章可得而闻也，夫子之言性与天道不可得而闻也。"这些玄谈空论本来都与救人救世、修己乐群没有什么必然的关系。但在清谈兴起，佛学输入之后，大家的兴趣转向哲理，而要做寻根究底地讨论时，那么儒家这种面貌便相形见绌。所以才智之士便不胜玄理妙论的诱惑，而相率投身于所谓"异端"了。为了挽救这"儒门淡薄，收拾不住"的颓势，儒者们乃不得不起而造作论据，从事学理上的对抗。而"北宋五子"就是这种应运而生的杰出人物。首先建立一完整体系的是周敦颐，短小精悍的《太极图说》，便是其思想的代表。其次当推张载，他的《西铭》，不仅气魄磅礴，陈义高深，而其"民胞物与"的精神尤给后世以宝贵的教训。但这一运动真正达到成功的阶段，而给宋明理学奠定基石的，还要算二程兄弟——程颢、程颐了。直到这时，才把儒家已失去的天下重新恢复。因此朱子才接着韩愈慨叹道统于"轲（孟子）之死不得其传焉"之后，而说："于是河南程氏两夫子出，而有以接乎孟子之传。"

程颢、程颐虽然共学同志，亲为弟兄，我们笼统地称为"二程"，但是他们的性情思想却彼此大不一样。大程（颢）和易近人，与之相处，如沐春风；小程（颐）则严峻肃穆，使人敬畏，对于生徒子侄，往往直相指责，不假颜色。由于气质不同，学问思想也因之而异。大程本乎孟子"立乎其大者"的旨趣，教人为学"须先识仁"，然后"以诚敬存之而已"。一切概括，简单明了。小程则德知分论，规制周详。他的为学名言，是教人"涵养须用敬，进学则在致知"。而谈到"致知"，便牵涉到无穷无尽的外在知识和物"理"了。其精神旨趣和大程完全不同。由于这一不同，乃使得这一对弟兄分别开创了尔后约一千年的中国哲学的两大学派。程颐可说是"理学"的鼻祖，而"心学"则溯源于程颢。

这两派中首先得到发扬的，是理学。这一结果并不是偶然的。二位程子，相差只有一岁，大程只活到五十四岁便死了，不仅未能多假岁月，弘扬其学，就是自己本身的学问，恐怕也还未发展到极峰。这一损失是无法衡量的。而小程年逾古稀，享寿七十有五，这成熟的二十几年实在活得太有价值了。其收获及影响，岂是中年而逝的大程所能望其项背的？加以就学问本身来说，大程的学问虽然简易，但只适宜天分高的人，中下之士，每感无从下手。小程的学问则系统明密，博学详说，学者有层次可循，纵是下愚之士，只要努力，也能有其所得，当然易于使人接受。因此传流广大，群相讲论。四传而至南宋的朱子，就更加发扬光大，结出异彩。朱子不仅把程颐的理气二元之说，出蓝胜蓝，阐发到了高峰，而且融会了周、邵、张、程（颢）四子学说的精华，而构成广大精微的体系，乃使理学的发展达其大成，成为数百年独步天下的显学。朱子尤其有一件事，对于后世影响极大而不能不提的，就是他对四书的编注。《大学》《中庸》，本来只是《礼记》中普普通通的两篇而已，并无人特别注意。直到韩愈、李翱，才开始标榜提倡，而慢慢成为后世儒者装新酒的旧瓶，以作对抗佛老的理论根据。到了朱子，就索性把它们配合《论语》《孟子》成为"四书"，并用尽平生的力量，作了深入浅出的批注，使那些零散平淡的篇章，成为有系统尽精微的经典。尤其《大学》里《格物致知》一章的补传，轻描淡写地便把《大学》的思想注入了朱子自己的灵魂，使它成为"程朱"之学。而这程朱之学的"四书"，便成了尔后八百年家传户诵的典籍。

以上是说小程一派的"理学"。至于大程一派的"心学"，则发达较晚，首先使其昌明的，当推南宋的陆象山。象山之学并无师承，但其旨趣却隐然与大程的思想吻合。他认为人们所以有一切过失蔽惑，全是由于失去了"本心"。为学之道即在求此"本心"，这便是唯一要点。"苟此心之存，则此理自明"，因此不须支离漫逐，在外物上乱求事理。所谓"学苟有本，六经皆我脚注"，就是他强调的这种精神的名言。由这种精神再往前发展一步，便是后来王阳明的"心即理""致良知"说了。王阳明认为圣人之学只是一个"心"学。"天下无心外之事，心外之理"，为学只是学此心，只要能尽此心，自然明白万事万物之理。而吾人之"良知"正是此心的本体，同时也就是天理。因此为学的最终归趋即在于"致良知"而已。

总之，心学虽肇端于大程，但为小程声光所掩，世人笼统地混为"二程"，以致不大显著。及后陆象山出，其个人的声名虽甚煊赫足与朱子相伯仲，但就学派传承来讲，终不能与朱子匹敌。直到王阳明的手中，心学才达到顶峰，而取程朱理学的地位而代之。此后直到明亡，都是陆王心学的天下。及至清朝以后，陆王之学虽也随同程朱之学并趋消沉，但却无新的有力思想代兴。清初虽也有顾亭林、黄梨洲、王夫之、李二曲、颜习斋一班名儒，各有其学术成就，但在哲学思想方面，实是小巫见大巫，无足称述。后来考据训诂之风兴起，更是思想真空，不值一谈了。

上面我们一直是就宋明哲人分门别派叙述的，看来好似彼此径庭、不能相通；但我们纵目观览，通检全程时，则远自韩愈、李翱，直到王氏阳明，他们实是一道怒潮，一个奋斗。一如前文所述，其间虽有程朱、陆王的门户，理学、心学的分别，但如从大处来看，其不同点只不过是方法、细节的不同而已。一主格物致知，由博返约（程朱）；一主明心立本，守约驭繁（陆王）。若用他们的术语，则只是程朱偏于"道问学"，陆王偏于"尊德性"而已。〔这并非我们故作附会，实则他们本人便这样说过。例如陆象山曾引述朱子与友人信中的话："陆子静（陆象山）专以尊德性诲人，故游其门者多践履之士，然于道问学处欠了，某（朱子）教人岂不是道问学处多了些子，故游某之门者，践履多不及之。"可为明证。〕但精神旨趣则完全一致，全都是吸取了佛学的精华而排佛，革新了儒家原始面貌，而自诩承传了孔孟的真道。说到后者，我们试看孔孟何尝高谈心性玄妙问题，大论理气形上系统？这不是改变了原貌是什么？再说前者，他们虽都标榜排佛，但实际上，不仅每人都对释老有极深的研究，而且他们的学问里面本就含有浓厚的佛学成分。陆王之学久已被人讥为近禅，不必再说；就是程颐也总是劝人静坐，而其"主一之谓敬，无适之谓一"的名言，根本就是坐禅的无上法门。然而他们终要排佛而崇儒者，绝非标奇立异，故为意气之争。实乃是在他们内心深处，意味着一个严肃的使命。他们要接受佛学所提出的问题和答案，但却要扭转其奋斗的方向，那就是要把走向出世的奋斗，搬转到"现世"，而这一为"现世"而奋斗的旨趣，便正是韩愈所高唱的尧、舜、禹、汤、文、武、周公、孔、孟一贯相承的中华传统精神。

五

由上面的事实来看，很明显的，两千多年来，中国哲人的奋斗可以分为三大阶段：从春秋战国到两汉是第一阶段，从魏晋南北朝到隋唐是第二阶段，从晚唐经过五代而到宋元明清是第三阶段。每一阶段中，尽管哲人们异说纷纭，彼此对立；但都有其共同面对的主题，都有其同一奋斗的方向。大体上说来，在第一阶段中，大家所追求的乃是合理的社会，合理的人生，其奋斗方向是在现世。而第二阶段的主流，则是在致力于明心见性，脱俗超尘，其奋斗的方向是在出世。等到第三阶段，哲人们又把奋斗的主流，从出世搬回到现世，而把明心见性的要求融入人生中，再由人生扩展到社会。《大学》三纲领"在明明德，在亲民，在止于至善"，就是最富代表性的说明。我们若用黑格尔"正""反""合"的说法，则第一阶段是"正"，第二阶段是"反"，第三阶段则是融合了"正""反"精华的"合"。因此尽管哲人们的主张见解互异，各时代的奋斗方向不同；但会通来看，大家都是先后承续，向着一个途程而迈进。他们好像是接力赛，一棒紧接一棒，路段虽然不同，目标却是一致。从小处看他们的主张，往往针锋相对，互相抨击，例如孟子的呼吁辟杨墨，宋明理学家的排老释，但若纵目而观，则他们的精神全都一致在追求实际人生问题的解决，而不是空做理论的推敲。而这一特点，正是中国哲学家一贯相承的传统精神。

今天世界陷于空前的动荡，人类遭逢史无前例的危机。这正需要哲人们奋其智慧，给人类找出一条道路，庶能制止邪说暴行，而开太平盛世。这一任务绝不是坐在书斋里，玩弄逻辑把戏，推敲分析语义所能达成的。它需要从事实中找到问题的核心，从体验中找到真正的办法。因此唯有发挥中国哲人的传统精神，像孔孟一样抱着救世精神，深入社会，找出拯救人类、奠立太平的新道路，然后才不辜负冥思玄想的意义，才无忝于哲人的使命。宋朝大哲学家张载曾有传诵千古的"四句偈"，要我们：

> 为天地立心，
> 为生民立命，
> 为往圣继绝学，
> 为万世开太平。

我们愿与举世哲人而共勉。

第二章 中国文化的象征——孔子

一

在历史的长河中，我们从过去航向未来，从原始航向文明，足足航行了五千年的历程。在这段旅程的中央，有一座光明无比的灯塔，为我们照亮朦胧的过去，也为我们照开渺茫的未来，使我们安然地避过无数的风浪与暗礁。这座灯塔，就是我们的至圣先师——孔子。

孔子，在中国历史上，扮演了一个重要的角色。今天，当我们研究中国文化、阐述中国思想时，都必须以他为源流，以他为依归。因为他是我们的导师，他是我们的典型。是他，在我们的心田内播下了理想；也是他，在我们的血液内注入了中国文化的精神。

他，对于世界文化来说，无疑是中国的标签。两千多年来，他的一言一语，不仅深镌在华夏儿女的血液里，而且他的教化，远被异邦外族，同化了入侵的夷狄蛮貊，臣服了来朝的韩、日、越南。他的丰功伟业，不仅使得历朝历代尊奉他为至圣，赐封他的后裔，而且使得远邦异族也广设孔庙，以表向往。甚至当孔子的七十七代孙孔德成先生访问韩、日、越南等国时，当地的人民都不远千里而来，跪在他面前，叩头致敬。他们之所以对一个陌生的外国人致以如此崇高的敬意，乃是为了感恩于孔子的教化，乃是为了表达内心的倾慕。由此一端，可以想见孔子教化之广，感人之深了。

然而孔子之所以受到如此的尊崇，除了他是万世师表，文化的播种者之外，另有更深一层的意义，因为他是中国文化的象征。

他虽然生在二千五百年前，却承继了在他以前二千五百余年的文化遗产；同时也支配了在他以后二千五百余年的文化开展。他一方面发扬古圣的学说，表扬古圣的人格，使我们了解有一个美丽的过去，从而鼓起奋斗追求的热情；同时，更透过古圣的理想，树立一个"人"的标准，画出一个"仁"的境界，揭出一条做"人"的道路，作为我们今后奋斗追求的目标。

这一热情的鼓舞，这一目标的追求，便形成了中国文化的巨流。而孔子，正是这条巨流中的灯塔。没有他，我们的历史没有重心；没有他，我们的文化没有远景。所以他的存在，不仅象征了中国的文化，同时也决定了中国的文化。

二

孔子，名丘，字仲尼，是春秋鲁国昌平乡（今山东曲阜市南八十里）人，生于周灵王二十一年（公元前551年）。那时，旧制度的解体，旧秩序的破坏都非常激烈，像宋、鲁、郑、齐等国，政权都落在大夫手里，他们互相攻伐，互相并吞，君主反成了傀儡。我们的先师孔子，便生在这样一个动乱的时代中。

虽然他生长在鲁国，但祖先却是宋国的遗族，不过那只是一个没落的贵族、流亡的贵族。他的父亲是个名为孔纥（叔梁纥）的大力士，在他晚年，续娶了颜氏的女儿，便是孔子的母亲。不幸父亲在孔子三岁时便离开了人世，留下孤儿寡母。然而这并没有阻碍孔子的发展，相反，孔子之所以伟大，正是由于他能在困苦中奋斗，在平凡中创造自己。

由于父亲的早逝，他一直在寡母的抚育下成长。环境促成了他的早熟，他从小便喜欢模仿成人祭祀鬼神，十五岁就立志求学，十九岁结了婚，次年便做了年轻的父亲。因为家室之累，使他不得不替贵族们做些小事，以维持家计。他先在仓库内任出纳，后来又跑到牧场上管牛羊。虽然他天资聪敏，"多能鄙事"，然而这毕竟是为贫而仕，并非他的心愿。一只鸿鹄是必须翱翔于无边的苍穹，岂能徘徊在平地上啄食米粒？所以他虽为贫而仕，却是一心志道，努力向学。

他最感兴趣的是礼制，为了配合对礼制的研究，他后来便到祭祀周公的太庙中，担任一个小职务。每次他在祭祀的大典中，都问这问那的，不肯放过每一个细节，因此有人讥笑他说：

"谁说鄹地的这个青年懂得礼制，不然为什么他一进太庙，什么都要问。"殊不知这种每事都问的谦虚态度，正是孔子求学的精神，知礼的表现。同时，由这段话中，更可证明孔子在当时是以礼闻名的了。

孔子把礼制做了一个比较研究，认为周礼兼采夏、殷两代的长处，较为完备，所以决定实践周礼。周礼的创制者是周公，因此他一生所崇拜的是周公。一方面固然是对于周公制礼作乐的倾心拜倒；一方面却是希望自己能如周公一样辅弼明主匡时救世，以实现内圣外王的理想。然而这两点在当时的鲁国，却完全的绝望。因为鲁昭公十九岁即位，"犹有童心"，实际政权却掌握在三桓（即季孙、叔孙、孟孙，为鲁国大夫，皆出桓公，故称三桓）手中。其中，以季孙氏的权力最大，也最不守本分，任意僭用天子的礼乐，把孔子气得直呼："是可忍，孰不可忍也！"不久，鲁昭公被逐，这更不可忍的事，终于逼得孔子拂袖而去，奔向齐国。

他到了齐国后，由齐国大臣高昭子的介绍，得以面会齐景公。他便开门见山地提出"君君、臣臣、父父、子子"的主张，认为君臣父子都各有他们的权责，如果彼此能各尽本分，社会自然安宁，国家自然安定。齐景公虽然非常赞赏孔子的见解，甚至准备把尼溪的土地封给孔子，但他只是识才，并不能用才。孔子看出齐景公没有魄力实践他的理想，于是便谢绝了景公的优遇。这时，他去意已决，连饭也来不及煮，便带着淘渍的湿漉漉的米，匆匆地离开齐国，再回到鲁国。

孔子为什么又匆匆地回到鲁国呢？因为这时鲁定公即位，政局也许会有转机。哪知事实上，政权仍然为季孙氏所摆布，而季孙氏又为他的权臣阳虎所挟持，所以当时真正独裁的是阳虎。目光锐利的阳虎，看中了孔子的才干，曾多方用计联络孔子。当时孔子不愿为虎作伥，一切拉拢都被他巧妙地应付过去。后来阳虎一倒，孔子的机会可真来了，因为季孙氏为了感谢孔子不附阳虎，便委命他做司寇，这时孔子已是"五十而知天命"之年了。

宝刀未老，这是他政治生涯中的黄金时代，也是他平生所学得以充分施展的时候。在这段时间，他一手完成的两大任务，就是"夹谷之会"和"堕三都"运动。所谓"夹谷之会"，就是鲁、齐两国在夹谷地方的会盟。因为当时齐景公企图借用莱夷的兵力在会盟中逼胁鲁侯，不料"好谋而成"的孔子用预设的武士击退莱夷，并义正辞严，感服景公，收回汶阳的土地，充分显出了政治家的魄力。但最值得注意的还是"堕三都"运动。这个运动的意义就是要把三桓的城郭拆除，这是孔子对整个恶势力的挑战。因为此举不仅预防家臣的负嵎作乱，而且削弱了三桓的力量，使国家易于集权。可是等到阳虎的余党被肃清后，孔子虽建了大功，但却走入了政治生涯的下坡。因为聪明的季孙氏不会让孔子的政治理想来阻碍自己的政治野心，所以当孔子把鲁国治理得井然有序后，他便故意制造事端，逼孔子自动辞职。这时，孔子的心情与离开齐国时的心情完全不同，而是万分依恋的，迟迟地离开了可爱的祖国。

当孔子的学生子路先从鲁国的都门出外时，有一个守门的人问道："请问你从哪里来的啊？"子路回答说："从孔子那儿来的。"那个守门的人便大声地说："是那个知道世局已不可为，而仍然要苦干的人吗？"这个守门的人，虽是寥寥数语，却说出了孔子最伟大的精神。因为孔子也明知当时君主们都是黩武主义，向他们宣扬和平的仁政无疑是对牛弹琴。然而身为一个救世的仁者，又不得不尽其在我。所以他虽然失意于鲁，不得志于齐，然而救世的热情却使他不灰心、不气馁，而要另觅政治舞台，以发展他的政治抱负。因此当他这次离开了鲁国后，便决心周游列国。

《史记》上说他周游列国时曾拜见七十二君，其实他除了周、齐外，只到过卫、陈和楚国的属地叶，以及路过宋、曹、郑三国，所以周游的范围并不大，不出现在的山东、河南二省。不过在这次周游中，所遭遇的波折和困难却很多，这正是孔子的人格和理想在现实中经受的考验。

首先他到了卫国，看到城内熙熙攘攘，一片繁荣，觉得条件很好，只差教化。但这时的卫灵公被妖姬南子所迷，当然不能以贤易色，去重用孔子。虽然许多近臣们想拉拢他，甚至南子也召见他，但他既不愿跑门路，又不愿走内线，曾对子路发誓说："我要是这样没出息，老天有眼，老天有眼！"

在这样一个肮脏的舞台上，当然不能施展孔子的抱负。所以后来卫国发生政变，父子争权时，他便离开了卫国。此后他接二连三地遭遇到几次惊险的风波。

一次是路过匡地，据说匡人误会他是阳虎，而要加以杀害。事实上可能是当地的政变引起的，总之当时情势非常紧张。孔子和颜渊曾一度失散，后来颜渊赶上孔子，孔子说："我以为你被害了。"颜渊回答说："老师活着，弟子怎么能够轻死！"另一次是他在宋国的一棵大树下讲礼，宋国的司马桓魋要杀害他，幸而孔子先得到情报，化装离开宋国。司马桓魋扑了个空，气得把那棵大树也拔了起来，可见他与孔子的势不两立。孔子对于这两次风波毫无惧色，他认为：如果大道不灭，如果老天要我宣扬大道的话，一个桓魋、几个匡人又能把我怎么样？

还有一次，是当孔子在陈国住了一段时间后，突然思归心切，离开陈国。正走在陈、蔡之间，不意吴王夫差派兵伐陈，在兵荒马乱中，遭遇绝粮的危机。弟子们饿的饿，病的病，几乎无法继续奔走。这时子路大发牢骚说："难道君子也有如此穷困的时候吗？"孔子却回答说："君子在穷困时，能不变以前的操行，只有小人在穷困时便胡作乱为了。"

以上三个故事，充分表现出孔子的临危不乱，处逆境而常安。但孔子之所以有如此的修养，主要是由于他一心以宣扬大道，救世救民为念，而把个人的生死安危置之度外，这是孔子在颠沛流离中所散发出的人格的光辉。然而在这里我们也可以看出孔子之所以屡遭挫折，主要是由于他的思想过于深刻，不易为一般人所了解，甚至连他很亲近的弟子对于他的理想都不了解，例如子路便曾问他说："如果卫君任用你，请问第一件事该做什么？"孔子回答："无非是正名啊！"子路惊讶地说："老师也真是够迂阔的了！这样的世局，究竟要怎样正名呢？"孔子生气地回答说："子路啊！你真是个老粗！君子对于自己不懂的事，就别插嘴。告诉你，名义不正就不好讲话，事情就办不成，礼乐就无法施行，刑罚就无法适中，人民也就不知所措了。"事实上，当时的君主们几乎都是僭用礼乐、不守名分的，而孔子却高标"正名"，这在子路眼中已是万万行不通，何况当时的君主们？所以孔子最后到了卫国，卫君听到"正名"两字，也只得敬谢不敏了。

这时，孔子已是六十八岁的高龄。他从鲁国开始，现在又回到鲁国，虽然周游的范围不大，但却足足花费了十余年的时光。此时孔子已厌倦了政治生涯，自知再也遇不到一位可以辅弼的明主，以实践生平的抱负，于是便把他的热情和理想转变了一个方向，发挥在教育上。

在这段时期，他朝夕和学生们讲学，讨论古代的文化和人伦道德。他们生活得非常安定而有韵味。然而救世的热情却一直燃烧着他的心灵，他看到别人猎获一只怪兽，便说："那是麟啊！"就叹息："吾道穷矣！"《春秋》也就再写不下去了。他时常以梦不到周公，而悲伤自己的衰老，而感叹理想的幻灭。

后来他最心爱的学生颜渊先他逝世，更使他痛不欲生。因为他视颜渊为道的继承者，颜渊的死，无异象征了大道的穷途末路，所以他失声地叫着："老天要我死啊！老天要我死啊！"想不到第二年他最亲信的子路在战争中被剁成肉酱，他如失左右臂，不禁叫着："老天催我死啊！老天催我死啊！"虽然他是为学生而哭泣，但哭泣声中，却不知包含了多少道穷的悲叹！就在这情感创伤和理想幻灭的双重煎熬下，这位救世的木铎终于陨落了。

然而陨落的只是孔子的肉身，他的精神却永远向上奔放。尤其他在回到鲁国的最后五年间，修《诗》《书》，定《礼》《乐》，作《易传》，写《春秋》，把前代的思想加以阐述，把古圣的人格加以美化，再注入自己的理想和精神。虽然他及身并未实践周公的梦想，可是他在学术上的这番努力，却使周公活在后人的心中，使他的理想成为中国文化的灵魂。

三

孔子的思想深厚圆融，面面俱到，真不知从何说起才是。为了方便起见，我们可说孔子的中心思想便是"做人"。

人，生来已经是"人"，何必还要"做人"？原来我们生下来圆颅方趾，五官四肢，那只是自然界中的人，那只是动物的一种，而不是我们自命为万物之灵，与天地参的"人"。"自然人"是我们与生俱来的，用不着去"做"，而一个有意义，值得我们自傲的"人"，却须经过努力而获得。我们既秉受了人形，就应该把人所特具的宝贵性能尽量发挥出来，好好地做一个像样的"人"，而这一番自强不息的努力，就是"做人"的功夫了。

"做人"要"做"到什么地步，孔子给我们悬了一个目标是"仁"。只有"仁"才是人的最高准则。"仁"是什么？朱子说："仁者本心之全德。"那就是说：仁是人的德性之总体，正因如此，所以"仁"的含义非常丰富，它既是一种状态，又是一种活动。说句老实话是"兼体用，赅本末"，绝不能用一个"定义"来表达，一如西方哲学之所为。（按：能下定义的，必须是一个概念，而"仁"则并不是仅仅一个概念。）大体说来"仁"的最基本意义是要对别人关切而爱护。例如孔子的学生樊迟问仁，孔子告诉他："爱人。"那就是说："一个仁人应该爱护别人（而不是"人的定义是爱人"）。"所谓"爱"，是要等差的爱，是要我们由亲及疏，由近及远的爱，而不是一律平等，贤愚莫分。我虽爱我叔父，但却更爱我的双亲；我虽爱我的邻人，但却怎能比我叔父；我虽当爱众人，但对于仁者却应更加亲近。这种态度，从表面上看好似胸襟褊狭，有失大公无私的气度，但如仔细想想，这不仅是最切实能行的途径，而且还正是本心最合理最真诚的反应。因为爱终究是一种情感，情感是在生活过程中自然产生的，而不能凭理智来制造。我们无法对不同关系、不同接触的人发生同样的感情。假如一定要同，那不是矫揉造作，就势必是别有用心，那还有什么意义？反之我们若把内心的真实状况诚挚地表现出来，那才是真正的直道。以上是就理论来讲，再就事实来论，要对众人一体看待，说着虽然好听，实际上却根本行不通。试问我们如何能把父亲看成路人，或是把路人当作父亲来侍奉？反之我虽只侍奉我的父亲，但别人的父亲也正由他自己的儿子去侍奉。人人各亲其亲，各子其子，便能使这社会构成一个"和谐"的整体。

"爱"只是主观的情感，但仁者的爱人不能只凭主观情感，而要使这一腔热情真能发生效果，还须有适当的表达方式。因此当颜渊问仁时，孔子便告诉他："克己复礼为仁。"礼就是社会上的行为规范，复礼就是使我们的行为符合社会上公认的规范。以小事为喻，从前中国实行作揖、叩头，你如对某人表示敬爱之忱，作揖叩头就行了。假如你是去拥抱亲吻，那后果就不堪想象。因此只有通过社会的规范，才能真正达到我们爱人的目的。社会上最重要的行为规范就是伦常（五伦），只有在伦常的践履中才能实现仁者的愿望。换句话说，一个深明大义的人绝不是从事妇人之仁、姑息之爱，相反的是要在"君君、臣臣、父父、子子"中尽到社会的责任，表现群体的大爱，然后才发挥了仁的精神，实现了"做人"的意义。

　　上面这一套就是人生的行谊。我们束发受书，投师就教，学的就是这一套。孔子说："有颜回者好学。"好的什么学？好的就是这一套。试看其诠释"好学"所说的"不迁怒，不二过"不就是这一番"做人"的努力吗？不仅坐而学是这套，起而行也完全是这一套。孔子说："君子食无求饱，居无求安。"那么求的是什么？求的就是"做人"的道理。这"做人"的道理一刻不能放松，须臾不可离去。所以说："君子无终食之间违仁，造次必于是，颠沛必于是。"一切事，是做？还是不做？是取？还是舍？全都以"做人"的道理为依归。他说："富与贵是人之所欲也，不以其道得之，不处也。贫与贱是人之所恶也，不以其道得之，不去也。"假如心安理得，所行合乎"做人"的道理，怕是一种最贫困、最清苦的生活，也怡然自得，安之若素。所谓："饭疏食、饮水，曲肱而枕之，乐亦在其中矣。"反之假如违背了"做人"的道理，即使是最优裕、最可羡的生活，也毫不加以考虑。所谓："不义而富且贵，于我如浮云。"岂止如浮云？假定一旦走到这种地步，要"做人"就不能活命，那么一个有修养的人，将毫不犹豫地选择"做人"的途径，绝不为活命而改易奋斗的方向。孔子说："志士仁人无求生以害仁，有杀身以成仁。"为什么？须知你若苟且偷生，生命虽是保全，但却失去了人之所以为人的意义，活着也不过是一个人形的动物而已。所谓"衣冠禽兽"者是。反之若是明辨是非，慷慨就义，你虽失去生命的躯体，但却光荣地完成了人生的旅程，有血有肉地表现了"人"的存在。这时才真是尽到了"做人"的道理，而使"仁"的精神发扬光大，照耀人间。

个人如此，整个社会更要如此，否则岂不成了动物世界，禽兽集团？因此立国为政，一切都要本乎道义，所谓"政者，正也"。我们固然要谋求福利，使得国富民裕；但更要讲求人生的价值，"做人"的道理。所以当冉有问："假如一个国家已经富了，还要怎么办？"孔子就告诉他"教之"，教什么？要教大家明人伦，敦礼义，而使国家高尚合理，不愧为一个人类的团体，这才是我们为政经邦的无上原则。国可破，家可亡，而这一原则却断断不可放弃。有一次子贡问政，孔子便明明白白地告诉他："兵"可去，甚至"食"都可去，但这代表道德正义的"信"却绝对不可去。他说："自古皆有死，民无信不立。"岂仅"不立"，那根本就不成其为"人"的国家了，还有什么意义？我们绝不以任何代价出卖信义，也不以任何借口放弃"做人"的原则。我们环顾今天世界各国，无不"唯利是图，唯力是视"，往往为了一时的便利，不惜出卖盟友，背弃信义，真不知立国的精神何在？假如大家，尤其若干大国，能奉行孔子的教训，坚守信义的原则，世界纵然未能获致永久的和平，至少也不会是今天这种混乱纷扰的局面了。

四

　　《庄子·天下篇》说："离于天下，其去王也远矣。"那就是说：不近人情，不合人性的说法，绝不可以为圣王之道。孔子所以被称为至圣先师，为人尊奉历久不衰，主要的原因就是他的学说本乎人情，合乎人性，绝无标奇立异，耸人听闻。但也正因如此，所以每当思想纷歧、杂说并起的时候，孔子的学说便使人感到平淡无奇，没有他家学说来得精彩动人。于是大家便纷纷摒弃，而投向有诱惑性的学说了。在这种情形下，孔子之道一厄于杨墨百家之学，再厄于老释玄妙之教。若不是孟荀大师、宋明诸儒出来距辟呼号，不仅后世难以了解孔学价值，恐怕儒家的教化根本就荡然无存了。

　　天下事往往是祸福互倚，利弊并具的。孟荀大师、宋明诸儒，虽然能够言拒杨墨、学辟佛老而挽救了儒学的噩运，彰显了孔子的学说。但也就在这论辩的过程中，产生了思想的偏差，而这偏差带来了世人对孔子的误解。譬如孟子之时，世风险恶，下焉者固然一切唯利而图，上焉者如墨子等大贤的学说，也都是以利为权衡一切的原则。流弊所及，不仅"上下交征利而国危矣"，而且社会人群也将无法维持。孟子针对这种弊患，乃提出义利之辨。这本是对症而下的妙药，但药总是有所偏的。

由于对"义"的强调，便引起人们对"利"的忽略与厌弃。到后来宋明诸儒为了对抗老释，又特别讲究内在的身心修养，就愈发把事功刑政放在脑后。影响所及，便使世人误解儒家，以为是只讲义理空论，而不管民生乐利和事功勋业的了。殊不知这都是孟子以后逐渐产生的偏差与流弊，而与孔子本人无关。

孔子并不想把人民高吊在虚幻的天国，只看他与孟子对管仲的不同看法，就是明证。孟子认为管仲"功烈如彼其卑也"，乃"曾西之所不为"，"尔（指公孙丑）何曾比予于管仲"，那简直是极端看不起管仲了，但孔子却把管仲推崇到极高的地位。他说："管仲相桓公，霸诸侯，一匡天下，民到于今受其赐。微管仲吾其被发左衽矣。"那就是说若不是管仲出来尊王攘夷，保卫华夏的文明，我们早被征服而变成野蛮人了。因此尽管他知道管仲不知礼，尽管他知道管仲"未死公子纠之难"，而仍给以最高的评价，一再称许他："如其仁，如其仁。"试问这岂是一个摒弃事功、不重勋业者的态度？再者，即使是重义摒利、看不起管仲的孟子，他对为政也是有一套为民兴利致福的具体办法的。他主张："五亩之宅树之以桑，五十者可以衣帛矣。鸡豚狗彘之畜无失其时，七十者可以食肉矣。百亩之田勿夺其时，数口之家可以无饥矣。"同时又一再强调："仁政必自经界始"，"养生送死无憾，王道之始也"，试看又哪一点放弃民生乐利了？孟子尚且如此，孔子更是可知，因此我们怎可把那些"无事袖手谈心性，临危一死报君王"的腐儒流毒记在孔子的账上呢？

到了近代，一切发生剧变，新异思想更是蜂拥而起。大家竞新求变之余，当然对孔子的学说感觉厌倦，认为已经是陈腐落伍的东西了。尤其在社会思想弥漫、革命风气盛行的情形下，许多偏激分子，妄加恶意的指责。他们往往只看到孔子的"对子言孝，对臣言忠"，而忽略了他"对父言慈，对君言惠"的另一面；同时又看到历代君王无不尊孔崇儒，于是便直指孔子是帝王御用的镖客，统治阶级的帮凶，而高倡打倒孔家店的口号，这真是对孔子的极端误解与诬蔑。不错，孔子是在主张"君君，臣臣，父父，子子"，但这并不是要维护那一部分人的特权与地位；而是要保持社会的全面秩序（当然，其内在的深意是在"做人"，而秩序的安定，不过是大家做人的共同结果而已）。而这"秩序"就是一个社会能够存在的基本条件。试想整天造反，到处混乱，社会又怎么能维持？因此人类一天要营社会生活，便一天不能没有秩序，而要维持秩序，便不能废弃孔子的教化。过去许多儒者所以信誓旦旦地说："天不变，道亦不变"，其故在此。这并不是孔子个人凭空创造的不朽奇迹，其所以有如此卓越的成就，实是我民族传统智慧的积累，不过到了孔子手中加以发扬光大而已。所谓"尧、舜、禹、汤、文、武、周公、孔子"的道统说法，就是说孔子之道乃是历代圣王（民族智慧的象征人物）一脉相传，渊源有自的。唯其有这种深厚的渊源与传统，然后才能发挥雄厚的潜力，影响广大的人群，然后也才能经得起考验，传之于永恒。这岂是一人的管见，一家的私言所能比？我们试看西方一般的哲学家，不论是柏拉图、亚里士多德，还是康德、黑格尔，有谁能唤起大众的心声，见之于人们的生活行动？反之能与孔子一样影响群伦的佛陀与耶稣，也无不是承袭印度与希伯来民族的传统智慧。这足见一人的学说思考究竟有限，而众人汇聚的智慧才是力量无穷。而孔子就是我历代圣王智慧累聚的最高峰，所谓"大成至圣"者是。因此孔子之道才有这样伟大的力量。尤其像佛陀、耶稣等，他们虽也都如孔子一样，集民族传统智慧的大成；但他们的教化都是出世的，而孔子则是"立人之极"。这其间究竟谁高谁下，不是此处所要讨论的，但要在人世间实践社会人生的问题，却无疑的以孔子之道最为妥当合宜。

今天举世遑遑，动荡不安。人与人、国与国、民族与民族、阶级与阶级、宗教与宗教，无不发生严重的斗争，使得危机四伏，人人痛苦。此无他，全都是由于有"己"无"人"，不能心平气和地承认别人的"存在"。换句话说，就是未能奉行孔子的恕道了。假如大家果真能做到"己所不欲，勿施于人"，试问哪还有斗争的发生？人，不能离开他人而生活；国，也不能隔绝别国而独存。大家要想和平共处，长治久安，绝不是仅靠"制度"与"利害"所能维系，而必须大家从内心上承认别人的不同，尊重别人的存在，然后才能熙攘相接，共臻太平。

而要达到这个目的，除了倡行孔子的恕道，还更何求？因此，孔子的教化，虽是产生于两千多年前的中国，但在今天的世界，却有其全新的意义。我们唯有发扬孔子的精神，才能健全人与人之间的关系，才能走向人类的大同境界。

第三章　热情救世的巨子——墨子

一

当孔子领着学生周游列国，到处散布救世福音后的五十余年，另有一派人物，却在儒家的发祥地鲁国，以反儒的姿态走进了历史，那便是墨子领导的墨家了。

因为那时，政治混乱、社会解体，有心人士都提出他们的救世主张。虽然他们的动机相同，但方法却各有千秋。有的积极，有的消极，有的缓和，有的激烈。真所谓是千岩竞秀，万壑争流了。由于大家的看法不同，便不由得"各是其所是，各非其所非"。而引起彼此的攻击和争辩，尤其孔子是第一个提出一套主张，并且又是一套保守持重的主张。因此便首当其冲，成为后起各家的攻击对象。在这群起而攻的浪潮中，孔子的声势大为动摇，许多人在动听的口号下，舍弃了平淡的儒家，投身于新兴的学派。其中尤以两个学派给儒家的打击最为严重，几乎使孔子之道不易发展下去，墨家就是这两大学派中的一派。

墨家在当时的声势极为显赫，孟子描写当时天下的思想主张，不是走向墨家，便是投奔另外一派的杨朱。假如杨墨之道不息，孔子之道便无法彰著。他并且号召所有自命圣贤之徒的人士起而对抗杨墨，以谋挽救孔子之道，足见墨子声势之大了。墨子所以如此声势显赫，并非偶然。他倡"兼爱"之说，叫他们大公无私，彼此彻底地相利相爱，这是何等动人的口号！兼爱的另一面便是"非攻"，不论是人与人、家与家、国与国，彼此都不可相攻相害，而要保持亲睦和平的状态。这和平的呼声，岂不正是当时战乱频仍中的天外福音？加以他本身人格伟大，热情无比，以全副的精力实践他那挽救世道的主张，所谓"孔席不暇暖、墨突不暇黔"，就是说明他与孔子一样的栖栖遑遑，献身救世。不过孔子的作风是含蓄的，是中庸的。他虽要积极救世，同时却是"有所不为"；他虽满怀关心人们的生活福利，同时却更爱优美的文化、崇高的"精神"，这一切不是一般人所易了解的。但墨子的作风则是简单明了，毫无保留的，要救世便是救世，便全心一意向着这个目标刻苦锻炼，待命献身，所谓"以绳墨自矫，而备世之急"。只要对于天下有利，一切牺牲在所不惜，正是所谓"摩顶放踵，利天下为之"。这种赤裸而动人的作风，是人人所能了解，人人都要喝彩的。何况他又有一帮组织严密、绝对服从的徒众，积极实干，四处呼号呢？

总之，他是口号响亮，作风动人，热情横溢，徒众效命，真是有声有色，影响一代了。正因为如此，才把墨家推上高潮，使儒学黯然而失色。

二

不幸，这样一位重要人物，却被时间之流冲尽了他的足迹。今天我们在《史记》中翻到有关墨子的记载，只是附在《荀卿列传》后的二十四字："盖墨翟，宋之大夫，善守御，为节用，或曰并孔子时，或曰在其后。"这段飞来之笔，真是神龙见首不见尾，使我们无法了解墨子的真面目。

由于历史上没有把他交代清楚，因此他的身世便成为许多人猜谜的对象。有的人说他不姓墨，有的人解释他所以称为墨子，乃是他受过墨刑（古代五种肉刑之一，即脸上刺字），或者皮肤很黑，真是异说纷纷，莫测高深。幸而在《墨子》一书中，还留着他的许多故事；从这些故事里，我们还可以画出他的一个简单轮廓。

他大约生于孔子死后的十余年，卒于孟子生前十余年（约公元前479～前381年），他曾做过宋国的大夫，然而他的出身并不是一个贵族，而是一个无产阶级，可能是手工艺一类的人物。因为他懂得工匠的绳墨，而且曾制造过许多的巧利之器。他的技术，据说还超过工匠的祖师公输般呢！

有一次，墨子花了三年的工夫，制造了一只木鸢，能在天空中飞行，真是妙绝天工。可是墨子却以为这功夫不如他制造的木车，只用几块木头，花了一天的工夫，便可载动三十石重的货物，非但耐用，而且可以跑得很远，可是木鸢所花的时间久，却毫无功用，只是供赏玩罢了。

由这故事中，可以看出墨子的身世了。他不仅懂得绳墨，而且能制造载物用的木车和供赏玩的飞鸢。试问这不是一流的工匠，是什么？

然而他不是真正的工匠，他能分清飞鸢和木车的功用不同，可见他是有智慧的。他生在文化的摇篮——鲁国，因此他也接受到文化的洗礼。他自己说曾看过各国的史书，可见他是非常博学的。

有一次，他南游卫国，带了许多书，他的学生奇怪地问："老师曾教训公尚过说：做工匠的主要是量曲直罢了，现在老师带了这么多的书，究竟有何用处呢？"墨子回答说："从前周公每天早晨读一百篇书，晚上又要召见七十位学士，因此周公学识渊博，能够辅佐天子，他的功勋至今不灭。现在我既没有治国的公务，又没有耕种的劳苦，怎么可以不读书呢？"

由这段话中，可以看出墨子的抱负，他也如孔子一样有做周公的美梦。因此他也和孔子一样周游列国，弘道救世。在楚惠王五十年，他到了楚国的郢都，把所著的书献给惠王。惠王读了一遍，大加赞赏说："好书，好书，我虽然不能治理天下，但却愿意供养贤人。"墨子看透惠王无意采纳他的政治见解，便告辞说："我曾听过进贤的道理，如果他本身被采用，而他的政治抱负不能施展，他是不愿无功受禄的。或者他的政治见解不被采用，也是不愿空占名位的。现在我的书既不被采用，不如让我回去吧！"惠王听到他这番话，很不好意思，便暗地叫臣子穆贺去推辞说国君年老，不能作彻底的改革。穆贺会见墨子，两人谈得很投机，把心底的话全盘托出，他说："你的言论实在非常正确；可是惠王是一个领袖，可能因为你是贱人，不敢采用你的言论吧！"这可把墨子气坏了，大发牢骚说："哪里是不敢实行！譬如治病的药，虽是树皮草根，天子吃了以后，可以除病，岂能因为是树皮草根，就不吃吗？现在农人把米谷献给君主，君主把它们做成酒菜来祭祀上苍，上苍岂能因为是贱人所种的就不吃吗？"墨子气跑了以后，楚国的执政大夫鲁阳文君对惠王说："墨子是北方的圣人，你不用礼接见他，未免失去了人才啊！"惠王非常后悔，赶紧派文君去追回墨子，愿以五百里的地方封给墨子。毕竟墨子是为了政治抱负，而不在乎区区的封禄，所以毅然加以拒绝了。

惠王指他是贱人，乃是指他没有贵族的血统。尤其墨子所带领的一群人，都是些出身于平民的劳动者，惠王当然不会欣赏他们的。然而惠王不能任用墨子的原因，绝不是因为墨子是贱人，而是墨子的政治见解不合惠王的口味。试看公输般也是个贱人，惠王却任用他，因为他能制造战争的利器，为楚国开辟土地啊！公输般替楚国制造了许多战船上的兵器，如拉拢敌船的"钩"和抵抗敌人的"拒"。楚人凭着这种利器，大败越人。

公输般得意扬扬地挖苦墨子说："你看我的技巧如何，能够制造战船上的钩拒，不知你整天高唱的义也有这种钩拒吗？"墨子反驳说："我提倡义的钩拒，比你战船上的钩拒好。我用爱去钩别人，用恭去拒别人。如果不用爱去钩，别人不会亲近你；不用恭去拒，便失去了彼此的界限。只有大家相爱相恭，才能利己利人。你用钩制人，别人也会用钩制你；你用拒抗人，别人也会用拒抗你。彼此相钩相拒，结果是两败俱伤。所以说我义的钩拒比你战船上的钩拒好。"

公输般和墨子虽然同是手工艺一类的人物，但他们的气质却完全不同。公输般只是一个善于制作的工匠罢了，他没有自我的精神，只是国君的臣仆、侵略的工具。墨子善于制作，但他还要追求制作的目的。他觉得制作的目的在于有利人群。飞鸢对人们毫无利益，所以他放弃了飞鸢；木车虽然有利于人群，但不能解救当时的危机，所以他放弃了工艺，而从事于另一种神圣的工作，就是用义的钩拒去消灭战争的钩拒，也就是用和平主义去打倒侵略主义，这便是他的政治抱负。

然而墨子的和平主义绝不是一种理论、一种高调，也不是寄托于贤君贤相的和平政策，像儒家的所谓仁政，它本身是一种以武力为后盾的实际行动。墨子像孔子一样带着徒弟们周游列国。但孔子的学生们都是身通六艺，个个都有政治的才干，所以他寻求的是一个政治的舞台。而墨子的徒弟们都是出身劳动阶级，他们有热情，讲义气，然而缺乏思想，没有才干。所以他们没有兴趣在政治舞台上表演。然而他们愿意为别人服务，愿意牺牲生命，为国际间解决纠纷，以实践和平主义。

请看墨子是怎样解决诸侯间的纠纷：有一次公输般替楚国制造了一种攻城的云梯，准备侵略宋国。这时墨子正在鲁国，听到了这个消息后，便赶紧出发，走了十天十夜，双脚走出了许多水泡，还是不肯休息。水泡破了将要腐烂，他便撕下一块衣服，把跑烂的脚趾包好，仍然继续赶路。到了楚国郢都后，便立刻去找他的对头公输般。

公输般问："你老兄有什么贵干啊？"

墨子故意说："北方有个人欺负我，请你帮我干掉他。"

公输般默不作声，眉宇间显出不愉快的神色。

墨子又故意说："我以十两黄金为酬劳，干不干？"

公输般正色说："我是讲义气的，绝不做职业凶手。"

墨子抓住了这个话柄，便义正辞严地说："请听我说吧！我在北方，听说你发明了云梯，正预备攻打宋国，试问宋国有什么罪过呢？……你讲义气不杀一人，却帮助楚国去杀更多的人，实在不通之至啊！"

公输般深深地佩服墨子说得有理。

墨子便问："那么你为什么不取消攻宋的计划呢？"

公输般说："太迟了，我已把计划告诉了楚王。"

墨子便要求公输般带他去见楚王。

墨子问楚王："听说大王正起兵攻宋，大概是有把握打垮宋国吧！如果没有把握，而且又负了不义之名，请问是否仍要攻打宋国？"

楚王回答："假如一举两失的话，为什么还要攻宋呢？"

墨子说："好吧！我敢断定你打不垮宋国。"

楚王骄傲地说："公输般是当今有名的工程师，他已替我制造了一种攻宋的特殊武器呢！"

墨子说："既然如此，那么就现场表演一番，他攻我守。"

于是墨子解下衣带，围成了四方形，当做城墙来防守。公输般用机械化的武器，发动了九次攻势，都被墨子挡住。公输般已是技穷，再也显不出本领，可是墨子的防御却很从容。公输般垂头丧气了一会，突然发现了妙计似的，冷笑着说：

"我知道怎样对付你了，可是我不说出来。"

墨子也幽默地说："我知道你准备怎样对付我了，我也不说出来。"

这时楚王不知他们葫芦里卖些什么药，便问墨子是什么意思。墨子坦白地说："公输先生的意思，不过是把我杀掉。以为杀了我，宋国就守不住，你们就可以攻宋了。其实，我早已派禽滑厘等三百余人，拿着我的守御武器，在宋国的城墙上等候你们了，即使杀了我个人，又有什么用呢？"

楚王无可奈何地说："好吧！那么我就不攻宋了。"

由这段动人的故事中，我们除了敬佩墨子的热诚和机警，以及为和平牺牲的精神外，还必须认清一个事实，就是从事这项和平运动者至少有三百余人，而且他们的声势很大，可以吓退野心勃勃的楚王。

他们在当时解决了不少诸侯国之间的纠纷，除这一次外，有迹可考的还有他去见齐王，打消了齐国攻鲁国的念头。后来又去楚国，说服执政鲁阳文君，打消了楚国攻郑的野心。可见上至国君，下至执事，对于墨子这派人物都有几分敬惧的心理。

这一派和平运动者，是一群劳工群众的集合，他们提出的信条是为和平而奋斗，为大我而牺牲。他们的偶像是大禹，因为大禹"湮洪水，决江河，而通四夷九州岛"，为万民除去了大害，创造了华夏的文化。他自己亲自拿着工具，疏通河川，劳苦得从脚跟到膝盖以及小腿后面的毛都磨光了；而他还要冒着狂风大雨，处理国事。他们发誓要效法大禹的这种劳动精神，他们规定衣食住的标准。住的房子，必须是矮的平房，柱子不应雕饰，四壁愈简陋愈好；吃的是用粗土罐盛的羹汤和劣等的玉蜀黍；穿的，夏天是麻布，冬天是鹿裘。生的时候，不唱歌，不作乐；死的时候，不要隆重的葬礼，只需薄薄的一口棺木。一切以服务为原则，用最大的能力助人，以最低的限度养己。如不能做到这点，便要开除墨籍。

他们选出最有技艺、最有魄力，而且最能"自苦为极"的人作领袖，叫做"巨子"。墨子当然就是他们的第一任巨子。这个巨子是墨者的持法者，整个团体的活动都操纵在他的手中。请看下面二段故事：

孟胜作巨子的时候，和荆国（就是楚国）的阳城君很友好，阳城君请孟胜代为守城，把玉剖为两半当作符，一人一半，然后去参加荆王的丧礼。这时群臣要杀吴起而冒犯了荆王的尸体，于是群臣们被判侮辱先君的罪行。不幸阳城君也有份，阳城君知道了这个消息后，不及赶回自己的城池，便连夜逃亡在外。荆国就要派兵没收阳城君的封邑。这时守城的孟胜向弟子们宣布："我接受阳城君的交托守城，以符为信。现在荆国派兵收城，却没有符。我们既然抵挡不住荆国的大兵，只有一死。"他的弟子徐弱说："如果我们的死，对阳城君有所帮助，当然值得一试。但事实上毫无益处，而且使我墨者全部消失，万不可轻死的啊！"孟胜回答说："你的话错了，我和阳城君的关系，不是老师，就是朋友；不是朋友，就是臣子。如果这次我们不能为信约而死，以后再也没有人愿意和我们墨者作师生朋友君臣了。我们这次的赴死，只是为了保持墨者的义气，发扬我们的主义啊！至于后继的人，我将把巨子的任务交给宋国的田襄子，请别怕墨者将绝世吧！"

徐弱感动地说："果如你所说，我愿先死为你们开路。"便在孟胜的面前，切下自己的头。于是孟胜交托了后事，便率领弟子们一起战死。另外二人是去传信给田襄子的，他们也要回去跟孟胜一起死。田襄子阻止说："孟胜已把巨子的任务交托给我，你们就得听我的命令。"这两人仍然跑回去自杀。后来的墨者认为这两人不听从巨子的命令。

还有一段故事：腹䵍作墨者巨子时，他的儿子犯了杀人罪。秦惠王对腹䵍说："你已很老了，只有一个独生子，所以我命令官吏减轻你儿子的罪，你就照我的意思做吧！"腹䵍却回答说："墨者的法律，杀人者死罪，伤人者处刑。这就是为了禁止人们犯杀伤的罪，这是天下的大义。现在承你君王的美意，减轻我儿子的罪，但我是墨者，不能不实行墨者的法律啊！"于是便杀死了他的儿子。由这两段故事中，可知墨者是如何的讲义气，如何的执法如山。

墨子就是率领着这样一个严密的组织，钢铁的队伍，去周游列国，实行和平主义的。

三

虽然孔子和墨子都是为了救世而努力，而且又是生在密接着的两个动乱时代——春秋和战国。然而他们的精神气质却完全不同。孔子是透过真实的道德心，去塑造一个活生生的人，一切的学术礼法都集中在这个"人"的身上。而墨子却是凭着他的一股冲力来救世，他是透过客观的利，来看一切的。他认为互爱、知天、明鬼、用贤、统一，对于社会有利，所以他要"兼爱""天志""明鬼""尚贤""尚同"。他认为战争、浪费、厚葬、音乐和讲命运对社会不利，所以他激烈地要"非攻""节用""节葬""非乐""非命"。甚至于觉得那些空谈的儒生误国，所以他也要"非儒"。

他非儒的主要原因，是儒家不讲利。事实上儒家不是不讲利，而是讲在骨子里。墨子眼光不够锐利，他只看到表面的利，而看不到骨子里的利。

他对外界的认识，不是诉之于高深的思想，而是诉之于通俗的常识。他是一个优良的社会解剖家，然而却不是一位优良的医师。他看出了社会的病态，却找不出根治的药方，只是凭他的常识来头痛医头，脚痛医脚罢了。

先看他如何去发现社会的病态：

他觉得诸夏的文明实在没有值得骄傲的地方，整个社会充满了矛盾，他这样的自问：

杀一人是一重不义，必须判以一重死罪。杀十人是十重不义，必须判以十重的死罪，这是大家都认为合理的处分。可是在侵略的战争中，残杀成千成万的人，非但没有罪，而且杀人愈多，功勋愈大。

跑进别人的园子里偷果子，是盗窃的行为，必须受法律制裁。跑进别人的栏厩内偷牛羊，所犯的罪愈大，必须受更严厉的处分。可是现在的国君们公开跑进别人的城池内，掳掠珠宝美女，甚至把别人的城池占为己有，非但不感觉罪过，反而夸赞自己的武功，这是为了什么？

衣服是用来蔽体的，居室是用来防身的，可是一般贵族阶级却要锦上添花，穷极奢侈，而一般劳苦群众连蔽体防身的起码条件都不够。

婚姻是为了繁衍种族的，可是一般贵族阶级蓄伎纳妾，一般劳苦群众，则连婚娶的能力都没有，这又是为了什么？

为什么？为什么？墨子一直问下去。

为什么统治权要交给一个家族世代相传，不管他的子孙是白痴或低能；为什么一个贵人死了，要那么多无辜的活人去陪葬，而且还要向人间捞去那么多的珠宝财物，放在棺木内？为什么打发一具死尸，要弄得倾家荡产？而且子孙们在二三年内，硬要饿得愁得"哀毁骨立"？为什么劳苦群众吃不饱，穿不暖，睡眠不够，而贵族们却整夜的笙歌取乐？为什么大家不肯自力更生，而把一切委诸命运？

这种种的社会病态，摆在墨子的眼前，究竟他要怎样处理？

他认为社会种种的不平，人生的愚昧，都是由于人类的短视。只看见一个人的私利，一个阶级的私利，一个国家的私利，而看不见大我的福利，社群的福利，以及天下的福利。因此他要把个人自私的心思，客观化而成为一种大利。在这大利的下面，有时也许会对某一部分的人有损害；但就全面来看，这损害实是顾全大体之不得已的牺牲。他说：

"斩断手指，以保存整条手臂，这是在利中取大利，在害中取小害。在害中取小害，这不是取的害，而是取的利啊！因为他所取的，是他所需要的。譬如路上遇到强盗，这是一种不幸。假如你只被斩断手指，而保全了性命，却是不幸中的大幸呢！"

这才是利的真谛，唯有获致了这种大利，社会人群才能真正幸福。因此我们一切设施举措，都应该以这利为取舍权衡的标准。合乎利的，便办；反乎利的，便取消。简单明了，绝无徘徊的余地。

因此不仅上面对于音乐、享用、殉葬等都基于"利"的原因而反对，非战也同样用这种理由，他说："假定打了一次胜仗！试问究竟得到多少利益？统计一下，还不如损失的多呢！为了争夺几里大的城郭，却消耗了几万的人员，而所得的只是一座虚城，这又何苦呢？"甚至许多具体的主张也都是基于"利"的观点而提出。例如他主张"明鬼""非命"，因为：

"如果大家都相信鬼神能赏善罚恶，便没有人敢做坏事，天下便不会大乱了。"

"王公大人相信命运，必定不肯热心于政务。农人们相信命运，必定不肯卖力的耕种。所谓命运，只是暴君拿来压制人民；或穷困的人，拿来自我安慰罢了。"

总之，他对事务的一切具体办法，都是围绕着"利"的观点而安排的。若用近代哲学的术语来讲，他真可说是一位彻头彻尾的功利主义者了。

四

上面所说都是墨子的"应用"哲学。至于他的基本观念，也就是他思想的核心所在，那就是"兼爱"的学说了。

古今中外的圣贤，无不是教人们相爱；因此墨子的"爱"，并不稀奇，但其特点却是在"兼"字。墨子对"兼"字有他特殊的看法，若用现代的话来解说，就是："完全包括，毫无分别。"而所谓"兼爱"就是对所有的人全都一律相爱，毫无厚薄轩轾的不同，这实在是"爱"的最高陈义了。墨子所以提出这种主张，无疑的是出自他那无比强烈的同情心。但是在理论上，他却把它归于天志。

墨子从各个方面证明上天对人类，是一律覆育，一律爱护的，世上的人和"天"的关系，全是一样远近，不分轩轾。就如许多孙子，在老祖父的膝下一样，全都是他儿子们的孩子，没有远近亲疏。假如人们不明此义，而要你疆我界，秦楚自分，那就如孙儿们各分门户，相互攻击一样的使老祖父伤心。我们为了避免上天的伤心而降罚，我们为了体行天志以求多福，便势必要人人相爱，毫无厚此薄彼的偏爱。

从哲学的眼光来看，把"兼爱"的基础建筑在这个道理上，实在是薄弱荒谬之至。但是我们知道，墨子真正使人倾倒的是在其热情救世，而不是在其哲学思辨。我们绝不可因其哲理欠佳便否定了他的正面贡献，这就如绝不可从思辨证验的观点来否定耶稣的价值一样。因此我们势必要撇开他那贫弱的思辨，而来一探他"兼爱"本身的究竟。

"兼爱"的口号虽是响亮动人，博得所有热情人士的倾倒，但"美言不信，信言不美"，响亮动听的口号往往"似是而非"，不切实际。兼爱的说法就是一个例子。先就抽象的理论来说，人人全都一律无别的相亲相爱，岂不是最理想的事，谁能反对？殊不知若要真个付诸事实，这最动人的说法，却是最不合理，而又无法行得通的谬论（详说见前文孔子篇，此处不赘）。人与人之间有其相通互爱的共同基础，但也有其天然生就的差异关系（如父母子女，以及邻居、师友等特殊关系）。共同基础虽然重要，而这差异关系却是人们日夕接触的实际生活，与人们发生息息相关的作用。我们必须对这差异的关系，有其差异的安排与对待。因此儒家才要讲"君君，臣臣，父父，子子"；才要讲"老吾老以及人之老，幼吾幼以及人之幼"。现在若为了强调人们的同类意识，而竟抹煞这些差异关系，那不仅要取消人类一切伦常对待关系，并且根本会在实际生活中无所措其手足。

人类所以与动物不同，就在其具有"政治生活"与"伦常道德"。人们只有在这两者中才能发挥出卓越的才能与品德，才能表现出人之所以异于禽兽的特征。现在（从乎杨朱的为我说法，势必取消人们的政治生活，所谓"无君"说详见下文杨朱篇。）从乎墨氏兼爱的说法，势必取消了人我间一切的伦常关系，使人无从发挥其卓越优美的性能。虽存在而缺乏"人"的意义，实不过是一种动物的活动而已。所以孟子才说："墨氏兼爱，是无父也（按：如把父亲当作父亲而特殊看待，那就不是"兼爱"了。又"父"是伦常的代表，无母、无兄，其意均同）。无父无君是禽兽也。"墨子当初提倡兼爱之说，原是出于一片至诚，极端善意，只因辨析不精、考虑不周，以致"失之毫厘，谬以千里"，而产生这样严重的流弊，岂是墨子始料所及？足见立言之不可不慎了。

墨子的教训已经褪色，不用再管，但鉴古可以察今，举一足以反三，今天围绕在我们身边，从政治到商业有着无数美丽动人的口号，但试想这些美丽的口号有几个不是兼爱说的情形呢？我们若能冷静地想一下，就不枉费研究墨子所得的教训了。

第四章　恬淡自足的隐者——杨朱

一

正当儒墨两派人物在中国文化的园地内努力耕耘，互不相让时，另有一派人物跟在墨家后面突然兴起，分占了儒墨的园地，这派人物的代表就是杨朱。

从孟子的口中，我们可以看出当时的情势。孟子说："杨朱墨翟之言盈天下；天下之言，不归杨，则归墨。"我们纵使把儒家也列进去，当时的天下，至少是三分的。尤其儒家先受攻于墨子，再受攻于杨朱，元气已丧了大半。所以孟子说："杨墨之道不息，孔子之道不著。"可见杨朱思想声势的可怕。

杨朱究竟是一位怎样的人物呢？《史记》中没有一个字提到他，因此我们对于他的身世一无所知。传说他多愁善感，看到邻人因歧路而亡羊，便终日不语，郁郁寡欢。然而传说毕竟是传说，即使是事实，也无补于我们对他身世的了解。不过有一点值得我们注意的是，《庄子》书中曾屡次提到阳子居，这可能就是杨朱，因为杨又作阳。但《庄子》的故事都是虚设的，我们不能用那些故事来了解杨朱，不过我们却有一个线索，从

《庄子》对杨朱的描写中，可知杨朱是和老庄同一路线的人物，也是个隐士。今天我们对于杨朱的身世，所知也只有这点了。

至于杨朱的思想究竟怎样呢？我们所知也很有限，因为他的著作早已失传了，今天我们还懂得一点杨朱思想，都是从别人的引述中得来，而这些引述，也只有以下三条：

"全生保真，不以物累形，杨子之所立也。"（《淮南子》）

"阳生贵己。"（《吕氏春秋》）

"杨子取为我，拔一毛而利天下，不为也。"（《孟子》）

这样一位举足轻重的思想家，所留给我们的遗产只有这点，实在是中国文化上的一大损失啊！

二

也许有人要问，《列子》书中不是有一篇专门记载杨朱思想的吗？

《列子》是一本问题书，它本身是伪造的，而其中的《杨朱篇》更是对杨朱思想的低价附会。我们试看它如何曲解杨朱的思想。

《列子》中的杨朱不是要与儒墨对立，提出他的另一套救世的见解，而是为了他的享乐主义、肉欲主义寻求一个合理的说法。试看他如何自圆其说：

为什么要及时享乐？因为人生太短促了。他说：

"活到一百岁，总算是高寿了，但真能活到一百岁的人，一千人中没有一个呢！就算每个人都能活到一百岁吧！在这一百岁中，幼年和残年占了一半，夜寐和昼眠又占了一半中的一半，再加上疾病和忧患，又减去了一半。估计在这短短的十几年中，逍遥自得、无忧无虑的时间，实在所剩无多呢！"

生命是这么的短促，人生究竟有什么意思呢？为名誉、为事业吗？可是：

"十年也是一死，百年也是一死；仁圣也要一死，凶愚也要一死；生的时候是尧舜，死了便成为枯骨；生的时候是桀纣，死了也成为枯骨。他们都变成了枯骨，谁知道他们之间有些什么不同呢？所以我们应该在生的时候及时行乐，不要为死后而忧虑。"

"至于死后，那跟我毫无关系。火葬也好，海葬也好，埋在地下也好，暴露在外面也好，用稻草缚起来，丢在水沟里也好，用锦衣包起来，藏在石棺里也好。"

这是一种唯生的论调。在表面上看，还与真正杨朱的思想距离不远，然而骨子里已藏有纵欲的念头。所以再向前跨出一步，他的真面目便完全暴露了出来。

他认为死既然一了了之，什么都是空的，那么在生前何不寻求快乐？何必自苦如此呢？所以他强调：

"我们应该看尽天下的风景和美色，享尽人生的快乐和享受。我们只怕肚子饱了，不能再享受其他的饮食；精力竭了，不能再玩乐一切的美色。哪里还有心情去考虑自己的名誉，担心自己的生命呢？"

那么究竟要怎样行乐呢？他的理想人物，一个是好酒的公孙朝，一个是好色的公孙穆。这两个人都是郑国大夫子产的兄弟。

公孙朝是一个嗜酒如命的人。他的房子内，储酒有一千多缸，酿酒的曲积起来充满了走廊，在门外百步的地方，就闻到做酒的气味。当他饮酒的时候，根本不知世道的安危，人心的好坏，九族的亲戚，以及生死的哀乐，连外物的有无都不知道，即使用水浇他，用火烫他，用刀刺他，他也不理会呢！

公孙穆是一个好色之徒。他的偏房就有几十个，而且都是国色天香的窈窕少女。当他沉湎于美色时，躲在后房，拒绝会客，昼夜的玩乐，一玩就是三个月，还似乎没有满足。同乡如果有美丽的少女，一定用钱去买，或用其他的方法勾引，非到手绝不甘心。

公孙朝的好酒，代表麻木的追求；公孙穆的爱色，代表纵欲的堕落，这两点正是颓废思想的特色。

他们对于钩心斗角的争权夺利，毫无兴趣；对于著书立说，扬名声于后世，也无兴趣。他们不屑于财富，视金钱如粪土；同时也不爱惜自己的生命，任意的浪费。他们追求的是快乐，而不是幸福。他们无意于心灵的安恬，他们渴望的是肉体的刺激，感官的满足。

在一个极端混乱的时代，常常有这种极端的颓废思想。这不是一种思想，而是一种病态的心理。当然这不是杨朱思想，而是杨朱思想的附会。试看像公孙朝和公孙穆这类人物纯粹是一种暴发户的行为，是社会的寄生虫，我们应该嗤之以鼻。如果把他们套上杨朱思想，与儒墨三分天下，非但侮辱了杨朱，而且侮辱了儒墨呢！

三

那么真正的杨朱思想究竟怎样呢？

我们必须认清杨朱是道家一流的人物，他的思想渊源是来自《论语》中的许多隐者。

首先我们看看这些隐者们的动态：

有一次，孔子在卫国闲居作乐，正在击磬的时候，有一位背着草器的隐者经过孔子的门前，从音调中知道为乐者的怀抱，他便说："天下这样大乱，还有心情为礼作乐吗？"接着又说："想不开呀，这样的专心致志！没有人知道你，也就算了吧！你应该知道，可以仕就仕，不可以仕就悄悄地退隐吧！"

又一次，孔子迷了方向，派子路去问渡口在哪里。子路去问两个正在耕田的隐者，一个叫长沮，另一个叫桀溺。

子路先问长沮说："请问你渡口在哪儿？"

"那位坐在车上的是谁啊？"长沮反问说。

"是孔丘。"子路直截地回答。

"是鲁国的那位孔丘吗？"长沮有点惊奇。

"是的。"子路回答。

"只要是他，那他应该知道渡口啊！"

子路碰了一鼻子灰，本想发作；但为了找渡口，只得耐着性子去问另一位桀溺。

桀溺也反问："你是谁啊？"

"我是仲由。"子路回答。

"哦！就是鲁国孔丘的徒弟吗？"桀溺惊奇地问。

"是啊！"子路有点不安。

"天下大乱，谁能够挽救呢？你跟从躲避坏人的孔子，还不如跟从我们，离开整个社会吧！"桀溺说毕，便继续耕种，不理睬子路。

又有一次，子路在孔子后面追从，还未赶上孔子，却在路上碰到了一位正在除草的老人。子路问他：

"你看见我的老师吗？"

"不事生产的人，怎能称得上老师？"这位老者一面挖苦地说，一面锄草。

这时，子路仍然恭敬地站着。这位老者便留子路过夜，并杀鸡请客，同时叫他的两个儿子出来拜见这位远客。第二天，子路赶上孔子，告诉这番经过。孔子叹息说："这是一位隐者啊！"再派子路去找那位老者时，已经不知去向了。

从这些记载，可以看出当时隐者们的动态了。他们不是过着农居生活，便是做小公务员。他们都混在平民阶级，下流社会中，自隐无名，不求闻达。然而他们并不是碌碌众生，他们是有学养、有见识的。前面故事中，那位背着草器的隐者，他听到孔子击磬，便知道孔子是位有心人。他有这种感受，当然他也是一个有心人，所以才能和孔子起了共鸣。然而他和孔子不同的，只是孔子还要"知其不可而为之"，他却是"算了吧！算了吧！"至于长沮和桀溺，一听到孔丘和仲由，便知道孔子这一行人的目的，可见他们对于当时的学术界是非常清楚的，只不过他们是冷眼旁观罢了。还有那位锄草的老者，对子路非常客气，并且叫他的儿子们拜见子路，以行长幼之节，可见绝不是普通的农人；否则子路去后，他们不必逃开。他们不是怕孔子一行人再来投宿；而是怕孔子邀他参加这一行列。由这些事实，可以想见他们自己另有一套人生观。

他们看到整个世界是一片大混乱，臣子弑君主，儿子弑父亲的惨案到处皆是；而且诸侯国间连年的战祸，更搅得民不聊生。弭兵之会，形同纸上谈兵；提倡人道，无非对牛弹琴。因此他们认为孔子的"知其不可而为之"的精神，只是傻子的精神。孔子的"有心哉"只是可怜的痴心罢了。所以他们讽劝孔子，虽然过去的无法挽回，未来的还可以把握啊！应该及时回头，收起那木铎，参加隐者的阵营，退隐在山野田间，与鸟兽为群，与树木为伍，过着简朴自然、无忧无虑、逍遥而游的生活。

孔子没有接受隐者们的劝告，仍然栖皇的救世。隐者们也只顾在小天地内寻找自我，这样春秋时代过去了。到了战国时代，时代愈来愈混乱，思想也愈来愈激烈。墨子认为孔子的精神不够热烈，便聚合群众，组成一个苦行派。这时隐者们觉得孔子的做法，已是有点痴想，而墨子的这种硬干，更是愚不可及。他们也提出了一套思想，而杨朱就是这一思想的代表。

今天我们提到杨朱的思想，并不是杨朱一人所创造的思想，而是每个隐者们的思想。他们的思想，从《论语》中的隐者，到战国时的隐者，是一致的。他们并不像儒墨一样有所师承，而是每个人自己去寻找他们的小天地。可是他们在这个小天地内所发现的心境却是彼此相同的。因此他们之中无论哪一位都有杨朱思想，反过来说，他们当中有一位叫杨朱的隐者，他的思想可以代表所有的隐者。也许有人问，为什么我们不称长沮、桀溺的思想，而偏要称杨朱的思想呢？对于这个问题，有一个譬喻。儿时曾玩过一种化学游戏，就是在一张白纸上，用化学药水写上文字，晾干后依然是一张白纸。如果再把它放入水中，字迹便历历分明地显了出来。许多隐者，就同白纸上的字迹，是隐性的，可是到了杨朱，便同白纸浸入水中，是显性的。所以我们可以说杨朱是个隐者，也可以说他不完全是一个隐者。他是个隐者，因为他有隐者的思想；他不是个隐者，因为他已把思想发表出来了。

四

首先我们看看隐者的杨朱，也就是看看杨朱所表现的隐者思想。

《吕氏春秋》说他："阳生贵己。"所谓"贵己"，就是尊重自己，看重自己的意思。这有点个人主义的色彩，也是每个隐者思想的特色。然而杨朱眼中的"个人"绝不是感官的组合，更不是欲望的组合，而是淳朴的自我，真实的本体。那么我们应该如何来追求这个自我，发扬这个本体呢？杨朱劝我们保全生命的本真，不为外物所干扰。什么是生命的本真呢？杨朱没有告诉我们，但从他的立论中，可以推知那是指天生自然的本性，也就是真挚纯洁的情感。我们必须保养这种情感，不为外物所引诱。我们都知道城市生活，物质的引诱大，声色犬马，钩心斗角，人们整天追逐着这些，学会了虚伪欺诈，拍马奉承，因此失去了原有的天性。乡村生活便没有这些引诱。他们整天与大自然接触，一片纯真无邪，逍遥自在。这些外界的引诱，包括了《列子》篇中所提到的"名""位"和"货"外，还应加上"肉欲"，以及声色犬马等一切具体的、抽象的可欲对象。

要"不以物累形"，就是要戒除肉欲所加于身心的戕害。一个真正的隐士，是懂得养生之道的，一个懂得养生之道的人，岂是爱酒和好色的吗？

其次我们要看看非隐者的杨朱，也就是要看看杨朱透过隐者意识，而表现出的救世精神。

孟子批评杨朱说："杨子取为我，拔一毛而利天下，不为也。"这句话的意思是什么呢？"拔一毛"是说害之小者，"利天下"是说义之大者。牺牲一根毫毛，去换取利天下的大义，这是最合算的事了，可是杨朱却不愿意干。这是什么原因呢？因为一毛虽然微小，总是自家身上的东西；利天下虽是大义，却是身外之物。为什么为了身外之物，而牺牲自己呢？

这是一般隐者的意识。杨朱虽然有这种意识，然而他的旨趣却不在这儿。根据《列子·杨朱篇》的记载，杨朱曾说过："伯成子高不以一毫利物，舍国而隐耕；大禹不以一身自利，一体偏枯。古之人，损一毫利天下，不与也；悉天下奉一身，不取也。人人不损一毫，人人不利天下，天下治矣！"《列子·杨朱篇》虽然是伪托的，但这几句话却与杨朱的思想符合。因为杨朱正是从伯成、子高等隐者意识中升华出来，也正是崇尚大禹的墨家的反动。"损一毫利天下，不与也"是他的消极意义，而"悉天下奉一身，不取也"正是他的积极精神。

现在我们进一步分析为我主义，是如何从消极意义转变为积极的精神。在一方面看，既然拔"一"毛都不肯，那么拔"两"

毛、"三"毛当然不肯。如此推下去，试问牺牲生命、牺牲人格，还愿意吗？再从另一方面看，利"天下"尚且不屑为，那么利"天下之半"、利"天下之少许"当然更不屑为。如此推下去，试问对别人有害，与天下无利的事，还愿意去做吗？试想一个连天下的大利也不值得一顾的人，还会去追逐什一之利吗？还会去害人祸世吗？如果人人懂得这个道理，人人信奉这个原则，人人都能尊重自己，而不侵犯别人，当真能做到"拔一毛而利天下，不为也"，那么社会问题根本不会产生，天下自然升平了。

自杨朱发表这番理论后，许多人都起来响应，形成一种学派。因此，这时已失去了隐者的意味，而成为救世的主义了。然而他们与儒墨不同，儒家是正面提出纯化人性的目标，墨家是正面提出解决社会问题的方法，而杨朱却是从人性上，消极的使问题不产生。

墨家是儒家的反动，杨朱又是墨家的反动，由于他们都是在反面或消极方面提出他们的学术思想，所以他们都是缺乏人性上的深厚基础。墨学很快便衰微了，杨朱也很快变了质。今天我们对杨墨感兴趣，并非对他们的思想，而是对这种思想所代表的人心感兴趣。

在那样一个混乱的时代，往往会产生两种极端的心理：一种是火一般的热情，一种是水一样的冷静。有些人认为这个社会如此的糟，非要像火一样把整个人心燃烧起来，做一番大刀阔斧的改革不可，这就是墨家。另有些人认为社会的病态绝不是头痛医头，脚痛医脚所能奏效的，主要原因是大家被物欲忙昏了头，因此先浇一盆冷水，使他们清醒清醒，这便是道家。

杨朱消极的救世主义，对于人心厌倦的当时，的确是一剂清凉散。许多隐者们觉得杨朱的思想甚合自己的脾胃。因此他们也都写下了自己的智慧，希望能唤醒人们的自我，共同追求人生永恒的幸福，和真正的快乐，这就是我们后面所要谈到的老庄。另有些人对杨朱的思想并无深刻的了解，他们附会杨朱，他们有小聪明，却无大智慧。他们是个名义上的隐者，毫无崇高的心境。发展到后来便是享乐主义派，如魏晋的许多荒唐的名士。杨朱思想，到他们手中，已是完全变质了。

第五章　智慧无双的老者——老子

一

老子《道德经》是一部奇书，它虽然只有寥寥五千字，但对中国文化所产生的影响却不是五千部书所能阐述得清楚的。据统计，过去国人替它注解、阐述的书，留存到现在可稽考的已有六百余种。平均每七个字，便有人替它写一本书。到了近代，译文遍及各种重要的文字；每一文字译本，还不止一种。即以英文为例，到现在为止，便有四十四种译本之多。人们对于它的重视，可想而知了。

这本书在战国时代，已是很流行了。像庄子这样的天才，尚且随时随地引用它充满了智慧的句子；还有法家韩非子的书中，竟有《解老》《喻老》两篇文章为它诠释，足见推崇之一斑。其他如荀子之批评、游士之征引，真是不一而足。到了汉代，由于政府实行黄老政治，这本书乃成了为学施政所共遵的宝典。而那伟大的批评家司马谈，更是把它推崇备至。东汉末年，中国本土产生了一种道教，居然把《道德经》看作圣经。接着魏晋的名士们更是人手一册，把它看作清谈的资料。到了唐朝，由于皇室姓李的缘故，"爱屋及乌"，竟然认《道德经》的作者为祖先！一方面设立研习道家的博士、助教等，并别立道家为一科以举士；一方面又在天下遍设道观，诵《道德经》及《庄子》《列子》等书。这时几乎每户人家必备一本《道德经》。由于历代学者和君主的倡导，《道德经》的流行几乎比《论语》还要广泛呢！

《道德经》不仅在国内盛行，而且畅销于国外。它被译成各国文字，据《良师丛书》(*Mentor Book*) 的编者说，除了基督教的《圣经》外，译得最普遍的，就要推《道德经》了。尤其两次世界大战以来，世人受尽了炮火的荼毒，穷极知返，才觉悟到徒赖物质并不能给人类带来真正的幸福。他们把目光转向东方文化，于是代表东方智慧的《道德经》，更引起他们的注意和推崇。因此蒲克尼（R. B. Blakney，当代美国的学者，译有《老子》），在《道德经》的译本序中说，当人类隔阂泯除，四海成为一家时，《道德经》将是家传户诵的一本书。

总之《道德经》的风行，绝不是偶然的。一九五九年版《大英百科全书》说：中国人的生活、文化，没有一方面能摆脱《道德经》的影响。这固然是一个西方学者对于中国人的了解，但他确是指出了其真相。《道德经》所以这样重要，乃是因为它代表了中国人的经验、中国人的智慧，不能只拿它当做一本"书"来看。

二

那么这部《道德经》的作者是谁呢？笔者可以很快地回答说，是老子。如果再问老子究竟是何许人？这可有点为难了。请先看司马迁告诉我们的故事：

孔子在五十一岁那年，为了要增广礼制的学识，便跑到周朝去请教一位守藏文献姓李名耳字伯阳的老官员。那位官员已是白发皤皤的老翁了，在他眼中，孔子还只是一个血气方刚、初出茅庐的青年，所以用教训的口吻说："你现在所研求的礼，它的创造者的骨头都已腐烂，只是他的言论还保留在世间罢了。一个君子有机会便出来为仕，没有机会便应该退隐。我曾听说过一个善经商的人，藏着很多货物，但表面上好像很匮乏；一个有德行的人，即使满肚子都是智慧和才学，表面上却好像一无所知。所以你应该去掉骄气、情态神色和欲心，这些对于你是有百害而无一利的啊！我能告诉你的，只是这些罢了。"孔子听了这段话后，回去后便向他的学生说："鸟，我知道它会飞；鱼，我知道它能游；兽，我知道它善走。善走的可以用网抓，能游的可以用纶捕，会飞的可以用箭射。至于龙，我就不知道了。因为它可以乘着风云直上九霄。我所看到的老子，就是游龙啊！"

司马迁说完了这个故事后，更有声有色地描写下去：认为这个老子以道德修身，他主张自隐无名，不求闻达。他住在周朝很久，后来看到周室衰微，便出关西去。关令尹喜知道他是饱学之士，劝他写一本书以把他的智慧传留在人间，于是老子便写下了五千字，分为上下篇，就是现在的《道德经》。他出关以后，便没有人再知道他的去向了。接着司马迁又怀疑起来，觉得老莱子也和老子一样是楚人，著书十五篇，也是发挥道家思想的；太史儋又似乎是老子。最后，司马迁自己也摇摇头，不知谁是真正的老子。

司马迁谈了半天，非但没有告诉我们《道德经》的作者究竟是谁？而且使我们更觉得迷惑不解。不过我们对于司马迁所说的孔子问礼的故事颇感兴趣。这段故事的味道，与《庄子》书中所提到孔老的故事相同。老子是庄子心目中的至人，孔子却是庄子眼中值得同情而常常挖苦的人物。虽然《庄子》书中有关老孔的故事，都是虚造的寓言，但从作者的态度上，可以看出老孔之间的关系。这与《论语》的隐者与老子的关系完全相同。由这个线索，我们可以这样说：老子是长沮、桀溺、杨朱一系的人物。也许是楚国的那位狂人，也许是背草器的隐者，也许是锄草的那位老人。

笔者说这话无意在逃避问题。事实上，两千年来，这个问题一直是个谜。许多学者绞尽了脑汁，仍然猜不透这个谜底。有的说老子生在黄河流域，有的说老子是印度的移住者。有的说老子在母胎中数十年，生出来已有白发，所以称为老子。有的说老子名耳，可能是缅甸地方大耳国的人种，远徙到中国的。有的说老子姓李是因为他家有李树。对于这些漫天胡猜，我们只有一笑置之。到了近代，又加上一个老子成书年代的谜。有的说《道德经》比《论语》早，有的说《道德经》比《庄子》晚。当然他们都会提出一番大道理，但仍然无法揭出这个谜底。因为这不是一个可解的谜，而是一个不适于去猜的谜，也就是说这个谜本身便没有一个确定的谜底，正像天上的浮云一样，你说它像山也好，像楼台也好，事实上它什么都不是，它只是云。所以我认为《道德经》的作者是老子，老子就是老子。

因为《道德经》这部书不是完成在一个人手中，它是由许多道家思想的人物辗转抄写，而且随时随地添加、删节而成的。正如今天我们听到许多充满智慧的俗语，试问谁能知道这俗语的创作者？尤其这些人物都是隐士，他们生时已把自己的姓名隐没了，不愿在社会上露脸，死后我们又怎能突然知道他的大名？同时，即使我们知道是某个隐士所作，对我们也毫无帮助。因为我们对于一个人的了解，往往是了解他在社会上的功业和人与人之间的关系，而一个隐士早已扬弃了这些关系。我们除了知道他的存在，对于他本身理应一无所知，因为没有生平正是他的生平，否则他便不是一个隐士了。

我说老子就是老子，就是说这个老子没有固定的生平。这个老子可能代表张三、李四等好几个人，也可能代表王五一个人。总之，这是一位有智慧的老人。他像普通老人一样，阅尽沧桑，饱经忧患。他曾眼看别人建造了高楼大厦，眼看别人在大厦内歌舞欢笑，同时又眼看别人的高楼大厦变成断井残垣，眼看别人走进坟墓变成枯骨。他退在一旁静思：一切繁华逝如流水，人生究竟为了什么？他看到有些人先天的禀赋比别人好，却是红颜薄命，天才早夭；相反的，丑女和愚人反而傻人有傻福，能坐享天年。他摸着胡子静思，昙花一现，这是什么缘故？他又看到有些人一生追求幸福，得到的却是痛苦；有些人一生追求理想，却掉入失望的深渊；有的人步步成功，最后却是一次大大的失败；有的人老谋深算，自以为聪明，结果坏人还有坏人磨，强中更有强中手。他沉思又沉思，默想又默想。他把所思的、所想的写下来，都是些人生宝贵的经验和智慧。

庄子曾对惠施说过："孔子到六十岁的时候，才看得开人生，以前认为对的，后来始发觉是错的。我们现在所认为对的，安知到六十岁的时候，不认为都是错的呢？"人生的确如此。年龄愈大，世事的阅历愈多，对人生的了解也愈透彻。这就同爬山，在山脚下时，我们妄自尊大，因为那时我们的眼界只及于周围，超不出那重重的围墙去看外物，等到我们往山上爬，爬高一步，我们的眼界扩大一点，我们的境界也更高一层，直到爬上了巅峰，我们的眼界可以拓展到无穷远，这时再回头看看山脚下，那蚂蚁般的行人是多么的渺小，以前妄自尊大的自我，是多么的无知愚蠢啊！

今天，我们在周围可以发现许多老人，他们虽然没有丰富的学识，却有丰富的经验。他们的知识不是静的，而是动的。我们的老子正像这些老人一样，已活到生命的高峰。一个老人总有他们老人的看法。他们不喜欢用强斗狠，也不会好高骛远，他们不再像年轻人那么富有冲劲。他们喜欢回忆，甚至希望返老还童。他们这时的心境往往跟儿童一样的天真无邪，他们看得太多了，懂得太多了，他们已摸透了人们的心理，也看透了世事变迁的法则。老子是一位老人，他的思想中便充满了这些特色。

所不同的，老子非但活到了生命的高峰，同时也达到了智慧的高峰。他的智慧并不因生命的衰老而衰老，相反的，因生命的成熟而成熟。他在人世间混了一辈子，看尽了人世的一切兴衰存亡和悲欢离合。他总觉得冥冥中似乎有一个主宰，而这个主宰既不是作威作福的鬼神，又不是无法解释的命运。他觉得万物的自生自灭都有它们的道理，而人生的果报相应也有它们的道理。这个道理很不容易用言语来表达，用思想来分析，但却是实有其物，真有其事的。老子《道德经》就是为了反复阐释这个道理。

三

老子觉得人人都追求幸福，但怎样才是真正的幸福，怎样才能追求真正的幸福？却很少有人知道。

　　一般人往往把一生的幸福寄托在物质上，以为物质上如果能得到充分的满足，便是幸福。事实上，物质所能供给的只是感官的享受，而感官的满足容易麻木。眼睛看久了，便感觉厌烦；嘴巴吃多了，便感觉恶心；耳朵听惯了，便感觉陈旧；于是只得在物质上变换花样，层层翻新。同是一件衣服，有高领，有短袖，有彩裙，有旗袍；同是一种食物，有生炒，有油炸，还要加上酱油、味精、辣酱、香菜；同是一种住室，有亭台楼阁，有洋房园圃，有专门的设计；同是一种交通，有慢车快车，有柴油车，还有飞机。虽然都是衣食住行的满足，而满足的方式却变幻无穷：新还要更新，香还要更香，快还要更快，舒服还要更舒服，永远地变换，永远地追求，可是却永远地得不到满足。等到感官的刺激到达了某个程度，感觉便完全麻木了，所以他说："五色令人目盲，五音令人耳聋，五味令人口爽。"跑进了五光十色的商场，只令人头晕；听到鼓乐喧天的鸣奏，只令人震耳欲聋；吃惯了山珍海味，只令人倒尽胃口。

　　老子深深地感触到这点，因此他觉得向外追求永远得不到满足，唯有向内追求才是幸福的法门。就拿贫富来说，它们的关系是相对的。一个不知足的富翁比一个知足的乞丐还要穷。所以他认为你如果知道满足，你便永远不会感觉匮乏，这完全是一个心理的作用。老子所追求的真正幸福，就在于这个方寸的心中。你必须保持这颗心的平息无波，不为外物所干扰；那么外界的刺激与你的心绝缘，你便无忧无虑，心广体胖，怡然自得其乐了。

然而怎样才能保持这颗心，不为外物所干扰呢？要达到这种功夫，必须对外界的一切有透彻地认识，尤其把握住事物演变的关键。

老子觉得一般人看事物都是肤浅的、表面的、单线的，而没有看进事物的深一层、另一面以及相反相成的道理。他说："别人回答你一声肯定的'唯'与敷衍的'阿'，其间究竟相差多少？同样，人们常常提到的善善恶恶，其间究竟有些什么分别呢？"非但"唯""阿""善""恶"是如此，世间上一切的事物都是如此。究竟怎样才算"高"，怎样才算"下"，怎样才算是"长""短""前""后""难""易"，谁都无法肯定地答复，因为这些都是凭感受来判断的，而人们对外物的感受，都是相对性的。这些相对性的事物给予人们的第一个印象，它们的关系是相反的。"高"就是绝对的"高"，"下"就是绝对的"下"，它们是完全不同的，所以大家都一股劲的趋高避下。如果我们稍进一步分析，便发现它们的关系是对立的。没有"下"，便显不出"高"；唯其愈"下"，便显得愈"高"。如果我们再透过智慧来看这些相对性的事物，非但是"相反"，而且是"相成"；非但是"对立"，而且是"互变"的。

他说："祸兮福之所倚，福兮祸之所伏。"在表面上看，福就是福，祸就是祸。如果用智慧来理解，祸的本身含有福的因子，而福的本身也含有祸的因子，所谓"失败为成功之母"、所谓"多难兴邦"，这些现象不是很明显地说明了这个关系吗？同样，"饱暖思淫欲""宴安鸩毒"，这种经验的教训，还不能引发我们的深省吗？

看清这些现象，领取这种教训后，我们便不至于转入人欲的大漩涡中随波逐流了，相反的，我们却能洞悉潮水的涨落有数，以把握人生的枢机。

你要跳得高，必须用力往下踩。你要成功，先得有接受失败的勇气。你希望别人尊敬你，你先得尊敬别人，这是从好的方面看。如果从坏的方面看，你希望别人提拔你，你得多献殷勤。你要打败对方，还是先让他胜利，使他因骄傲而自取灭亡。你要追求异性吗？你得先表示为爱而牺牲，然后对方就为你而牺牲了。你不先放下饵，又怎能希望鱼儿上钩？老子告诉我们：这种相反相成的道理，在好的方面，固然劝我们努力向上，不可自满，但坏的方面，绝非叫我们学习阴谋的手段，欺诈的方法，而是使我们认清事实，"害人之心不可有，防人之心不可无"。

认清了这个事实以后，我们应该采取什么态度呢？

当然我们不能站在强的方面，按照"正复为奇，善复为妖"的互变道理，强可能变为弱，因为强中有弱的因子。所谓"坚则毁矣，锐则挫矣"。最坚硬的东西，最容易折断；而最柔弱的东西，却最有韧性。在自然界，坚木易折，柔条难断；在人世间，刚强的人多败，软弱的人反能得保天年。所以老子提出他的弱道哲学，劝我们自处虚弱。所谓自处虚弱，并非真正的虚弱，而是强在骨子里。像水一样，表面上看去，它是天地间最柔弱的东西，你要它圆就圆，要它方就方；你要它高就高，要它下就下。可是当你把这种外力去掉以后，它又回复到原有的状态。它能适合于任何环境，这就是它强的地方。这是指消极方面的作用。至于积极方面，它有耐性，一滴滴的水珠，可以滴穿坚硬的石头；同时它又有极度的坚性，大水来时，可以冲垮任何的铜墙铁壁。

老子劝我们向水学习，水性趋下不争，我们处世也应该不争。所谓"不争"并非自我堕落，毫无斗志。事实上，争只是逞气、逞力，完全是吃力不讨好的事。争名逐利，结果必定是名利双失。因为万事的发展都有它的顺序，"争"只是凭着个人的力量去打断自然的顺序，这无异螳臂当车了。相反的，不争却能得到更大的胜利。一个伟大的作家无须斤斤于那些虚名小利，他埋头于自己的理想，结果成就了伟大的作品，这岂是那些整天追逐的人所能争得到的？所以老子反复告诉我们："夫唯不争，故天下莫能与之争。"

不争是弱道的一面，而另一面是为公。老子反复地说："不敢为天下先，故能成器长"，"非以其无私邪，故能成其私"，"圣人不积，既以为人己愈有，既以与人己愈多"。他说了那么多的"成器长"、"成其私"、"已愈有"、"已愈多",而他真正的目的不在这儿。尽管事实上,为人就等于为己,而且老子也极力阐明这个道理,但这只是一种劝人的法门。正如宗教家用"恶有恶报"去劝人行善,老子的苦心就在这儿。不了解老子为公的积极一面,也就不了解老子不争的消极一面。

在《杨朱篇》中,我们曾说过杨朱是把隐者的思想加以积极的意义,自杨朱以后,便产生了道家的人物。道家是从隐者思想衍生出来的。然而道家与隐者的不同,就在于他们旨趣的不同。隐者无言,是为了自我;而道家说了半天的自我,却是为了别人。他们不像孔墨一样,口口声声为人,他们只是说了许多消极的话,他们的消极,并非真正消极,而是含有积极的精神。我们只要照他们的话去做,不积极而自然积极,这就是他们的真正旨趣。

道家思想,自杨朱确立了观念,到了老子已发展到高潮。接着到庄子手中,却是一个奇峰突起。杨朱好像是丘陵,老子是一片大高原,至于庄子只是高原上的一个奇峰。整个道家思想,是以老子为台座。杨朱的思想不够成熟,至于庄子的思想,却是由老子思想中发挥出来的。老庄间的关系,正如孔孟间的关系。孟子和庄子所以令我们倾慕和欣赏,乃是因为他们都是旷世的天才。他们的思想中,个人天才的成分很浓,不像孔老,都是客观的论述。都是一个道理的反复申述,不用个人的才气来陪衬,所以孔老的思想是儒道的主角。

四

老子是道家的牛耳，道家思想对中国文化所产生的影响，也以老子为最大。

老子在哲学方面的影响，是促成了玄学的发展。因为老子不像孔子一样以身行教，而是退在一旁思考人生。他所要追究的是事物变迁的因素，因此涉及许多超现象的原理。到了魏晋的清谈家们，便谈"空"论"有"地说起玄来。这时正好佛学开始移植进来，佛学的真"空"妙"有"正合清谈家们的胃口，于是道佛便逐渐融合，而给佛教佛学的输入，铺了一条康庄大路。

老子不仅在文化宗教方面有重要的影响，而且在政治方面尤其结了不解之缘。从汉朝到清末两千多年，表面上虽是表彰六经，尊崇儒术，但在骨子里则大体上是推行"黄老政治"。"黄"是指黄帝，"老"是指老子。所谓黄老政治就是把《道德经》中的智慧，活用到实际政治上的一种办法。原来《道德经》中的话，不仅都是些抽象的原则，而且还都披着一套奇怪的外衣。假如生吞活剥地去实行，不但扞格不通，还会产生无数的流弊。反之若能善体其意，用其智慧，就必然会收到"指约而易操，事少而功多"的效果。"黄老政治"就是这样一种聪明的办法。这一办法首先运用到实际政治的是汉初的曹参。曹参本是一个粗人，随高祖革命，勇猛善战，所向有功。汉朝天下底定后，因功封为齐相。他自知不懂政治，乃延请一位饱学的高士盖公指导，盖公便教他清静无为的黄老政术，结果齐国大治。后来萧何死了，他继任中央政府的宰相，便把在齐国施行有效的这一套办法带到中央。当时他终日饮酒，不亲理政务，遇有建议兴革、有所主张的人，便把他灌醉了送回去，使之无从开口。汉惠帝看了非常焦急，他就问惠帝两个问题：先问惠帝与他的父亲高祖，谁好？惠帝当然不敢比附。又问惠帝："你看我与前任宰相萧何，谁好？"质朴的惠帝便说："好像不如萧何好。"曹参说："你的两个答案全对了，我的看法与你一样。因此高祖与萧何定的办法，我们老老实实照办就对了，为什么要妄作聪明把它搅乱？这便是我的政策。"有名的"萧规曹随"美谈，指的就是这段故事。这种"黄老政治"推行的结果，乃使汉朝从贫困的状态中在极短期间变成空前的富强，而形成武帝雄飞寰宇的基础。

老子的智慧思想不仅影响了文化、政治，而且影响了生活习俗。那也就是说它的影响不仅及于少数的知识分子，而且及于全体人民。尽管他们没念过《道德经》，甚至不识字，但他们的人生态度却在无形中受到若干老子思想的影响。例如淡泊自守、忍让无争的美德，通权达变、轻松简易的智慧，都来自老子的影响。至于生活所蜕化出来的艺术，不论是诗歌文艺、音乐绘画，以及器用建筑等等，都表现着道家的意趣。这些事若要逐一论列，恐不胜枚举，无法谈到止处。

《道德经》这样一本薄薄的小书，何以竟会发生如此巨大的影响呢？须知书籍的价值不在篇幅而在其内容。一般书籍的内容类多是知识的介绍与事实的报导，而《道德经》则是思想的启迪和原则的指导。因此它不仅使我们有思想、有头脑，而且可把这原则活用到各个角落里，因而产生各种不同的影响。然则《道德经》又何以能启迪思想，指导原则？那就由于它是累代经验的无上心传，人类智慧的高度流露！

第六章　超尘不羁的才士——庄子

一

　　道家的第二部伟大杰作，要推庄子的《南华经》(《庄子》)了。

　　读过《南华经》的人，没有一个不拍案叫绝，赞叹庄子的才思过人；也没有一个不飘飘然，与庄子同游于超人的境界。金圣叹批才子书七部，把《南华经》列为第一。奇文是有目共赏的，岂是金圣叹一人如此！

　　读《道德经》像读数学一样，必须用脑穷思苦索，使人感到严肃吃力。读《南华经》则好像听音乐，那快慢的节奏，高低的旋律，节节引人入胜，使人不得不跟着庄子，进入一种飘然的忘我境界，甚至忘掉去想文句的意思。

　　《道德经》是纯哲学的作品，而《南华经》却是兼有哲学文学特色的作品。古来没有一位思想家，不研究《南华经》；也没有一位文学家，不朗诵《南华经》的。庄子非但是历史上伟大的思想家，也是伟大的文学家。他那绝顶的天才，超人的想象，都从神出鬼没的笔锋间流露出来。文字到了他的手里，好像活动的玩具，颠来倒去，曲折离奇，他爱怎样说就怎样说，爱怎样写就怎样写，爱用什么字就用什么字。两千年来多少人模仿他的文章，可是没有一个模仿得象样，他可以称为空前的散文大家了。

庄子的文章，都是归纳性的。他东说一句，西说一句，毫无组织，全无结构，使你有点恍惚，使你感觉离奇；于是你一句一句地读下去，最后你才发觉他每一句话都像一根鞭子，击在你内心的痒处，使你感觉到的是一阵快感。他的整部书，可说都是由寓言凑成的。这些寓言虽然都是虚设的，然而每个寓言都有它无穷的意味。他东拉一个寓言，西扯一个寓言，无非要来衬托出他心中奥妙的想法。这些想法，有的是愤世嫉俗，有的是玩世不恭，有的是冷讽，有的是热嘲；可是披上了寓言的糖衣后，非但我们感觉不出其中的尖刻，而且觉得非常亲切；即使自己也被嘲讽，却觉得别有一番滋味在心头呢！

两千年来，他嘲笑了上下古今所有的人物，他的嘲笑之声永远地留在人间，世界上再没有他那样嘲笑人的天才，因为他嘲笑出来的都是真理。孟子好辩，庄子善嘲，这该是中国历史上的双璧。

孟子辩得别人无话可说，庄子却嘲讽得别人心有戚戚。可惜这样一位旷世的天才，我们对于他的生平，却一无所知。历史留给我们的，只是他千古如一日的嘲笑之声。至于事迹不明，这原是道家人物的特色，今天我们还能知道庄子的一鳞半爪，乃是来自他的嘲笑声中。

他在开宗明义第一篇里，便借一只大鹏的寓言，嘲笑人世的愚蠢无知。

他这样地描写：

从前，在北海中，有一只硕大无比的鲲鱼，大得不可想象。后来它化成了一只大鹏，它不飞则已，一飞冲天；直上九万里的高空，击起三千里长的水波；然后再向南飞，直飞向天池。这时，地面上有两只小鸟讥笑地说："我想飞就飞，即使飞不上树，最多也不过跌回到平地，何必要冲到九万里的高空，再向南飞啊？"写到这里，庄子感慨地说："这两只小鸟，哪里知道鸿鹄的大志呢？下愚不了解上智的行为，短命不知长寿的经历，先天的限制，使他们哪能知道这个原因呢？正如朝生暮死的菌芝，不知道清晨与午夜的景色；又如春生夏死的寒蝉，不了解早春和暮秋的风光啊！"

这是一篇非常突出的寓言，完全是庄子的自描，那只一飞冲天的大鹏，就是庄子。

庄子超人的智慧，超人的眼界，超人的气魄，也就只有在超人的境界中，才能逍遥而游。人世间多的是无知的小鸟、短视的小鸟，他们能了解庄子吗？他们能赏识庄子吗？

由这只大鹏身上反映出的庄子，是个逍遥的超人，他的生活天地，与儒墨不同，他是逍遥在九霄云外的。他不高兴时，就怒而飞，飞到人们看不见的天池中，去过着自己的生活；他高兴时，也看看人间世，从他口中嘲笑几声。

二

司马迁对于庄子生平的了解也很有限。他只知道庄子名周，是宋国蒙人，曾经做过蒙县的漆园吏。至于其他方面，我们只有靠《南华经》中的寓言故事了。当然这只能当故事看，不能视作真有其事的历史。

蒙县是一个小地方，偏于中国的东南部。那里有庄子钓鱼的孟渚泽，有通往中原要道的汶水，有绵亘数十里的园苑。我们的伟大才子庄周，便在这样一个山清水秀、风景优美的自然怀抱中长大的。

江南多才子，由地理因素上，可以证明这话一点也不假。中国北方，都是一片平野，人民也以农为本，所以产生的人才都比较"木讷近仁"，如孔、墨。可是南方，则都是溪流纵横，景物曲折，所以产生的人才往往比较风流拔萃，如庄子。试看孔子少时只是在仓库内算账，在牧场上看牛，那是非常枯燥呆板的工作；而庄子在几千亩大的漆园内做事，整天接触的都是青绿的树林和活泼的飞禽，因此吸吮着自然的生气，富于想象。试看他的寓言中都是用鹏雀树木作对象，而他幻想中的至人、真人，又都是些怪诞不经的人，不是缺耳朵，便是凸胸脯。可见自然对于这位绝世天才的影响了。

他做一个小小的漆园吏，经济生活不太理想，有一次因为穷得没有办法起火，只得向管河的一位官吏借米。那位官吏满口答应说："没有问题，等我收到田租时，借给你三百两金好啦！"其实庄子借米是为了救急，所以他大为不高兴地说："我昨天来这儿的时候，途中听到有人喊我的名字，我环顾四周，没有人影。原来是车子压过的沟中有条鲋鱼在叫我，我问它有什么事，它说：'我是东海里的波臣，你能否给我斗升的水，活活我的命？'我回答说：'没有问题，等我向南游说吴越的君主，请他们运长江的水来营救你好啦！'这时那条鱼大发牢骚说：'我一时失策，处于这种困境，如果你能给我斗升的水，还能活下去，而现在你竟用那话搪塞我，不如早点到卖干鱼的店铺中来找我吧！'"庄子贫困的情形，由这段牢骚中可以略知一二了。但他虽然贫困，对于金钱却看得很轻，绝不为金钱所奴役。

有一次，宋国有一个曹商，奉宋王的命令出使秦国。去的时候，带车几乘；回来的时候，由于得到秦王的欢心，带回一百多乘车子。于是，便向庄子吹牛说："叫我住在穷巷矮檐下，织着草鞋过活，我是没有这种刻苦的本领。而我的本领，只要一句话把万乘之主说开心了，便可拥有百辆的车乘。"庄子带着讥讽的口气说："我听说秦王有一次生病，下诏求医。凡能替他开破脓疮的，赏一乘车；替他舐痔的，赏五乘车；做得愈卑鄙无耻的，得车愈多。你大概也替秦王医过痔吧！不然怎能得了那么多的车呢？好了，你快去吧！"这段讽刺是多么的泼辣、尖刻，更可看出庄子对于那些以"无耻"所换来的荣誉富贵的深恶痛绝！

他非但对于金钱不十分重视，对于功名也看得很开。有一次他到梁国去看惠施，有人向惠施挑拨说："庄周的口才比你好，他来了，你的相位便难保了。"惠施着了慌，便通令在城中搜寻他三天三夜。结果他登门去见惠施，说："你知道南方有一种名叫鹓鹐的鸟吗？它从南海飞向北海，在辽阔的途程中，不见梧桐不宿，不遇竹实不吃，不逢醴泉不饮。正在它飞时，下面有一只鸱，口里正衔着一只腐鼠，那只鸱生怕鹓鹐来抢它口中之物，急得仰头大叫一声：'吓！'现在你也想把梁国的相位来向我吓一声吗？"

事实上，庄子非但不会去争取别人的相位，即使把相位恭恭敬敬地送给他，他也不会接受的。有一次楚王喜欢他的才气，派了两位大夫去礼聘他。那时他正在濮水边钓鱼，两位大夫恭敬地说："我们国王，有意把国事麻烦你先生。"庄子不动声色，爱睬不睬地说："我听说楚国有一只神龟，死了已三千年，你们楚王把它用锦巾包着，绣笥盛着，藏在太庙里，以卜吉凶。试问这只神龟真正有灵的话，宁愿死了留着一套龟甲受人尊重呢？还是宁愿活着，在泥路中拖着尾巴爬呢？"两位大夫说："以神龟来论，当然宁愿活着，在泥路中拖着尾巴多爬一会呢！"

的确！庄子的一生，就是喜欢在泥地上拖着尾巴爬，是那么的潦倒，那么的玩世不恭。有一次梁王请他去聊聊天，他穿着一身大麻衣，已打满了补丁。脚上套着一双鞋，没有青丝鞋带，而是用麻带捆着，就这样不修边幅地去见梁惠王。惠王觉得他有点不像样，就问："先生，你那样的潦倒吗？"庄子幽默中有刺地说："人有了道德而不能实践，才是真正的潦倒呢！衣破了，履穿了，并不是潦倒；而且这是我遭遇时代的不幸，碰不上圣君贤相，又有什么办法呢？"这种当面挖苦君主，也只有庄子这样不羁的天才始能敢作敢为啊！

　　他的一生除了在漆园内过着与树木鸟兽为群的生活外，便是在外面东奔西跑。他的周游列国，可不是像孔子一样寻找一个政治舞台，也不像墨子一样热心于改革社会；而是到国外旅行一下，看看这人间世的可怜相，然后振笔直书，嘲笑尽这形形色色的一切。在表面上看来他极端的玩世不恭，好像是专以讥笑取乐似的；事实上他内心有着深忧，这种深忧与孔墨的忧国忧时并无不同。他有一次去见鲁君，鲁君问："鲁国有很多的儒生，可是却很少有人向先生您学道。"庄子回答说："鲁国的儒生也很少。"鲁君奇怪地问："在鲁国到处可以看到穿儒服的人，怎么说儒生很少呢？"庄子说："我曾听说，真正的儒生，戴着圆冠的，能识天时；穿着方鞋的，能知地形；挂着玉佩的，断事如神。有道的君子，并不一定要穿着儒服啊！衣服穿得漂亮的，未必真有学问哩！你一定不信我的话吧！那么你不妨下一道命令说：没有儒家的学问，而穿着儒服的人判他死罪。看看还有几人？"鲁君命令发下的第五天，鲁国只有一个人敢穿着儒服立在公门前面。鲁君就把他召进来，问以国事，果然随机应变，对答如流。庄子笑笑说："偌大一个鲁国，真正的儒生只有一个人罢了，还能说多吗？"庄子的嘲笑，就是要嘲尽那些假道学，假君子。"天下皆醉我独醒"，他觉得"滔滔者，天下皆是也"！真正明眼的，只有他一人罢了。

他的内心虽然满怀着深忧，但他绝不像孔子一样叹道穷，也不像墨子一样大声疾呼，他却相反地付之一笑。他从客观的立场来看主观的我，觉得一切都是可笑的，他的一切忧愁、快乐都是可笑。试看他的妻子死时，他的朋友惠施来吊丧，看见庄子正直着双脚，坐在地上，敲着瓦盆在唱歌。惠施奇怪地问："她和你相伴一辈子，生下的儿子也已成人。她死了，你不哭一声，倒也罢了；反而敲盆唱歌，这未免太过分了！"庄子回答说："不如你所说，她初死时，我哪里能无动于衷呢？但仔细一想，她本来是无生无形，毫无踪影的；突然有了这个形，又有了生命，现在她又死去，这不正像春夏秋冬，随时在变化吗？她也许正在一间巨室内睡得很甜呢？我却号啕地接连哭着，自己想想未免可笑，所以也不哭了。"这是一种把悲观和乐观消融在一起的达观主义。

庄子临死的时候，也是那么的达观。他的几个弟子商量，如何好好地安葬老师。庄子便说："我把天地当棺椁，日月当连璧，星辰当珠玑，万物当赍品，一切葬具都齐全了，还有什么好商量的。"弟子们回答说："没有棺椁，我们深怕乌鸦老鹰吃了你。"庄子微笑地说："弃在露天，送给乌鸦老鹰吃；埋在地下，送给蝼蛄蚂蚁吃，还不是一样吗？何必厚此薄彼，夺掉这边的食粮，送给那一边呢？"

这是何等的达观，何等的境界！

三

庄子所以有如此的达观，如此的境界，乃是他有一套超然的思想，使他超然物外。

前面说过：他正像一只硕大无比的大鹏，在九万里的高空，以尖锐的视力，观察着人间。但这只大鹏的前身，本是北海中的一只大鲲，这个北海象征了人间世；在这个狭窄的人间世里，充满了愚蠢无知，充满了烦恼和痛苦。所以他要化为大鹏，举翼高飞，冲开了人性的枷锁，冲出了世俗的樊笼，而奔向无忧无虑、自由自在的天池。

当它直上九霄以后，再回顾这个碌碌的世间，看到那些芸芸众生都好像是地面上形形色色的窍穴。当大风起兮，万窍怒号，发出了各种不同的声音；这些声音，虽然"吹万不同"，但都是一气的作用，都是由于每个窍穴的"自取"罢了。人间世的一切正是如此。

我们的欲念，正像一个个的窍穴，为了无尽的满足，而产生各种不同的追求。试看我们斤斤计较于大小、贵贱、成毁、生死、是非等等，又何尝不是一种自取的妄见呢？我们有比较心，才有大小的不同；有虚荣心，才有贵贱的差别；有得失心，才有成毁的感觉；有贪恋心，才有生死的烦恼；有偏执心，才有是非的争辩。事实上，从高一层的境界来看，却并无这些差别之相。就以是非的观念为例：

什么叫作"是"？什么叫作"非"？是非的标准又在哪儿？庄子怀疑地说："假定你和我辩论，你胜我输，试问果真你说的对，我说的就不对吗？反过来，你输我胜，难道我说的就对，你说的就不对吗？这里只有几个可能，不是你对就是我对，或者全对，或者全不对。我们两人囿于成见，当然不能判断，那么请第三人来做裁判吧，可是究竟要请谁呢？与你意见相同的人，当然偏向你；与我意见相同的人，当然偏向我；与你我意见不同的人，他又有自己的意见；与你我意见相同的人，那就等于你和我，也无劳他来做裁判。所以我和你以及第三人都不能知道谁是谁非啊！"可见一般是非的观念，都只是个人的看法，都只是自取的偏见，所以才有儒墨之争，各张旗鼓，都以自己为是，以别人为非，都"是其所非，而非其所是"。使得庄子不禁感慨地说："以我来看，仁义之端，是非之途，杂然纷乱，我又怎能知道其中的分别呢？"

然而我们这些芸芸众生，非但不了解这种妄见偏执，相反的，却争得非常起劲。我们都争大而舍小，羡贵而轻贱，求成而避毁，贪生而怕死，是己而非人。我们为了小名小利，便钩心斗角；我们得到了一点小名小利，就沾沾自喜。这正像秋天涨水时的那些江河，看到百川支流，涌进了自己的怀抱，便得意忘形，以为天下之美，尽在于己。可是等到它流入了大海，看见白茫茫的一片，无穷无际时，才望洋兴叹，悔悟昔日的浅薄无知。人类行为的可笑可怜，也正是如此！

　　庄子这一连串的寓言，一连串的嘲笑，就是要我们舍小知而求大悟。他从天上放下了一根绳子，要把我们从这个褊狭的世间中超度出来。这根绳子的作用，就是要我们打破差别之相。对于这点，他和惠施曾做过一次有趣的辩论。

　　有一次，他和惠施在濠水的石梁上漫步，他心情很愉快，便说："你看水里的鱼儿们，从容地游着，多么的快乐啊！"惠施和他抬杠说："你不是鱼，怎么知道鱼儿们的快乐？"他反问说："这样说来，你不是我，又怎么知道我不懂得鱼儿们的快乐？"惠施很不服气地说："我不是你，固然不知道你，但你也不是鱼，那么你也无法知道鱼儿们的快乐，这不是很明显的吗？"他却回答："让我们回到起先的问题，你问我'你怎么知道鱼儿们的快乐'，显然你已知道鱼儿的快乐，才问我怎么知道的，告诉你，我是在这石梁上体悟到的。"

　　在这段辩论中，可知惠施把彼此的界线分得很清，使物我相隔。但庄子能以自己的心去体现万物，由自己的悠然，以推知鱼儿们的快乐。因而拆除了樊篱，把彼此打成一片，把物我融为一体，以达到"天人合一"的境界，这境界，就是齐物思想的最高表现。

然而要达到这种境界，不仅要知得真切，而且更要有心性修养上的实际功夫。因为嗜欲深者天机浅，一切的偏见执着都是由于欲念的作祟，所以我们要破除差别之相，首先应舍弃选择贪取之心；而要舍弃选择贪取之心，功夫就在一个"忘"字。

所谓"忘"，就是要忘毁誉、忘利害、忘生死、忘是非。因为这些都是欲念，如果我们不能摆脱这些欲念，就像鱼儿在陆地上以口沫相吸，只是苟延残喘而已。鱼儿必须"相忘于江湖"，才能优游自在；同样，人类必须是非两忘而化其道，才能逍遥自在，才能达到"堕肢体，黜聪明，离形去知，同于大通"的境界。这时，不仅所有的苦患得失、舍弃一空，就是连自己的身心，也忘得一干二净，这种功夫，就叫作"坐忘"。

但坐忘并非形如槁木，心如死灰，而是"相忘于道术"，而是有它活泼泼的生机。因为这时已证入了心通万物而无心的境界，这种境界，庄子曾有一段精彩的描写。

有一次，庄子做了一个梦，梦见自己是一只蝴蝶，在花丛中无忧无虑地飞舞，自以为得其所哉！得其所哉！不知道自己是庄周。可是等他醒了以后，却惊讶于自己是庄周。这时他有点莫名其妙：究竟是庄周做梦，梦见他变为蝴蝶呢？还是蝴蝶做梦，梦见它变为庄周呢？庄周和蝴蝶，本来是有差别的，现在他们融在一起，分不清孰是谁，谁是孰了。这种境界，就叫作物化。

物化后的庄子，已不是一飞冲天的大鹏，而是与天地融成一体，无所不在的精神了。这时，他不再逃避什么，也不再追求什么，在他的眼前，一切是平等的、和谐的。这时，他虽然超越世间，上与造物者游，但又回返人间，与世俗相处。他已是一团变化莫测的浮云，可以随心所欲地飘到哪儿就是哪儿，化作什么就算什么。人世的一切盈亏得失对于他还有什么意义呢？他正像一把火，薪木虽已燃尽，而精神的火焰却一直上升，永远地，永远地！

四

庄子这套"大而化之"的思想，并非只求自我解脱，并非只求顺天安命，而是别有一番经世的苦心。

他和孔、墨、老子等哲人，都处于一个混乱的衰世，他们所遭遇的问题相同，他们悲天悯人的情怀相同，只是所努力的方向不同，所解答的方式不同罢了。孔、墨是直接从事于社会的改革，希望能大刀阔斧地解决问题；而他和老子却是在人类智慧的园地中辛勤地耕耘，希望智慧愈多，问题愈少，能不用刀剪，便把整个世界自然地美化起来。在这方面，老子给我们的是事物演化的自然原理，要我们能智慧地运用这些原理来处世；而庄子却教我们把这些原理活用到人生，使我们"由自然行"、与天地浑然而为一。唯其如此，才把道家的情调倾注到艺苑，而形成林泉高雅的艺术文学。

对于庄子，尤其值得我们大书特书的是：他把我们带入了一个形而上的新境界。虽然老子的思想曾触及这个境界，但老子所构搭的都是些静的原则。至于庄子的境界，却是动的，是一片茂盛的生机。在这个境界中，他把形而下的世界做了一个返照，使我们很清楚地可以看出人间的悲剧，虽然是那么的亲切，但在超脱的心境上又是距离得那么远。在这个境界中，他塑造了许多理想的人物，和形而下的世界作了一个对比，虽然这理想是那么高不可及，但却是人类日日向往的世界。我们遍翻中外古今的哲学，对于形而上境界的描写，能有如此的生动，如此的亲切，如此的引人入胜，恐怕以庄子为第一人了。

然而不幸后人往往曲解庄子，认为他的思想充满了浓厚的怀疑色彩，带有极度的虚无情调。殊不知这都是由于我们以世俗的观点来看庄子，反而把他这番至理，误为怪诞不经。其实庄子超脱的眼光看得非常真切，他要我们舍弃浅薄的是非观念；但他沉痛的批评，却显然说明了他本身有着激烈的是非感。他构搭了这个形而上的新境界，就是要扬弃人类的罪恶，把人性向上提携，向上推进。

今天，我们诵读他的"瑰玮"之文，那一字一句，都是智慧的鞭子，鞭在我们的灵魂上；我们都深深地感觉到他那股热力，从字里行间，直透我们的内心，使我们兴起，使我们高扬，使我们超然物外，与他同游于纯真至美的境界。

第七章　宏辩卫道的圣雄——孟子

一

　　中国的思想，从春秋进入了战国时代后，正如一夜春风吹遍了江南堤岸，到处是青枝，到处是绿叶，到处柳暗与花明。

　　在春秋时代，活跃的只有儒家。其他各派，虽然都已播种，都在抽芽，但仍然是深埋在泥地里。到了战国初期，最先脱颖而出的是墨家。它与儒家对抗，左右相映，形成了当代的两大显学。接着另一派隐士的道家，也默默地在每个角落里寻找他们的天地。这种趋势，发展到战国中期，愈益激烈。这时，以前各派的思想愈变愈分歧，阵容也愈来愈复杂；儒家增入了许多假儒者，墨家分为三派，道家也混入了许多纵欲主义。再加上当时新产生的商鞅等法家，孙膑、吴起等兵家，苏秦、张仪等纵横家，以及许多清谈好辩的"稷下先生"。这时期思想的波动，已达到了高潮；而思想的怪诞和分歧，也是史无前例的。有的劝人像禽兽般恣情纵欲，如它嚣、魏牟；有的劝人像石头般麻木不仁，如田骈、慎到。这些荒谬大胆、光怪陆离的学说，应有尽有。把整个战国时代，点缀得仿佛一个思想界的大观园。

这时，堂堂正正以仁政仁心为号召的儒家，反被冷落于一旁。在他们的眼中，儒家的学说，空疏迂阔，不合时务；而且所言过于平正，没有吸引力。可是在儒家的眼中，这些异说纷纭的各派各家，都只是标新立异、借奇鸣高而已；非但无补于世道，而且有害于人心，使得纲纪荡然，社会混乱。所以这时的儒家们，都深深地感觉到，要真正使国家走上治平之道，固然必须发扬儒家的学说；但要发扬儒家的学说，却首先必须"正人心，息邪说"。

在当时的儒家中，最先有这个觉醒，有这层认识，而且一手挽转颓风，使儒家大放异彩的，即是我们的亚圣——孟子。

二

孟子名轲，生于周烈王四年（公元前 372 年）。他本是鲁国人，后来迁居邹地（今山东省邹城市），便成为邹国人。他的身世几乎与孔子相同，也是在三岁的时候失去了父亲，由母亲的抚育而成长的。但他没有孔子那般早熟，非但不学礼，而且调皮捣蛋，偏爱做些违礼的事情，孟母为他而伤透心思。据说他模仿性很强，每到一地，便模仿那些治丧屠狗之事，劝说不听，制止不住。使得孟母因他而迁居三次，这便成为历史上有名的"孟母三迁"的故事。

孟子这聪明的孩子，幸运的是既有贤母的培育，后来又遇到良师的教诲，才使他的才华得到了充分的发展。他是被子思的门人所赏识，而加以培植的。子思是孔子的孙子，曾子的学生。因此孟子所学的是儒家的道术，而且是正统的儒学。

自孟子学成以后，便接过儒家的衣钵，教授生徒。他也和孔子一样，带着学生们，周游列国，去打开政治的门路；然后再通过政治以实现儒家的理想。

孟子比孔子迟熟，也比孔子晚了二十年才走上仕途。在他四十岁左右时，邹穆公才举他为士。然而当时邹国的政治非常混乱，孟子感觉到在自己的国家内，不能施展抱负，使政治走上轨道，这是一件非常可耻的事情，于是便离开了邹国。

离开邹国后，就是孟子周游列国的开始。他率领着一个庞大的布道阵营，后车有几十乘，学生有几百人，浩浩荡荡地向列国进军。

他们的第一个目标便是齐国。

孟子的气派很大，他认为国君如果有心治国，就应该礼贤下士。因此他到齐国后，并没有先去朝见齐王，只是和平陆大夫孔距心、齐相储子等做朋友。后来齐王慕名，非常谦虚地向他请教，他才到齐都会见齐王。

孟子了解齐国地大人多，如果政治清明，一定可以成为泱泱大国。但他看出齐王的野心，却在于增广土地，消灭列强，这是穷兵黩武的侵略行为，而不是他所主张的王道政策。所以他和齐王见面后，便提出了他理想中仁政的蓝图。

他认为最重要的是解决民生问题，应该使人民上足以事父母，下足以养妻子。年岁好的时候，固然丰衣足食；年岁不好的时候，也足以糊口，不至于流离失所。而要达到这种程度，必须善为人民制产。如果能在五亩大的田宅中，种植桑树，五十岁的人，就都有布帛可穿了。鸡猪等家畜，不要错过它们交配繁育的时令，七十岁的老人，就都有肉类可吃了。每户百亩的田地，不要妨扰他们的耕种，八口之家，也都不至于挨饿了。其次应减轻佃农的税收和改良商品的关税，并且开放公家的园地，让人民自由田猎。除了增产减税外，同时更要安定社会，使做官的人有世代的俸禄，以及鳏寡孤独的人，都能安居乐业。能达到这种境地，才算是仁政。

齐宣王看了这个提议，不禁大声地赞美："好极了，好极了。"孟子便紧接着问："大王既然认为很好，为什么不立刻实行呢？"宣王却俏皮地回答说："寡人有贪财好色的缺点啊！"尽管孟子极力劝宣王以民生为前提，但宣王却是别有居心，借辞推托。

虽然宣王对孟子非常恭敬，曾有意请他做公卿，并赐王禄万钟，以供养孟子师生。但孟子看透宣王已经怠于政事，把大权交给一位嬖幸的大夫王驩，孟子连进见的机会也逐渐减少了，于是便决心离开齐国。

在回国的途中孟子颇为失意，一路上抑郁不欢。一位学生问他说："以前老师曾教我们，不应该怨天尤人，现在你为什么心里很不痛快呢？"孟子便拉长嗓音回答说："以前是以前，现在是现在。我听说每隔五百年，必有一位圣人出来。但由周代到现在已有七百多年，时间已过头了，照理应该有人才出现。老天不要天下太平，也就算了；如果要天下太平，试想，除了我，还有谁能挑这副担子呢？现在看到自己的理想不能实现，又怎能不心烦呢？"这番话，正说出了孟子一生的抱负，正说出了他以天下为己任的胸襟。

虽然这时他已在政治舞台上辗转了十年，已是五十多岁的人了，然而他的壮志却一直燃烧着，所以在回到邹国不久，听说宋王偃有意要行仁政，于是便星夜赶向宋国。可是到了宋国后，兴奋的心情却凉了一半，因为这时宋王正被一群小人包围住，所以他感慨地对宋国一位忠臣戴不胜说："如果宋王周围都是君子，他要做坏事也做不成。如果宋王周围都是小人，他即使要做好事，也不可能了。"

孟子似乎没有得到宋王的赏识，只是向宋大夫戴盈之提出仁政的措施。也许宋和齐的国情不同，这次的要求却比齐国的激烈。他主张税收应减低到什一，并且废除一切关税。戴盈之认为太激烈了一点，等待明年再实行。孟子便用比喻讽刺说：有一个人，每天偷邻居的鸡，别人警告他这是犯法的。他却回答说：那么让我慢慢地改过，每月偷一只，等到明年再洗手不干，试想这是否有点荒唐。孟子的意思，乃是借此说明要行仁政，就得立刻改弦更张，推延便是无诚意。

这时，孟子听说梁惠王正在招贤纳士，于是便准备回邹一行，再去梁国。

以前滕文公做世子时，曾因事经过宋国，和孟子谈得很投机。孟子认为滕国虽小，但截长补短，约有五十里，还可以行仁政。等到这次孟子返邹后，滕文公已经即位了，立志要行仁政，便派人去礼请孟子。孟子到滕后，也提出了他的一套仁政方案。他知道滕国土地偏少，应着重在分田制禄。他把土地分为"国中"（城里）和"野"（乡下）二种。在"野"的土地，每方里（九百亩）为一单位，每一单位划成九格，成井字形。旁边的八格分给八家农人耕种，叫作"私田"；当中的一格，八家共耕，由政府保留，当作税收，叫作"公田"。这公田的所得，就是给予贵族们的俸禄。至于"国中"的土地，不易划成"井"字，因此全部分给人民耕种，抽什一之赋。这是孟子的一套平均地权、减轻赋役的方法。然而他觉得滕国实在太小了，而且又夹在齐楚两国中间，朝不保夕；如果要完成商汤文武的事业，实在有点力不从心。因此他又想到了梁国。梁国就是战国七雄中的魏国，因为国都在大梁，所以又称梁国。

孟子离开滕国时，已经是六十多岁的老人。到了梁国后，惠王看到孟子，第一句话便问："老先生啊！你从千里以外赶来，一定对我国有什么利益吧！"孟子一听这话，就看透惠王的用心是在于富国强兵，只知利害，而不问道义。孟子认为这是祸乱的症结，是他最痛心疾首的事。所以也就毫不客气的借题发挥，把惠王训了一顿，他说："君王啊！你为什么一开口就是利呢？你可知道还有仁义吗？"接着向惠王解释：如果大家都以利字为前提，大家都只顾个人的私利，再也没有人肯为君主牺牲，肯为国家服务了。试问这样的话，国还何以成国？利还何以为利？但惠王当时一心只在于浅功近利，是不会了解这根本所在的仁义正道。因此孟子和他谈了好几次，都谈不拢。他喜欢玩乐，孟子却劝他与民同乐；他喜欢战争，孟子却劝他偃兵息战。他向孟子请教如何才能富国强兵，雄霸一代，孟子却把在齐国提的一套仁政的蓝图告诉他。惠王只觉得孟子迂阔，当然不会采用孟子的意见。后来惠王逝世，襄王登位。孟子一看他就不像个人君，毫无君主的风度，知道他不可能有作为，于是便只得带着沉痛的心情回到了邹国。

此后，孟子曾一度到过鲁国，被小人臧仓所阻。这时孟子已是七十多岁的老翁，即使热情如昔，但衰弱的身体也不准许他再到处奔波了。所以他便结束了三十余年来的周游，回到邹国和学生们在一起谈论学问，把他的理想留了下来，成为《孟子》七篇。直到他八十四岁时，终于带着他满腹的热情，离开了人世。

三

　　孟子生平的奋斗，有两个目标：一是在思想上发扬儒学；一是从政治上推行仁政，也就是把儒家的理想实践出来。综观他的生平，显然政治方面的奋斗是劳而无功，但在更为基本的思想方面，却有惊人的成就。儒学的开创在于孔子，而发扬之功，则必须归给孟子了。

　　在孟子眼中，当时的思想学派，虽然错综复杂，但归纳起来，最主要的大致可分为四派：一派是法家、一派是杨朱、一派是墨子，还有一派就是他自己所属的儒家。因为孟子是以儒家的卫道者自居的，所以他大声疾呼要"正人心，息邪说"，要以儒家的力量去统一思想界。

　　他周游列国，提倡仁政，就是直接对法家的制裁。当时法家的偶像是管仲，孔子对管仲，有时批评，有时称赞。但孟子由于卫道，就不得不以管仲为攻击的目标。他认为那些替国君开辟疆土，充实府库，联合盟国，每战必胜的，这是现在所谓的良臣，在古代却是民贼。因为仁政是用的怀柔政策，而那些法家所用的是侵略方法。在以侵略为目标的军国主义下，人民的自由和生命是完全地被牺牲了，所以他们是民贼，是仁政的死敌。管仲就是第一号民贼；那些好功的法家、好战的兵家，以及阴谋的纵横家，都是一大批的民贼。孟子所以在政治上处处碰壁，就是因为民贼猖狂；而他之所以急于从政，也无非是希望借政治力量以制裁民贼。

制裁民贼，这是孟子在政治上的努力。至于在社会方面，他的目标却始终针对着杨朱、墨子。他曾激烈地说："杨氏为我，是无君也。墨氏兼爱，是无父也。无父无君是禽兽也。"孟子为什么这样冲动地骂他们为禽兽呢？因为以孟子的看法，杨朱只注意个人，忽视社群，是无政府主义；墨子不论亲疏，忽略了伦理，是无家庭制度。两者都遗弃了社群生活和社会组织，而无从发挥人类社会的道德精神。这无异失去了人之所以为人的意义，纵然活着，也不过是一种动物而已。所以孟子才骂他们为禽兽。不过这种如响斯应的流弊，不是一般人都能看到的罢了。

但我们要知道孟子生在杨、墨之后，但他并未和杨、墨本人发生正面的冲突，他所批评的是当时那些服膺杨、墨思想的人物，我们在《孟子》一书中，可以找到许多和这些人物辩论的故事。

当时有一位很有名的隐士，叫作陈仲子，他洁身自好，显然是杨派的人物。孟子却骂他是一条蚯蚓，因为他无求于世，不以物累形，正同蚯蚓一样，上吃泥土，下饮黄泉。孟子以为这种行为有点想不通，如果仲子认为人间的东西都是罪恶的话，试问仲子住的房屋是谁造的？隐士们都主张为我，当然没有隐士造房屋给仲子住了。孟子批评仲子的这段话，就等于批评杨朱的为我思想。因为"人是社会的动物"，人不能离群索居。在生存竞争上，固然必须互助合作，才能征服自然；而在人性的发扬上，尤其要通过社会的关系，而把人们潜在的德性才华发挥出来。在鲁宾逊的荒岛上，是产生不出孔子、耶稣、杜甫、歌德的。现在，如果抛弃了人与人的关系，而一味追求自我，这与动物的自来自去，又有什么差别？所以孟子要骂杨朱为禽兽，骂仲子为蚯蚓。

孟子和墨派的人物接触较多。有一次在路上遇到墨派的宋轻，他正赶着去调停秦楚间的纠纷。孟子便问他用什么方法去说服秦楚的君主。他回答说："我将告诉他们这次战争对他们不利。"孟子却毫不客气地说："先生的热心使我钦佩，而所用的方法却不敢领教。"为什么呢？虽然孟子和宋轻同样地反对战争，但孟子对宋轻的不满，只是因为宋轻忽略了一个大前提，不知道义利的分别。孟子以为反对战争，是由于战争抢夺土地，屠杀生灵，是不合道义，所以要反对。而墨家以利来止战，无异扬汤止沸，舍本而逐末。试问假如战争能对之有利，就打仗吗？由此可见孟子和墨派人物的立场不同，一个是树着道义的旗帜，一个却以功利为号召。

又有一次，孟子在滕国遇到一位儒生陈相。这位陈相听了许行的一番宣传，便要脱离儒家，去追随许行。而这位许行，乃是一个小集团的领袖。他的信徒有数十人，都是穿着粗布的衣服，而且自己织衣穿、织席睡。他们认为每个人都应自耕而食，没有劳心劳力之分，即使是君主，也应与人民同耕，不可依赖俸禄以自养。由这种说法，可知许行是一位兼有杨朱思想的墨者。因为他的自耕而食，像杨朱；而他的苦行精神，似墨者。如果套用现代的观念，它似乎是一种原始的共产主义。

孟子认为许行的做法是极端的、荒唐的。因为天生万物，尺有所短，寸有所长，每物有每物的特点，每物有每物的功用。同样，每人有每人的能力，每人有每人的欲望。一个人不可能同时做农夫、工人又是商贾，因此他不可能完全依靠自己生活，而必须有社会的生活。社会的存在，就是为了分工合作，调整彼此的需要。有的人劳心，有的人劳力，这并非在基本人权上有所差别；而是在一个良好的社会组织中，应该有这样的安排。所以许行提倡与民同耕的理论，无异否定了个别的差异、社会的组织。

孟子这番话，是从人性的根本上，从社会学的观点上，批评杨墨的。其间并无意气用事的地方，请看他的解释："杨墨的学说不灭，孔子的学说就不能发挥。于是邪说引诱人心，道义被遗弃，造成兽食人，人食人的危机。我担心这种危机，所以要发扬先圣的学说。"这是孟子批评杨墨，发挥儒学的抱负，岂是为了好辩逞强？所以有一次他的学生公都子问他："别人都说你好辩，这是什么缘故呢？"孟子却回答说："我哪里是好辩，只是不得已罢了。"为什么不得已？为的是要"正人心，息邪说"。以尽其对社会、对人类的责任。

四

然而批评各派思想，只是孟子弘扬儒学的消极一面。光靠这一面的努力并不够用；更重要的是他能积极生动地发挥孔子的精神，使得人人都能接受。同时他又在学理上给孔子思想建立有力的哲学基础。

孔子教人"做人"，其旨趣在使人做到"君君、臣臣、父父、子子"而已。他虽有"仁"的中心思想，但只是以仁者的境界和做法来勉人，对于"仁"的理论并无说明；虽则在他心中是有一个深厚圆融的"一以贯之"的思想系统。其实这本来也无须说明，做人的好坏，世道的兴衰，与哲学知见毫无关系。诚如陆象山所说："若某则不识一个字，亦须还我堂堂地做个人。"但孔子既没之后，百家并起，以学争鸣。这时一切主张教训，便必须有其理论的说明才足以折服人心，以对抗他家的辩难。否则纵有金箴宝训，也无法使人理解和接受，当然更谈不到服膺奉行了。因此孟子便势必要把孔子的主张说出个原委来，以与百家之学相对抗。

首先要说明的是孔子学说的"客观性"。大家都知孔子的中心思想是"仁"。孔子千言万语勉人为仁，并不是出于孔子的私衷所好；相反的，"仁"乃是人们的本性。它是亘古以来与人俱存的，不过孔子把它明确地指出来，一如牛顿指出地心之有吸力一样。因此人们为仁，并不是劝人矫揉造作，塑造成孔子一己的蓝图；也不是孔子个人有什么特殊的目的，想借此来实现。那只是把人们潜在的本性完美地发挥出来而已。这就如花的开放、果的成熟一样，完全是顺尽自然之性。

但人性果真是本质良善，能产生"仁"的美德吗？假如人性本质是丑恶的话，那岂不是愈发挥就愈丑恶，愈给人类带来更多的问题吗？孟子很坚定地告诉我们：人性是善的，他并且举出一段精彩的例子来证明。他说："今人乍见孺子将入于井，皆有怵惕恻隐之心，非所以内交于孺子之父母也，非所以要誉于乡党朋友也，非恶其声而然也。"

这段话的关键在于"乍见"和"将入"。"乍见"是说没有任何心理的准备。"将入"是说事态正在进行的过程中。合起来也就是说：任何人在心理上空灵无住的时候，突然看见孺子落入井中，便必定会发生一股纯洁的"怵惕恻隐之心"。只这一念的恻隐，就足以证明人的本性是善良的。从这里面绝不会发展出丑恶的败德；相反的，它正是仁的源泉，它就是一切美德的种子。只要让它合理地发展出来，就自然形成人们的道德仁义。否则人们的高风美德将成为无源之水，纵加以塑造，恐怕也难实现了吧！

或者说：既然人性本都善良，何以未见人人都善，而那丑恶之事却层出不穷呢？原来人们恻隐好善之心虽也如饥食渴饮一样，都是与生俱来的本性；但它并不如后者那样具体显明。饥食渴饮可凭生理的反应来告知人们，并迫使人们去追求；恻隐好善之心却奥妙精微，只能凭心官的反应才能体现。心官用思，自然反应清楚；心官不思，便势必意识模糊，而为强烈的躯体欲念所淹没。一旦欲念越出常轨，便随之而为恶了。其实推本溯源，他的本性仍是善良的。这就如牛山之木一样，牛山本是佳木葱茏的，但因地在齐国近郊，树木便为人砍光了。我们既不能因此便说牛山不生树木；同样的也不能因为有人为恶，便说人性不善。

从上面看来，人既有善良的本性，也有善性泯灭，纵欲为恶的可能，他实具有可好可坏的双重性。而在这可好可坏之间，便产生了人们努力的课题。人们如果心官失明无主，专从躯体发展，纵不为恶，也是禽兽世界。因为他只表现了和禽兽共有的性能，而未显露出"人之所以异于禽兽"的地方。反之我们心官若能灵明有主，把这善良本性保持而加以发挥，那才真是表现了人与禽兽不同的特征，而真正做到了"人"的要求。

这善良之性虽微弱不显，但一经存养发挥，便将如"火之始然，泉之始达"，而有辉煌灿烂的表现。这时我们恻隐好善的本性不仅灵明显著地存在于胸中，而且充沛诚挚地形诸于外境。它势必一方面由己身而扩展到他人和群体，一方面由主观的意念而见诸于实际的效益。那也就是说我们的仁心善性不仅程度增深，范围扩大，并且要具体地加被于社会人群，使社会人群真能受到我们的泽惠。唯有如此，我们这仁心善意才算真正地美满完成。我们所以要设官分职、作君作师，所以要分田制产、为民谋福，就是要把我们的仁德善意客观化，以便其有组织、有力量地实现和完成。而一个仁人志士所以献身政治，推行仁政，也就是出于这股仁心的推动。因为他们强烈的仁心善意使他们对于国家的安危、人民的祸福，感到是自己分内的责任。所谓"思天下之民，匹夫匹妇有不被尧舜之泽者，若己推而内之沟中"，因此便势必要挺身而起，为人群服务了。

但是要把这仁心善意完美地实现出来，也并不是一件简单的事。因为世间的事并非照着我们的意志而安排，许多事与我们的意念不能配合，因而构成推行的阻力；同时又有许多事，深合躯体的欲念，诱使我们乐此不疲，以致忘掉，或违反了我们为仁好善的本意，这时必须有坚定的道德勇气，才能克服一切，贯彻初衷。以上还是就个人而论，至于施政为邦，事态复杂，必定要碰到许多便利可欲却伤仁害善的事情，以及许多诱惑多端、似是而非的事情。这时就更需要能通观体要，明辨权利，而选择我们应走的途径。一个真有修养的人绝不会被任何物欲诱惑而动摇道义的信念，绝不会在任何威胁困难下，放弃为仁行善的原则。所谓："富贵不能淫，贫贱不能移，威武不能屈。"只有达到这种程度，才真能"铁肩担道义"，才真能堂堂地做个大丈夫。

五.

孟子一生的抱负就是要继承孔子弘扬儒道，这一使命孟子是有声有色地完成了。孔门弟子虽号称三千，贤者达七十；然而大抵只是些颂经乐道的君子。他们对谨守师说、努力做人，尚能各有所长；至于发扬孔子之学，光大孔子之业，却无此才气。纵使颜渊不死，也不过对孔子的学术思想能有极高的领悟而已；若想有魄力有办法地弘学救世，使人接受孔子之道，那也绝非他之所长。因此假如没有孟子出来，则孔子的精神势必为其平淡的外貌所掩埋；孔子的大道势必为那些浅见的众人所摒弃，还哪里会其道大行，尊为至圣？孟子所以能达成这一辉煌使命，一方面在其能阐扬孔学的精义，使学者能认识孔学的伟大价值；一方面在其能有办法慑服那些拥有威权的君王政要，使他们尊崇孔子的地位。唯有这些代表社会权威的人物能崇敬，然后才能得到整个社会的信奉。

博取学者的服膺很简单，只要你拿出真东西来，他自会识别而信从；但是要说服君王权贵则不简单了。他们不学无术却居高位而拥大权，哪里听得进你那书呆子的理论？但是孟子有掀天撼地的气魄，摧慑其声威；有操纵自如的本事，导使其就范。君主们的崇高地位，孟子根本没放在眼里，他说：

"说大人则藐之，勿视其巍巍然。堂高数仞，榱题数尺，我得志弗为也……"

他们的骄矜自满，孟子只消两句话便给封回，使其驯服地听他教训。例如齐宣王初见面时，第一句话便得意地问孟子："齐桓晋文之事可得闻乎？"希望能从孟子的回答中，表现表现自己的神气。哪知睿智练达的孟子却一百个不屑一道的样子，硬说不晓得，要谈就谈王道罢！谈王道当然便是孟子的一套了。（按：孟子如据实而对，下面的话便只有恭维齐国和齐王了，那还谈什么？难道孟子是来听训的么？）有时君王们对某些行为感觉惭愧不安，孟子不但不加责难，反而指示彻底贯彻的办法。怎样才能彻底贯彻呢？那就又是王道的一套了。尤其他对齐宣王讲"好乐"那一段，简直就像师长父母哄着小孩用功上进一样。我们说孔子循循善诱，但孔子所诱的只是学生，孟子却是对君王权贵循循善诱了。

他不仅循循善诱，而且能提供简单易行的途径，使那些昧义逐利、脑满肠肥的君王们感觉到"从之也轻"。孟子告诉他们王道仁政并不是高不可及的事情，只要把自己的心情反省一下，想想自己如此，别人也如此；而能推己及人，见诸行事，那就是王道的精神了。古来的圣王所以能行仁政而王天下，并没有什么诀窍，其关键就在善推所为以及于百姓而已。所谓

"老吾老以及人之老，幼吾幼以及人之幼，天下可运于掌……故推恩足以保四海，不推恩无以保妻子。古之人所以大过人者无他焉，善推其所为而已矣"。

在这"善推"原则的活用下，不仅敬老怀幼是德政，就是许多小疵又何害于王道的推行？例如齐宣王坦白地承认他好货好色，孟子却告诉他没关系，只要能同时想到别人也一样的好货好色，而能替别人解决问题，那就是王道了。

王道仁政本是崇高伟业，难以着手，但在孟子手中竟是"条条大路通罗马"，无往而不能行了。试看他是多么的聪明而有办法？岂是那些徒诵章句、食古不化的俗儒所能比？正因如此，他才能博得君王的崇敬、社会的景仰，而有效地弘扬孔道。他当时是："后车数十乘，从者数百人，传食于诸侯。"

孟子声势之大，中外古今还没有第二人。这并不是什么排场和气派，而是说明孟子在朝野间具有何等的影响力。以这样一位有影响力的人物来弘扬孔道，那就无怪乎孔道大行了。

第八章　博学崇礼的儒宗——荀子

一

在孟子张着儒学的旗帜，到处宣扬性善学说后的百年左右，另有一位学者，也大张儒家的旗子，却与孟子唱反调，到处强调他的性恶学说，他就是荀子。

荀子，名况，字卿。在古代的典籍中，由于荀和孙两字可以同音通用的缘故，所以有的书中就称他为孙卿。他是战国时代的赵国人。他的生卒年月，我们已无从知道。因为历史对于他的交代很疏略。《史记》说他五十岁才到齐国游学，《风俗通》（东汉·应劭撰著）说他十五岁就去齐国游学；这五十与十五之间相差了三十五年，三十五年已是一个人的大半生了，而历史所记的却是一片空白。

无论他是五十或十五游齐，他在五十岁以前的那一大段岁月里，究竟做了些什么，历史却没有记载。这有两种意义：一种是历史遗忘了他，一种是他没有值得记载的事。对于荀子，我们宁愿相信后者。因为他的身世和孔孟不同。孔子的一生像一篇高潮迭起的小说；孟子的一生像一首热情奔放的诗歌；而荀子的一生，却是一篇朴实无华的散文。他的生活不像孔孟那样波动。他所到的地方不多，多半是出于被迫或受聘。他的前半生都是在书中度过的，直到在齐国"最为老师"，才受人注意，写进了历史，那时他至少已是五十开外的老者了。也自这时开始，我们才知道他一点简单的生平。

他在齐国做了三次"祭酒"。所谓"祭酒"是古代礼制中的一种称呼。就是在国家大宴时，先由席中德望较高的人，举酒以祭。由此可知他在当时充任列大夫的爵位，而且是一位长者。然而列大夫在名义上虽是大夫，毕竟是一种"不治而议论"的职位，没有实际的政治地位。所以荀子虽三次做了祭酒，也只是祭酒而已。不幸连这空有其名的职位，后来也遭人猜忌进谗，逼得他离开齐国。

他先到秦国。秦相范雎问他到秦国后有些什么见识。他便说上一番大道理，认为秦国有强固的国防险塞，有丰富的物产资源，有纯朴的民风古乐；可惜缺少一样儒教，因此虽有大国的条件，却做不到王者的事业。当时秦国正在推行法家的政治，急于整军经武，对于荀子的儒教，自然认为迂阔无用了。

于是他便跑到赵国。他和临武君在赵孝成王面前论兵。临武君认为用兵的秘诀，在于上得天时，下得地利；而且要深察敌方的情势，先发制人。荀子的意见却相反，他认为临武君的用兵专重形势，只是以兵谈兵；而他所强调的是统一民心，民心所附，士气必旺，这是仁者的用兵。然而如何统一民心？问题又回到了仁政。虽然荀子这番话说得临武君点头称善，但赵王毕竟是急功好利的人，因此没有采纳荀子的意见。

最后，荀子便跑到了楚国。这时春申君正担任楚国的相国，非常赏识荀子，便委派他做兰陵地方的县令。兰陵虽然只有百里大的地方，但他负担着实际的政治责任。这几年，在他简单的政治生涯中，总算是高峰了！不幸这小小的高峰，还要经过几番磨折。有人曾在春申君的面前挑拨说："汤以七十里为王，文王以百里为王，荀卿也是个贤者，你给他一百里的地方，楚国恐怕要受到他的威胁了。"荀子知道自己受谗，一气之下，便跑回赵国。后来又有人同情荀子，向春申君进言说："商朝的贤相伊尹离开夏朝去就汤，于是汤强而夏亡；管仲离开鲁国到齐国，于是鲁弱而齐盛。由此看来，只有哪个国家能任用贤人，哪个国家便将升平。现在荀卿是天下的大贤，他到了赵国，赵国一定会强盛了。"春申君觉得这番话颇有道理，便赶紧差人去礼聘荀子。这时荀子的怒气未消，便回了一封信给春申君，讽刺楚国朝政的腐败，并写了一首赋送给春申君，讥笑他目光短视，不识忠奸。这首赋的大意是：

"有珠宝美玉啊！不知相佩；是绫罗绸缎啊！偏与粗布相混；放着天香国色，不去追求呵！反而要拜倒在丑女妖妇的石榴裙下。把盲当作明，把聋当作聪，把危当作安，把吉当作凶，唉！老天啊，为什么你连这点都分不清？"

春申君看到荀子的信和赋后，心中当然非常气愤。但他是当时极有名望的四大公子之一，最能礼贤下士，因此仍然一再地向荀子谢罪。荀子在盛情难却下，终于又回到兰陵做县令。不久楚王死了，楚国发生政变，春申君死于伏兵。由春申君支持的荀子，自然被迫辞职。这时，荀子已是斑白的老翁了，也不想再跑来跑去，在政治舞台上周旋，于是便决心安居在兰陵。

他满腹经纶，而不见用于世，自然有点怀才不遇的伤感。尤其看到当时朝政腐败，国君昏乱，大家都迷信巫祝，滑稽乱俗，更加深了他的悲愤。他觉得要使政治走上轨道，非从思想上着手不可。但当时的思想又是如何呢？是一片的混乱。乌烟瘴气，什么荒唐古怪的学说都有：有它嚣、魏牟的纵欲主义；有陈仲子、史鳅的遁世盗名；有墨翟、宋钘的苦行主义；有慎到、田骈的灭绝情感，形同木石；有惠施、邓析的玩弄名物、设两可之词；还有子思、孟子的"曲解"儒学。这些在荀子的眼中，都是左道旁门。他深信要使思想产生力量，支配人心，改善政治，必先澄清思想，消灭邪说，因此他便埋头著书。

他一方面著书，一方面也把自己的学说传授给弟子。他自信心很强，认为唯有他所传授的弟子才是真正的儒家正统。他对当时其他的儒者颇多不满。除了批评子思、孟子外，他也骂子夏、子张、子游之徒为贱儒。究竟他所指责的儒者是如何的贱法，请看他的描写：衣冠穿得倒端正，脸上不露形色，终日不言不语，装起一个禹舜般的圣人架子；其实他们内心生怕做事，反说君子应该劳心。这真是十足的伪君子，这就是贱儒。

究竟荀子的弟子是否文质彬彬、俨然君子，我们不得而知，但他有两位弟子确是历史人物：一个是替秦国统一天下的李斯，一个是集法家大成的韩非。这两位弟子虽然走出了儒学系统，但却是时代尖上的人物。无论荀子对他这两位高足是否感觉满意，但从他们的思想上，可以反映出荀子思想的精神；从他们的身上，可以看出荀子在战国末期思想转变上的地位。

荀子的弟子不多，不如孔孟周游列国时那样后车几十乘，声势非常浩大，然而荀子的弟子却把他当作孔子来崇拜。当时曾有许多人批评荀子不如孔子，他的弟子便起来为老师辩护说：并非荀子不如孔子，而是他们两人所处的时代不同啊！荀子所处的时代是一个极端混乱的时代，内无贤主，外有暴秦，大家都不讲信义，以奇异为高。仁者生怕生事，遁世隐居，唯有荀子不满现实，与恶势力斗争，结果反遭受别人的忌妒；又因为徒弟不多，所以他的光芒无从显露。况且他一生没有真正负担政治上的责任，自然无法建立功业。如果大家都能遵照他的教训去实践，社会一定安宁，天下一定太平。

这段话对孔荀的比较是有偏差的，因为孔子所处的时代何尝不和荀子一样？孔子之所以伟大，不在环境比荀子好，而在思想比荀子活泼，气魄比荀子磅礴。但这段话对荀子一生的描绘却是非常中肯的。我们这位满怀愤慨的哲学家，的确是单枪匹马，向整个混乱的思想界挑战。当他写下了几万言充满批评性的著作后，便默默无闻地老死于兰陵。

二

荀子简单的一生，却留给我们一部非常广博的著作。"文如其人"，荀子的书正代表了他的精神气质，是那么的朴实无华！又是那么的组织细密！他的思想在先秦哲学中是一个转折点，而他的书在古代哲学著作中也是一个转变。孔子的《论语》，是一部对话录；孟子的七篇，也只是一部言行录；老子的《道德经》，是许多道家们的心得杂感；庄子的《南华经》，只是他愤世嫉俗，寄托心情的寓言；杨朱只留下几句话；至于墨子虽有一部稍具体制的著作，但那只是他传道时的演讲录。墨子分为三派，所以《墨子》书中每篇都有三种大同小异的记载。这些哲学家都是无意的或另有目的而著作，但荀子不同，他是为了建立自己的哲学而著作，为了批评别人的哲学而著作，他是以极端严肃的态度、客观的精神来著作的。自他开始，韩非及以后的思想家都以专著来研究哲学了。

荀子的书是一部非常有条理的著作。它所包括的范围很广。有劝学修身的，有论政议兵的，有探索人性的，有批评哲学的，还有几篇寓道的赋。这几篇赋在中国文学史上非常有地位。因为它们在赋体的发展上，要算最早的几篇杰作了。

把这些论文归纳起来，最能表现他哲学特色的有三方面，就是科学方面的研究、人性方面的探索和哲学方面的批评。

三

荀子是个喜欢观察、精于分析的哲学家。他具有浓厚的科学精神。他觉得当时社会上最大的毛病就是迷信。这种迷信，一方面是由于不健全思想所产生的，如墨子的"明鬼"及历来"敬天畏命"的思想；一方面是由于人类的惰性和愚昧。他看到这种传统的病态，便大刀阔斧地提出了他的制天论。这在中国天人合一的思想上是一个惊人的革命。以前的思想家没有一个敢公然承认天和人是毫无关系的。孔孟虽然不谈鬼神，然而却相信天命；老庄虽然不相信天命，然而他们却强调天人合一；墨子虽然敢非命，但他非的是人类的命运，却强调鬼神的威力。他们虽然对天的看法各不相同，但都对天具有很深的崇敬；并且都有意无意地认为天能够支配人类的命运。然而荀子眼中的天，却是自然的天。古人那种疑神疑鬼的说法，他全不放在眼里。什么天人感应啦，什么天意天命啦，他都予以彻底地否定。他以为昼夜的交替、四季的变换，都是自然的运行；有它自己的轨道，跟人事有什么关系？纵使有日月食，有暴风雨，有地震山崩，有旱荒水灾，那也只是自然界的怪现象。怪只怪在自然的本身，与国家的政治又有什么关系？天不因为人的怕寒而取消了冬天，它既"不为尧存"，也"不为桀亡"。天只是机械的运动罢了！

荀子否认了天的意志、天的威权后，更进一步提出人定胜天的理论。他认为天行虽与人事无关，但自然的现象却可以影响人类的生活。因此我们非但消极地不靠天命，而且应该积极地控制天行。水田种稻，旱田种麦，秋收而冬藏。河流泛滥吗？泛滥的土地最肥沃，而且疏通河道，可以灌溉，可以储藏水利。老天固然不会特地为我们的农作物而降甘露，但我们有办法使农作物有充足的水分。这就是制天，也就是荀子特别强调的"人为"。

荀子这种破除迷信的制天论，是最富科学精神的；而这种"人为"的自力主义，正是他学说的源泉。他最精彩的性恶说，就是从这方面展开的。

一提到性恶说，几乎历来的儒者都对他表示不满。其实性恶说虽然很精彩，但荀子的真正用意却不在此，而是借性恶说来强调他的"人为"思想。可是历来的儒者都忽略了这点，把所有的批评都集中在性恶上，使荀子负了一身的误解和曲解。

尤其宋以后的学者，把他的性恶说，看作洪水猛兽，这真不是他生前所能预料到的。

我们早就说过，他是一个喜欢冷静观察的思想家。他的眼睛像一把剪刀，对于每一个问题，都要剪开表皮，作深一层的分析。他与以前几位思想家的气质完全不同。因为他们有的偏于主观，有的极端热情，有的目光虽然锐利，只是善于讽刺。可是荀子是冷静的、客观的。他把整个问题有条有理地解剖开来，寻出它的症结，然后再提出诊治的方法。因此他不只是一个人性的解剖家、病理家，而是一个生理学家。

他首先以心理学家的姿态，把人类的心剪了开来，发现人类的心中有四种元素，就是"性""情""虑""伪"。它们的关系是："生的自然本质就是性；性的好恶喜怒哀乐，就是情；情产生后，由心来抉择，就是虑；心经过思虑后，再由意志付诸实践，就是伪。"

这段关系写出了一个心理过程：情是我们对外界刺激的一种反应。看到树上的梅子自然会喉痒、会垂涎。可是我们并不因这种生理的反射，便贸然地去偷采梅子。而要想一想，梅子是否属于我的？偷采是否合理？经过了思虑，知道这是非法的行为后，便用意志来克制自己，使伸出的手再缩了回来。这种意志力就是人类道德的基础。

可是性为什么生情呢？荀子便进一步地把"性"剪了开来，发现性中有一个因素，就是欲。

他以显微镜般的锐利眼光，观察这个人性中的欲，发现这个欲就是人类的一种生理要求。就如耳要听最美妙的音乐，眼要看最诱人的美色，口要尝最好吃的食物。这种要求比动物的本能更进一步，因为动物只求满足所需，而人类在所需外，更要作无厌的追求。由这种追求，表现在人类情感上的便是精神上的贪名好利和物质上的纵情享乐了。

他发现了这个人性中的欲后，就像在显微镜下发现病原菌似的，他知道整个社会的毛病就在这儿。因为由于这种欲的无厌追求，人类的利益将会互相冲突；于是你争我夺，便损人利己了。

然而究竟要如何消灭这种病原菌？荀子依据他所发现的那个心理过程，特别强调"化性起伪"，也就是由思虑而制欲。在他的性恶说中，最主要的也是最被人误解的一句话就是："人之性恶，其善者伪也。"后代许多批评他的学者，都曲解了他的这个"伪"字，把这个"伪"字当作"假"字解。其实这个"伪"字包含了荀子整个思想、整个精神。这个"伪"就是"人为"，是意志的实践，是后天的努力。

由于荀子强调"伪"的实践，因此他也就必然地强调"礼"的重要。这个"礼"，就是"化性起伪"的功夫，是他分析了人性，解剖了社会以后，所开的一剂特效药。

在荀子眼中的"礼"，不是一种徒具虚文的礼制，而是一种活的原理。它的功用，一方面是疏导人类的欲念，满足人类的需要；一方面是制定彼此的界限，使贵贱有等、长幼有别。所以这个"礼"运用在荀子手里，无异于一粒万灵丹。在《荀子》书中，我们随处可以看到这个"礼"字。他运用"礼"，就同孔子运用"仁"、孟子运用"义"一样。其实这"仁""义""礼"三个概念，在这三位儒家先哲的心中，都是一样的功能、一样的精神。然而从这三种概念的本身分析，明显的，它们是逐渐由抽象而具体，由主观而客观，由活泼而凝固。打个比喻来说：孔子的"仁"，好比是"水"，它是无定形的，可能是天上的云雨，可能是地下的泉水，我们可以感触到它的存在，承受它的实惠，却不易把握它的精神。孟子的"义"，好比是"海"，虽然茫茫无边，然而潮汐有时，我们可以在它上面载浮载沉。至于荀子的"礼"，好比是"河"，它有河床，有堤岸，而且由上而下，有它一定的河道。孔子的"仁"是一颗无所不在，至善至美的心；孟子的"义"是一种由内而外，向上发展的德；而荀子的"礼"却是一种由外而内，向心压缩的法。"仁"是孔子用来替人性树立一个最高的理想，"义"是孟子用来追求这种最高理想的路。而"礼"却是荀子插在这条路旁的围栏。孔子发现的人性是相近的，所以他的思想是圆融的；孟子发现的人性是善的，所以他要为人性立德；而荀子发现的人性是恶的，所以他要为社会立法。荀子所立的这种礼法，到了韩非、李斯手中，便更客观化、固定化，变为硬性的严刑酷法，而失去了"礼"本身所含有的柔性和弹性了。

荀子先打破了天命的观念，再揭出了人性的秘密，然后又强调"礼"的精神。这在当时的确是独放异彩的思想，但也使他介于传统和异说之间。新的创见，使他不得不从另一个角度发扬儒学，而与传统思想发生冲突。同时为了保持儒家本色，又不得不大刀阔斧，向所有的异端邪说挑战。

与他的思想冲突得最厉害的当然是孟子的性善说。他虽然和孟子同样崇拜孔子，但对孟子的攻击是不遗余力的。其实他们的理想都是相同的：同样以人性的至善为目标，同样认为人人都可以为尧舜。只是他们的方法不同，一个注重德的启示；一个强调礼的节制。可是荀子却大大地非难孟子，认为孟子只会写文章，唱高调，好高骛远，太理想化了，而对现实缺少理解。因此儒家的没落，这该是"孟子之罪也"。

他再分析各家的学说，觉得他们虽然言之成理，却各有所偏。他认为慎子只看到消极的一面，而忘了积极的一面；老子只看到柔弱的好处，而忘了刚健的意义；墨子只看到万物的相同，而忽略了互异；宋钘只看到情欲寡的一面，而忽略了多的一面。由于他们观察时各有所偏，他们的看法自然是偏见。荀子的这些批评，都是根据他自己的思想立场而发的。因为他主张人性中有欲，所以认为宋子的看法幼稚，墨子的想法天真；因为他主张改造人性必须用"伪"，所以认为老子和慎子的思想过于消极，不足以振奋人心。

当时思想界最流行的要算名家了。荀子认为这些名家连"言之成理"的起码条件都不够。因为他们根本上不是提出见解，而是玩弄名词，强词夺理，完全是一种诡辩。譬如有人说"杀盗非杀人"，盗和人虽然名词不同，其实盗是人的一种，杀盗也就是杀人。这种错误乃是混淆了盗和人这两个名词的界限。又有人说"山渊平"，虽然高地的渊和低地的山海拔相等，但在造名的时候，山一定是指比渊高的地方。这种错误乃是用事实来曲解名词本身的意义。还有人说"牛马非马"，当然牛马是包括了牛和马，不能用来单单指马；可是事实上，牛马中是有马的，这种错误乃是拘泥于名词而忘了实质。

荀子举出了当时名家们的三大错误后，便努力于正名，提出他的一套名学理论。

他认为每一个名词，在我们心中都是各有所指的。我们制造名词，原为了分别外界的一切，使我们的心中有所适从，有所取舍。在未定名称前，我们唤鹿为马未尝不可；但一旦我们称那有角的为鹿，无角的为马，大家也都公认这样称呼后，那么鹿有鹿的特点，马有马的性能，我们便不能再指鹿为马了。同理，如父子夫妇，是非善恶，也都有他们各自的界限和内容；如果任意颠倒，一切价值便无标准了。

荀子这种名学的理论，是科学的、逻辑的，但他正名的最终目的，又回到伦理上，而是他重视"礼法"的产物了。

四

　　最后，我们还得再附带写上一笔，就是中西哲学史上六位圣哲的对照：苏格拉底和孔子，柏拉图和孟子，亚里士多德和荀子。一个在遥远的中国古代，一个在遥远的古代希腊。虽然他们之间相去有几万里，然而他们却是在同一个时间，同一个历史背景上，扮演同一个角色；不同的只是舞台罢了，一个在东方，一个在西方。

　　苏格拉底是西方智慧的代表，而孔子是中国思想的代表。他们都是生在一个极端混乱的时代，都是希望从伦理上扭转整个社会的危机。他们在政治上都失望了，而从教育方面着手。他们都是广招学生，到处说教。一个用"产婆法"，一个用"叩两端而竭焉"的方法，都是启发式的教学。尤其他们都是以"身"为教的：苏格拉底的勇敢是希腊闻名的，他的饮鸩自杀，已成为历史的楷模；而孔子的"知其不可而为之"的无畏精神，更是为历史学家所传诵。他们都没有亲笔的著作留给我们。他们对人类的贡献，就是提供给我们一个人性追求的理想。苏氏的"真理"和孔子的"仁"，都只是两个概念，然而却是历代哲学家所寻求的目标。

　　这两位中西哲学的开山大师，都有两位最有名的弟子，来替他们弘扬圣学。苏氏的弟子就是柏拉图和亚里士多德；孔子的再传弟子，就是孟子和荀子。妙就妙在这四位弟子又是互相对照、极端类似的。美国近代哲学家詹姆斯曾依照精神气质，把哲学家分为软心的及硬心的两派：柏拉图是软心派的代表，亚里士多德是硬心派的代表；而我们的孟子是软心派的哲学家，荀子也就是硬心派的哲学家。由于这种精神气质的不同，使他们从老师那儿传承的思想，也有了显著不同的色彩。

柏拉图和孟子都是偏重于理想的。他们的哲学像一首诗，想象的成分往往多于观察。柏拉图的理想国和孟子的王政，都是非常美化的社会；而有点离情失真，变为乌托邦。柏拉图的共产公妻制度，固然是他闭门造车的产物；而孟子的井田世禄制度，也未尝没有他个人想象的成分。

到了亚里士多德和荀子手中，却完全不同了。他们注重观察，反对想象，因此他们对柏拉图和孟子的思想是批评的。亚里士多德对于柏拉图的理想国不感兴趣，他自己要建设一个博物馆，来观察和解剖自然界的一切，所以他被称为科学研究的创始人。我们的荀子也同样不满于孟子的性善说，而从心理方面解剖人性，作为他礼治主义的根据。苏格拉底和孔子的思想，到了亚里士多德和荀子手中已经是偏于客观、偏于科学的了；也在他们手中，开始了一个转变。西方思想自亚氏开始，注重逻辑，影响了自然科学的研究。中国思想自荀子开始，注重礼治，影响了法家的精神。更有趣的，他们两人非但在思想上同一路线，而且在著作以及成就方面也是相同的。柏拉图和孟子的著作都是对话体，但到了亚里士多德和荀子手中却一变而为论文体。亚里士多德的学问，是集古代希腊学术的大成，对于当时的诸般学问，可说是无所不通、无所不精。同样荀子可说是先秦中最博学的大师了。他不仅对传统的学术有极深的研究，并且对各家的学说无不了如指掌。他们两人在中西哲学史上，像一座闸门，总汇了以前的思想之流，而开出了新的流派。

这古代六位圣哲的类似，当然只是一个历史的偶然，我们无须去研究是否有造物主的安排。然而这两条中西思想之流的平衡发展及起伏的波澜，却成为思想史上的一个奇迹、一个壮观。这虽是一个有趣的偶然，然而这个偶然的结果，却是一个绝不偶然的相会。我们行将看到这两股思想伏流的交融，那将是更大的壮观了。

第九章 尚法明治的权威——韩非

（附：管仲、商鞅、申不害）

一

在中国思想的流变上，除了儒、道、墨三大学派外，另有一派异军突起的法家，这一派渊源虽很久远，但以鲜明的旗帜，与其他各派思想分庭抗礼，却是战国末期的事。

法家与其他各派思想有个显著的不同，就是它专谈政治思想，而且完全是以君主的观点来立论的。本来嘛，法家的职业是替君主做参谋，他们的任务就是富国强兵。为了完成任务，他们往往不惜采取任何极端的手段，这是他们的本色。孟子竭力攻击的霸道，却正是他们的理想。所以法家的鼻祖管仲，在孟子的笔下，就是罪不容赦的政治犯了。

法家的思想到韩非手中才真正地完成，所以在他以前的法家，当时都被称为"法术之士"。自他以后，汉人才特别尊称他们为法家，可见韩非在法家思想中的地位了。

固然，要了解法家，必须了解韩非的思想；但要了解韩非的思想，却又不能忽略在他以前许多法家的铺路工作。其中第一位值得注意的当然就是管仲。

管仲字夷吾，颍上（今安徽省颍上县南）地方人。从前孟子曾说："天将降大任于是人也，必先苦其心志，劳其筋骨，饿其体肤，空乏其身，行拂乱其所为，所以动心忍性，曾益其所不能。"管仲就正是有这样遭遇的一个人。他少时贫苦无以为生，并且一切图谋都不顺利。整个前半生可说都是在艰难困苦、抑郁顿挫中度过，甚至在不光荣中兜圈子。要不是得力于一位知己的好友鲍叔，不要谈发达建功，就是连生活恐怕都无法维持下去。

管仲自幼与鲍叔为友，鲍叔对他非常了解和敬佩。他曾与鲍叔合伙到南阳做生意，赚了钱自己多分，鲍叔知道他家贫负担重而同情他。他曾屡次为鲍叔计划事情，没有一次不是失败的。鲍叔知道是他时运不济，并非才能不佳。他曾三次做官，三次被革职；三次参加战争，三次临阵败逃，这都是非常羞辱为人见弃的事。而鲍叔则知他胸怀大志，另有更重要的抱负。这种无限的同情，乃使管仲不得不感叹："生我的是父母，而知我的则是鲍叔了。"

管仲在小事方面虽然处处失败，但对大事极有眼光，深具韬略。那时他眼见齐襄公无道，预知齐国将会大乱，便和鲍叔计划分别事奉公子纠和公子小白避乱国外，等待机会。后来果然襄公被弑，国内大乱，议立新君；于是两位公子分别自莒、鲁赶回齐国争为齐王。管仲为了替公子纠争王位，自己带兵截击公子小白，不幸箭只射中小白的带钩，结果反而是小白先期赶到国都取得了王位，成为历史上所称的齐桓公。于是桓公杀公子纠而囚管仲。这时论功行赏，本应以鲍叔为相，但鲍叔深知管仲是不世出的大才，非己能及，为了国家前途，乃劝谏桓公不记一箭之仇，擢用管仲为相，以做一个大有为的君主。

管仲的就任齐相，很不合乎当时的道德标准。他自己的解释也不过是"不羞小节，而耻功名不显于天下"而已。所以一百多年后，孔子的弟子还要问孔子："桓公杀了公子纠，管仲非但不能尽忠死节，反而做桓公的宰相，这是否不道德呢？"管仲虽以"不羞小节"、形同小人的方式取得了相位，但既做宰相之后，却发挥了大政治家的才能与风度。他不仅能兴渔盐之利做到了富国强兵的要求；不仅善为匡辅桓公，立威立信，以成千秋之业；而最值得称述的乃是他能高瞻远瞩，认清时代的要求，喊出"尊王攘夷"的口号。

当时周朝的整个制度，是以王室为枢纽的。自平王东迁后，王室衰落，不能领导全局；于是诸侯间彼此兼并混战，紊乱异常。由于华夏民族间的自相火并，乃使周围的野蛮民族势力日渐强大。许多国家被侵扰灭亡还是小事，而文化毁灭所带来的黑暗最是严重。这种情形到了桓公时代愈发厉害，所以《公羊传》描写那个时代是："南夷与北狄交，中国不绝若线。"那就是说中华民族的命运已是千钧一发了。就在这个情形下，管仲提出"尊王攘夷"的主张。他以齐国的声势与实力，领导诸侯尊重王室。王室是统一和秩序的象征，在这一象征下，不仅恢复了失去的秩序，维持了诸侯国间的小康局面；并且进而团结了华夏的力量，共同抵抗野蛮人的侵略，因而得以挽回"中国不绝若线"的危机，维护了中华两千多年的文化。在管仲任相期间，齐桓公曾与诸侯会盟十五次之多，都是从事于这种奋斗。若不是有此一举，则西罗马灭亡后一千多年的黑暗时期，就早在中国出现了。孔子所以对他一再称赞，甚至说："假如没有管仲，我们恐怕会是披着头发，穿左大襟的野蛮人了吧！"其原因就在于此。

管仲虽然功业方面极为隆盛，并且也确有一套治国的主张理论，例如我们熟知的"仓廪实而知礼节，衣食足而知荣辱"，以及"礼义廉耻，国之四维；四维不张，国乃灭亡"等都是他的名言谠论。不过他并未把这些思想笔之于书（事实上，在孔子以前并无私人著书之事）。至于世间所通行的《管子》一书，实际乃是后人把管子的善政嘉言加以发挥，甚至是把许多与他并无关联的富国强兵办法附会到他身上，而假托是管子的著述罢了。这是古人常用的办法，正是所谓"重言"（"重言"就是把思想言论附会到有关的权威人物身上，以加重其言论的分量，语见《庄子》。如"孟子道尧舜""有为神农之言者许行"等是）的意思，不足为奇。

今天我们对管子的了解，可从两方面来观察：一方面是管子其人；一方面是《管子》其书。其人代表历史上一个法家的奋斗，而其书代表哲学史上一种法家思想的酝酿。虽然其人与其书是两回事，我们不必把它们凑合在一起，但这两者使我们对法家的了解同属必要。因为管子其人告诉我们一个法家在当时社会中是如何活动的，而《管子》其书却告诉我们在当时社会中，一般法家是如何思想的。所以即使《管子》书是伪托的，但该书今天是我们研究法家思想的重要著作。

二

由管子其人的奋斗，和《管子》其书中思想的酝酿，法的观念便逐渐地成熟而为实践的法制。而推行法制最有成效的代表人物，当然要推秦孝公时的商鞅。商鞅思想中最突出的就是守法的精神。当他把法律向人民公布后，为了使人民绝对相信起见，便故意在国都的南门竖立了一根三丈多长的木杆。下令如有人能把这根木杆移到北门，便赏他十锭黄金。起初人们都不敢移，因为这样的举手之劳，而获得这么多的酬金，实在难以置信。直到第二天仍然没有人敢移，于是商鞅又下令增加酬金为五十锭。终于有一个人抵不住好奇心，把木杆移到北门，果然一丝不扣地得到了规定的酬金。从此大家便不再怀疑政府的命令了。

除了使人民知道法律的赏罚分明外，商鞅更进一步使贵族们了解法律的威严。他认为法律所以不易推行，多半是由于在上位的人破坏了法律。因此有一次太子犯了罪（当然太子是未来的君主，不宜治罪），便把太子的老师公子虔和公孙贾治了黥刑（刺面的肉刑），这也就间接地处罚了太子。对于太子尚且如此，其他的人更不必谈了。

商鞅这种严刑酷法，在秦国施行了十年，使得秦国大治，但却结怨了许多贵族。所以等到秦孝公逝世，太子登位（就是秦惠王），便下令捕杀商鞅。商鞅闻风而逃，到了关下，向当地民家投宿。当地的人不知他就是商鞅，慌忙拒绝说："恕我不能接待，因为商子的法律规定不准留宿身份不明的人，违者坐罪。"至此，商鞅不禁叹着说："可悲啊！我真不知法律的流弊到了这种地步呢！"结果他被秦惠王五马分尸而死。他的死，大家都认为是死于他自己所定的法律；事实上他是死于贵族之手。

与商鞅前后的法家，还有一位"郑国的贱臣"申不害和稷下的辩者慎到。申不害的重"术"，慎到的重"势"，与商鞅的重"法"，合称为法家的三派。申不害做韩昭侯的国相，虽然能使介于齐楚两强之间的韩国保持均势，但在法治上并没有多大的建树。他所主张的"术"，认为人主操纵臣下必须要有阴谋，要有计虑，要不动声色。其实这只是替人君做参谋罢了，谈不上法家的思想。至于慎到，则是一个服膺黄老之术的学者。他主张的"势"，认为人君要有威权，使他成为恐怖的对象，以镇压人民。其实他这种见解也远不如"弃知去己"的道家思想可爱。所以这三派中，真正值得一提的还是商鞅的法治精神。

把这三派思想融合起来，不仅注意于君主的统御之术，而且强调法治精神；不仅向贵族的把持权柄作斗争，而且向所有其他的学术思想挑战者，就要推集法家大成的韩非了。

三

韩非是韩国的一位公子，少年时与李斯一同受学于大儒荀卿。在名师的教诲下，他习得了极高深的学问。由于喜好刑名法术之学，便脱离了儒家的范围；而以深厚的学力，综合了前面三派的思想，建立了法家的权威学说。

当时他看到韩国的国势非常弱，心里很急，便上了一封信给韩王，大谈治国的方法。可是韩王却无动于衷。这真把性情孤僻的韩非气坏了。一气之下，牢骚满腹，文思也源源而来，提起笔，写下了《孤愤》《五蠹》等十余万字。这本书后来被人带到秦国，秦王嬴政看了《孤愤》等篇后，不禁大叫说："如果能和这位作者共游，真是死也情愿。"这时李斯在秦王旁边，夸示自己是韩非的同学，并说：要找这人不难，但必须向韩国索取。秦王为了得到韩非，便不惜以兵力加诸韩国。韩王本来没有重用韩非，现在看到秦王重兵压境，便派韩非入秦，以缓和这次战祸。

秦王召见韩非后，非常欣赏韩非的见解，但尚没有重用韩非。李斯在学生时代便自知不如韩非，现在又看到韩非受秦王宠爱，心中非常妒忌；便串通姚贾乘机陷害韩非，向秦王进谗说："韩非是韩国的公子，君王要统一天下，韩非当然帮助自己的祖国，不肯为秦卖力的。现在君王久留他在这儿，将来如果送他回去，他知道我们的国情，一定对我们不利的。我想还不如造一个罪名，杀了他算数。"糊涂的秦王，居然听信了李斯的花言巧语；而不想想李斯究竟是哪国人（他是楚人），李斯在《谏逐客书》中又是多么的摇尾乞怜！但秦王虽然把韩非关入狱中，却无意杀死韩非。李斯知道秦王可能会变卦，便先下手为强，暗地差人送毒药给韩非，命他自杀。韩非知道被人陷害，屡次要上诉，但都没有机会，结果就这样不明不白地死在同学李斯的手中。他料想不到以前写的《难言》和《说难》，居然应验在自己身上。别人因出言不慎而遭杀身之祸，而他连上诉的机会都没有，却身陷囹圄。后来秦王果然悔悟，还以为韩非活着，差人去赦除韩非的罪名，奈何这时的韩非早已成为腐骨了。

四

以前法家的铺路工作，正像画一条龙，整个身躯都画好了，但仍然不能活现。到了韩非，才特别画龙点睛；靠他这一点，整条龙便栩栩如生了。

因此所谓韩非的集法家大成，并非综合性的"集"而已。他不是无条件地接受申、商、慎三派的见解，而是批评性地接受；他也不是完全采纳前期法家的思想，而是修正后的采纳。尤其重要的，他不是完全局限在法家范围内以法家来论法，而是承接了儒道的思想。这种"借他山之石"的功夫，正是他所以能画龙点睛，特别见精神的地方。

他是荀子的学生，他整个思想的根源来自荀子的学说。荀子认为人性是恶的，必须用礼来化性；韩非也认为人性是恶的，但必须用法去围杜。荀子在人性中发现了欲，所以用礼去节欲制欲；韩非在人性中发现了自私，所以用法去赏善罚恶。礼治和法治虽然相差了一步，但运用在韩非手中的法，和荀子手中的"礼"是同一个作用。

韩非的整套理论，便是立基于人性的自私上，他举了一个例说：父母对于亲生的子女，如果是生男的，便互相道贺；生女的，非但不悦，而且把她溺毙。试想同出于父母的怀抱，而有这么不同的待遇，究竟为了什么呢？无非为了日后许多便利，为了长久的打算。父母对于子女尚且存有这种计算心，何况不是亲子的关系呢？

因此古代郑夫人为了她的儿子继承王位，毒死了她的丈夫。骊姬要立她的儿子奚齐为太子，而毒死了太子申生。这些事实都足以证明人类为了自私，不惜手弑亲人，真是无所不用其极。至于医生希望天下皆病人，棺木商唯恐人不死，这都是极普通的现象罢了。

韩非揭出了这个人性的弱点后，便提出诊治的药方。但他的药不是从根本上着手，而是利用弱点来钳制弱点。人性是自私的，他就利用赏善罚恶来对付人们的自私。他认为最安全可靠的特效药就是法。

法对于国家来说，正像木匠手中的规矩。木匠没有圆规和方矩，怎能去画圆画方呢？国家如果没有不变的法，又怎能定赏罚的标准呢？像尧舜一样的大贤，没有法，也不能治一国；相反的，一个中材的君主，如果能守法，却可以治天下。这是为什么？一句话，有标准可循罢了。

虽然韩非特别重视法，但他更重视立法的精神，那就是平等和劝善（此善与儒墨的善不同，乃是奉公守法的意思）。

荀子的"礼"和韩非的"法"所差的一步就是平等。"礼"在于"别"，在于别贵贱、明亲疏；"法"则在于"齐"，在于打破贵贱，不分亲疏；在于"齐天下之动"，使全国的人民在法律面前都能抬头。这种平等的精神，在阶级观念犹存的春秋战国时代，自然遭受强烈地反对，而造成许多法家的悲剧。但到了布衣可以卿相的战国末期，便自然为人们所普遍地接受了。

法的二柄是赏和罚。赏当然是直接地劝善，但罚也并非是一种报复主义。杀人者斩首，这不是替被害者报仇；因为处罚杀人者，并不能使被害者复活，这是无法补偿的。同时，杀人者被判死刑，这种处罚对杀人者本身毫无作用；因为他被处刑以后，便失去了知觉，刑罚对于他便失去了意义。那么为什么杀人者要斩首呢？这是因为要杀一儆百的缘故。为了被害的一个人而杀死一个活人，这并不合算；但杀死一个犯罪者，而可以使其他成千万人不敢犯罪，使其他成千万人免受杀害的灾祸，这就是天下的大利了。所以韩非的罚恶，也是一种间接的劝善，立法的精神就在这儿。

赏罚，固然是国君的二柄，但要运用二柄，还必须基于一个条件，就是臣民的权利义务必须分清。否则职权不明，赏罚便无从施行了。韩非举了一个故事：

"以前韩昭王喝醉酒，睡着了。一个替昭王管帽的臣子路过，生怕昭王着凉，便拿了件衣服披在昭王身上。后来昭王醒了，发现替他披衣的是管帽的臣子，不禁大怒，除了以失职的罪处罚管衣的臣子外，而且以越职的罪处罚那位替他披衣的管帽臣子。"

这段故事，固然有点不通人情，但这正说明了韩非眼中的法的严酷性。

韩非认为除了法以外，国君还必须有术。因为法是客观的东西，它像规矩一样，不能自为方圆，而必须依靠木匠的匠心独运。公输般和普通木匠所用的规矩是一样的，可是他们的作品却大不相同，这就是因为运用的技术有高低。因此要使法能产生最大效力，国君必须用术来运法。

谈到用术，韩非便搬出老子的一套方法，认为国君应该要无为，要处静。所谓无为，不是说什么事都不做；而是要做一切事，不过所做的方法不同罢了。国君不必到处奔波，亲自去做。他只要坐在王宫内，把任务交给别人去做，每人有每人的职权，而且层层管制。国君的任务，只是下命令，其他任何事都有专门人才去推行。整个国家都动员了起来，而国君却在深宫内一动也不动，这就是无为。

国君用术到什么程度，才算合乎标准呢？韩非认为必须控制臣子，使得臣子像奴仆。国君要做什么，他就得做什么，不敢说一个"不"字；国君要他赴汤蹈火，他就得赴汤蹈火。他必须像国君的一双手，一任国君的喜欢，搔搔头、抓抓腿。直接地说：国君必须使臣子变成最忠实的奴隶，但奴隶尚有私心，最好是一只最听话的哈巴狗，一呼即来，这样国君才可以安心地无为而治，在帷幄内运法。

然而国君如何才能用术？那就必须要乘势。所谓势，依韩非的看法有两种：一种是自然之势，一种是人为之势。自然之势，乃是指国运兴衰及固定的权位（是慎子所谓的势）；而人为之势，乃是国君通过法术所产生的一种威势，这种威势是建基于法的威严和术的精明。韩非所主张的乘势，就是指的这种人为之势。

为什么要乘势呢？韩非的想法很妙。他认为古来统治的人物，多半是中智，他们比上不足，比下有余。就是说他们不可能有尧舜般的贤明，但也未必如桀纣般的凶残。因此让他们抱法处势，照样能够治平，因为势可以发挥他们的潜力。古往今来，像尧舜和桀纣般的人物，都是千年来只出现一二次罢了。如果我们不能乘势，而等待尧舜般的贤人，那么就要乱一千次，才有一次的治平。相反的我们抱法处势，即使碰到桀纣般的暴君，也只是治一千次，才乱一次罢了。

韩非这段妙论，不是反对用贤，而是不待贤。因为法律修明，只要国君能用术乘势，谁都可以致治。否则一定要待贤，显然法律本身尚不够健全，贤人固然可以修补法律的漏洞，而恶人也可以在法律边缘逍遥。如果能做到恶人在位也无法为非作歹，这才是韩非所理想的乘势。

韩非在完成了法家的理论后，便把他犀利的眼光扫向思想界。

他首先向当时的"显学"儒墨开刀。儒家的理想人物是尧舜周公，墨家的偶像是大禹。韩非觉得他们满口先王先圣，实在是白日的梦话。历史不是静止的，不是倒流的，而是发展的。虽然前人和后人的自私心是相同的，但前世生活简单，后世生活复杂；因此所产生的问题不同了，而用以防患的法也必须改变。上古时代，禽兽为害，有巢氏构木为巢，便是大圣；中古时代，洪水泛滥，大禹治水，也是大圣；近古时代，桀纣暴乱，汤武征伐，更是大圣。他们都是大圣，然而功业不同。如果生在汤的时代，不起来革命，而崇拜构木的有巢、治水的大禹，岂非笑话？同样，我们生在这个时代，有这个时代的任务，空谈尧舜禹汤，又有什么作用？

韩非的这种变古的历史进化论，无疑是一项政治思想的革命。他非但打倒了法先王的孔孟思想，也把荀子法后王的思想更推进一步。在他眼中的当时儒家，正是他老师所痛骂的贱儒。他把这些贱儒加上游侠、政客及工商之流，认为是国家的大蠹虫，这就是当时社会病态的细菌。

他认为这些儒生政客们，衣服穿得漂漂亮亮，话说得头头是道，整天批评政治得失，以迷惑人心；君主反而尊敬他们，把农民血汗的成果来供养他们，试问还有谁愿意辛勤地耕作？

这些墨者游侠们，私自召集打手，到处惹是生非，美其名曰侠客，究其实无非是地痞流氓。他们这样目无法纪，自成集团，君主反而以优厚的俸禄供养他们，试问还有谁愿意奉公守法，为国效命？

这些工商之流，自己不耕作，而坐收渔利，剥削农民的血汗。农民整年地辛勤，结果却吃不饱，穿不暖，试问还有哪个傻子不想投机取巧的吗？

韩非用他血淋淋的解剖刀，把整个社会解剖开来；把那些有害的癌、无用的盲肠都割掉。最后只剩下三种他认为有用的器官，就是像哈巴狗般效忠君主的臣吏，替君主卖命、死而无悔的兵士，以及供给君臣及兵士以粮食的农民。但凭这三种简单的器官，是否能使整个社会保持住健康呢？韩非没有注意到这点，他只知道有用之用，而不知道庄子所谓的无用之用；而且他的有用无用也只是表面的。他的眼光虽然尖锐，却不够深刻。他要割掉盲肠，可是却糊涂地连大肠也给割掉了。

幸而他没有登上政治舞台，去实验他这套不够成熟的方法；然而不幸的，他被害后，这套方法却被李斯偷去。李斯在学生时代就不如他，现在却大胆地运用这个方法，无异于一个还摸不清解剖刀的医科学生，便替病人割癌，结果必定是庸医杀人。事实证明了这点，秦始皇焚书坑儒的暴政，都是李斯的杰作。但结果怎样呢？只是把秦朝的天下迅速地送掉而已。

五

韩非对后代政治思想的影响是非常大的。但我们对他的批评，却是缺点多于优点。

他最大的贡献，当然是确立了法治的精神。以前的法家虽然也有粗浅的法治观念，但多半是从事于实际的改革工作，或者替君主做参谋。不像韩非，能在理论上建立了法家思想的系统。

韩非虽然集申、商、慎三派法家的大成，但他们之间有点不同。前三派所谈的"术""法"和"势"，都是帮助君主治理臣民的；但韩非所谈的"术""法"和"势"，表面上虽然替君主说法，但实际上却有匡正君主的功效。他劝君主用"术"乘"势"，不应以一己的爱好为原则，不应以自己的成见为法律；而必须一切衡之以"法"。因此国君表面上是用法，实际上却是守法。以前的法家使贵族和平民在法律前面平等，而韩非却进一步使君主也像臣民一样的守法了。这一点说明了为什么以前的法家都能为君主所任用（因为抑制贵族的把持，是君主所最乐意的），而韩非却见逐于韩王。他虽为始皇帝所喜欢，但终不见用，而冤死于牢狱。这一点常为后人所忽略，却是韩非思想最可爱、最精彩、最有价值的地方。

至于韩非思想的缺点，往往掩过他的优点。因为他在出发点上便有错误，他只看到人性的自私；而在诊治上又犯了一个错误，他用的是泻药，而不是补药。

他把人性和兽性混在一起。人毕竟不是"有奶便是娘"的动物。有的人不食嗟来之食，有的人宁愿饿死在首阳山，因为在人性中还有一个道德的观念。由于这个观念，使君臣间的忠，是有条件的忠，也就是说必须合乎理义；使父子间的爱，是无条件的爱，也就是不谈利害，而纯出于情感。韩非只看到了父母重男轻女的一面（其实这是封建社会的病态，因当时以男性为血统），而忘了父母为子女不惜牺牲生命的另一面。套用荀子的批评，他该是"蔽于私，而不知爱"。

由于他这个出发点上的错误，他整个学说自然走向刻薄寡恩的一面，而完全失去了人情味。他的"法"正像中药中的大黄，虽然对某种严重的毛病，有特别的功效，可是大黄毕竟是泻药，毕竟是毒物，吃多了非但无益而且有害。法对于当时的社会，虽然有稳定的功用，但抛弃了仁义，而专赖于法，尤其用严刑酷法来威胁人民，那无异于兽性的管制。人性的尊严完全丧失，人民纵使不敢犯法，也只是不敢而已，而不是不为。因此"法"即使达到最高的效果，也无非是"民免而无耻"罢了。

写到这里，我们必须顺便提出两个值得注意的问题：一个就是哲学家和哲学思想的问题，大凡一个哲学家如果他本身没有道德观念，他的理论多半是不健全的。我们对法家和法家思想的批评就是如此。我们很清楚地可以看出法家和其他各派思想家最大的不同，就是法家忽略了立德。管仲不羞小节，欺骗朋友（《史记》说"常欺鲍叔"，背主，不死公子纠之难），商鞅"天资刻薄"（司马迁语），钻营求进；李斯卑鄙无耻，陷害同学。他们的思想中没有渗入淳厚的情感，因此自然流于刻薄寡恩。

另一个问题就是从人性偏处立论，非但是思想的弱点，而且流毒无穷。韩非从自私的观点来看人性，由刻薄寡恩，而间接造成焚书坑儒的历史悲剧。韩非是把人性看偏了，影响李斯，演成始皇帝的暴政。今天我们回忆历史的悲剧，唯一的自救之道，就是从思想上澄清偏见，重新恢复人性的尊严。

第十章　立异鸣高的辩者——公孙龙

（附：邓析、惠施）

一

正当这些热心于救世的思想家们，为着人生问题，争得面红耳赤时，另有几位独出的辩者，却以另一个姿态，跃上了思想的舞台。他们就是后世所指称的名家。

名家虽然被称为"家"，事实上是不成"家"数的。因为他们没有一贯的思想，没有系统的组织。即使我们勉强给他们按上一个"家"字；这个"家"至少不是儒家或墨家的"家"，而是雄辩大家的"家"。因为他们是以雄辩而出名的。

他们和其他思想家主要的不同，在于传统思想家们所辩论的都是有关于世道人心，都是人生实际的问题。就拿遁世隐居的道家来说：他们思想的根本，也是以人生解脱为依归。可是这些名家们所辩论的问题却完全不同，都是些抽象的观念，而不涉及现实的人生。他们辩论的目的不在于用世，而在于夸示他们想法的奇妙，借此而扬名天下。传统的思想家像十字街头的布道家，滔滔不绝地发表意见，希望天下的人都相信他所宣布的福音而得救。可是这些名家们却像马路边上的魔术师，拿着扇子、毯子或两个杯子，口中念念有词，手中东旋西转了一通，结果变出了另一个东西。观者被他们的假动作所眩惑，虽然明知不是那么一回事，但他们说得头头是道，又寻不出破绽来反驳。

这些名家们手中所玩弄的就是观念和名词。他们先举出两个极端矛盾不兼容的名词；然后利用观念和名词的相异性和相同性，把它们硬拉上关系，或者把它们的关系颠倒过来。所以初看起来非常荒唐古怪，可是经他们解释之后，又觉得颇有道理。他们就利用人们好奇的心理，而赢得了雄辩的大名。

二

这些名家的代表人物要推邓析、惠施和公孙龙。

关于邓析，我们所知不多，只知道他是郑国（今河南省新郑市）人，是在孔子年轻的时代活动过的政治家。他和孔子虽然处在同一个时代，但却不是像孔子一类型的政治家，而是好辩惑政的少正卯一流的人物。他喜欢刑名之学，他常常发表一些异论，和当时郑国的子产为难。那时子产正雷厉风行改革郑国的积习，许多习于因循的人民都不满子产的作风，常常贴了许多匿名的标语诽谤他。子产下令禁止悬贴，邓析便故意写了许多匿名信给子产。子产气极了，通知手下的人不准接受匿名信，哪知邓析却把匿名信包扎起来，当作礼物送给子产。子产一再地改变命令，而邓析一再地寻找命令的漏洞，跟子产为难，使子产无可奈何。

不仅他个人专门与子产为难，他还招收了许多门徒跟子产作对。他向人们宣传他辩论的技巧。如果有任何诉讼事件，大的案子只要一件衣服为酬劳，小的案子只要一条短裤为酬劳，便可使诉讼必胜。他们的风声放出后，便有大批的人手中提着衣服和短裤，向他请教诉讼的技巧。究竟他传授一些什么技巧呢？那就是《列子》书中说他设"两可之辞"了。什么是"两可之辞"？请先看他的一个例子吧！

有一次洧水发生水灾，郑国的一位富翁溺毙了，他的尸体被人捞到，那个捞尸的人乘机敲诈。富家便向邓析请教对策，邓析告诉富家不必着急，随他去好了，难道还怕捞尸的人把尸体卖了不成？富家听了邓析的计策，便装着无所谓，不去跟捞尸的人讨价还价。这样一来，那个捞尸的人有点急了。一具腐烂的尸体放在家中总不是办法，便也去请教邓析。邓析以同样的口吻告诉他：不必着急，反正又没有第二个人要买这具尸体，烂了也没关系；而且愈烂得快，富家才愈要得急呢！

这是邓析的"两可之辞"。正反双方都可以用同样的方法来对付，他就利用这些似是而非、无可无不可的理论，在郑国拍卖他的辩论术。大家都从他那儿学得一些皮毛的诡辩，以是为非，以非为是，弄得是非毫无标准，大家也搞不清孰是孰非了。于是民风大坏。子产对于他极感头痛。传说子产后来把他杀了。又传说子产死后二十年，驷颛执政时，才把他杀了。无论谁杀了邓析，总之邓析是因为诡辩而被杀。他的罪名一定是和孔子诛少正卯的罪名一样——聚众结社，鼓吹邪说，以淆乱是非。

究竟邓析的诡辩后面是否另有隐情，历史没有交代。但自邓析死后，他所著的《竹刑》却被郑国采用。《竹刑》就是把刑法写在竹简上，当时子产已把刑书铸在鼎上；而他私自刻写"竹刑"，可见他是有政治野心的。他之所以处处要与子产过不去，多半是由于政治见解的不同吧！

可惜邓析的辩论术已经失传了，现有的两篇《无厚》和《转辞》又都是后人附托的，极不可靠。

据说邓析除了"两可之辞"外，尚有"无穷之辞"。所谓"无穷之辞"大概就是荀子所指的：他和惠施一样精于"山渊平""天地比""齐秦袭""钩有须""卵有毛"等辩论了。这些辩题有的是惠施的说法，有的是公孙龙一派辩者的主张。究竟哪几条是属于邓析的，我们已无法知道。

然而在这里，我们可以确定他和惠施、公孙龙及以后的辩者是同一阵线的人物，他们的研究对象和思维方法都是同一个范畴的。

三

　　惠施，我们对他已不陌生，因为在庄子的生平中我们曾看到他的影子。他是庄子最好的朋友，他们永远地辩着；因为彼此观念不同，所以始终谈不拢。但他死后，庄子经过他的墓地时，却感觉孤寂地叹着："自这位先生死后，我便失去了辩论的对手啊！"

　　由他和庄子的关系中，可见他是庄子同时代的人，而且比庄子死得早。

　　传说他是宋国（今河南省商丘市以东）人，曾做过梁惠王和襄王的宰相。有一次齐威王破坏了齐梁之间的和约，惠王准备兴兵伐齐。惠施听到这消息，便去见梁国的一位贤人名叫戴晋人（惠施曾推荐他给惠王），向他献计一番。于是戴晋人便去见惠王说："君主可知道一种名叫蜗牛的小动物吗？"惠王说："知道。"戴晋人便接着说："在蜗牛的左角有一个国家叫触氏，在蜗牛的右角有一个国家叫蛮氏，这两个小国时常争地而战，死伤数万人。每次追逐了二十余天，才收兵。"惠王笑着说："嘻！这个恐怕是无稽的故事吧！"戴晋人正色地说："臣可以证明这个寓言是有事实根据的，君主认为四方上下是有穷的吗？"惠王回答说："无穷。"戴晋人便接着说："那么君主既然知道宇宙是无穷的，再回看现在的这些国家，比起宇宙的无穷来，简直算不得什么了。"惠王点头称是。戴晋人又接着说："在这些简直算不得什么的国家中，有一个国家名叫魏；后来这个魏国被秦所迫，迁都到梁，又称为梁国。在梁国中有一位君主，这位君主现在正和蜗牛右角的蛮氏因意见不合而要兴兵呢！"惠王被戴晋人这番妙喻，说得哑口无言。梁齐两国正像蜗牛的两角，与宇宙的无穷大比起来，实在太小了；还要意气用事，真是自不量力。惠王非常感动，便不再兴兵攻齐了。戴晋人这番妙喻，就是惠施传授给他的。亏得惠施的聪明绝顶，想出这种充满了讽刺，而又令人恍然大悟的人间至喻！

由这段故事，可知惠施的立场是联合齐楚，与秦保持均势。这与当时魏国的纵横家张仪的主张，恰恰相反。张仪主张连横，要联合秦韩两国以攻齐楚。因此惠施便是张仪的政敌。后来张仪终于制造了四个罪名，把他逐出魏；他逃亡到楚国，楚怀王又把他送回到宋国。

他在政治上虽然失败，但在学术上的地位相当高。他以博学善辩名闻一时。在魏国时，他便极有号召力。有一次孟子的弟子匡章，在惠王面前排斥他说："农夫为什么要扑灭蝗虫？那是因为蝗虫有害于农作物。现在惠施的门下，有几百人乘车，有几百人步随，这些人物都是不耕而食的寄生物，与蝗虫又有什么差别？"惠王非常欣赏惠施的口才，因此便把惠施叫来，听他的自辩。惠施便用喻言来反驳匡章的非难，他说："以筑城为例，有的人在城上建造，有的人在城下搬土，有的人却拿着设计表观察。我惠施，就是那个拿着设计表的人啊！如果工女变成丝，她就不能织丝；大匠变成木头，他就不能制木器；同样圣人要是都跟农夫并耕，他就没有空暇治理农夫。我所以不做农夫，就是因为我要治理农夫啊！你怎么居然把我比作蝗虫呢？"惠施这段话，就是采用孟子批评许行的话，当然匡章是无言以对了。至于惠王，却适意极了，否则惠王岂不是也变成蝗虫了吗？

由这段强辩，我们非但看出惠施在当时声势之盛，同时也欣赏到他辩论的巧妙。他除了用对方的例子来替自己辩护，使得对方没有反驳的余地，而且最喜欢用比喻。他随时随地都利用比喻把整个问题烘托出来。庄子的寓言和他的比喻，堪称为思想史上的双绝。因此有人故意在惠王面前为难他说："惠施说话最喜欢用比喻，君王如果限定他不准用比喻，他一定连开口说话的本领都没有了。"惠王觉得这个方法倒很有趣，第二天便对惠施说："假如不用比喻，你能够直说吗？"惠施听了惠王的建议，便笑着说："假定有一个人从来没有见过弹弓。他如果问你弹弓究竟像什么？你回答他弹弓就像弹弓，请问他能理解吗？"惠王回答说："不会理解。"惠施接着说："那么我们如果向他说明，弹弓的形状是用竹张弦，弯弯的，现在他能理解吗？"惠王笑着说："可以理解啦！"于是惠施便反驳说："说话的意义，就在于用已知的来表达未知的，使别人能从已知的去了解未知的。现在君王不准我用比喻，就等于不谈已知的，那么话就无从说起了。"惠王听了这番话，不禁频频点头说："说得对极了！对极了！"

其实惠施这番话早已用了比喻。如果不以弹弓为比喻，惠施真的无法开口。可是他却能把这个比喻用得了无痕迹，真令人心折不已。

他自楚国回到宋国以后，便致力于研究。他非常博学。每到一个地方去游历，所带参考书就有五车之多。他非但与庄子常常辩论，他也跟儒墨杨朱一流人物有过舌战。据说当时南方有一个名叫黄缭的异人，曾追根究底地问惠施："为什么天不掉下来，地不陷下去？为什么自然界有风雨雷霆？"这些问题在当日的确是一个不可思议的问题。连超人的庄子尚且认为自然界的一切变化，圣人只依照着去做，而不敢探研。我们的惠施，却应对如流，上穷碧落下黄泉，把整个大自然的秘密和运行的消息，说得头头是道。虽然以我们今日科学的眼光看来，他的说法也许离事实很远；但在当时，他的无所不知却使得那位不服气的异人，不得不佩服他的博学了。

可惜他的著作都已失传，今天我们还能窥见他学说的一鳞半爪，乃是由于《庄子·天下篇》中记载的"历物十事"。所谓历物，就是观察事物的意思。从他对这十物的分析中，我们尚能看出他思想的轮廓。

为了把握这十事的思想线索，我们首先列一个简表如下：

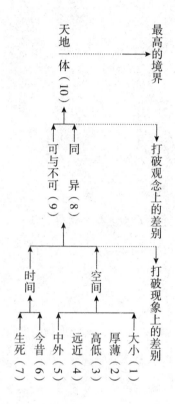

我们先看看他如何打破空间上的差别现象：

1. 至大无外，谓之大一；至小无内，谓之小一。

2. 无厚不可积也，其大千里。

3. 天与地卑，山与泽平。

4. 南方无穷而有穷。

5. 我知天下之中央，燕之北，越之南是也。

在空间上，有大小、厚薄、高低、远近、中外等差别。但我们如果透过这种表面的差别，去看看本质，却是相同的。"至大无外"就是无穷大；"至小无内"就是无穷小。虽然有大小的不同，可是它们都是一个无穷。因此在"无穷"这一点上，它们却是相同的。又如"无厚"是至薄，薄到不能累积，那就是一个面；然而面的广度却是无限大的。所以薄虽是小，小到"至小"，却又能转变为另一种最大了。如果我们再进一步站在一个无穷大的境界上，来看看现象的差别，发现那些差别都是不成其为差别的。天地和山泽，虽然有高低的不同，但在几千里的高空看起来，它们都是同一个平面。燕北和越南在地理上的距离虽然很远，但在宇宙的空间上看起来，它们都合成了一点。在我们的生活上，到南方的旅程是走不完的，但比起日月星辰的轨道来，我们的南方，却是一段极有限的距离罢了。惠施就是用这种方法来打破空间上的差别。现在我们再看他如何打破时间上的差别：

6. 今日适越而昔来。

7. 日方中方睨，物方生方死。

在时间上，我们感觉到过去和未来，因此有生和死的差别。我们的错觉乃是把时间当作空间，把过去和未来硬性地划分开来，而变成了前和后。事实上时间是一条长流，没有前后的分别；生和死都只是时间之流上的两个流动的质点罢了。今天我们动身到越国去，到了越国后，我们动身的那天已变成昔日的事了。太阳刚刚还是日正当中，当我们说完这句话，再抬头时，已是向西微斜。"今日残花昨日开"，刚才盛开着的花朵，转瞬间，便已凋谢。这种种的现象对于时间之流来说，都只是一闪一现罢了。

惠施打破了这种时间上差别的现象后，觉得这一切现象之所以有差别，乃是由于人们观念本身上有差别，因此他进一步要打破观念上的差别：

8.大同而与小同异，此之谓小同异；万物毕同毕异，此之谓大同异。

9.连环可解也。

在我们的观念上，往往执着同异的分别，把彼此分隔开来；事实上，同中有异，异中有同，只是要看你从哪一个观点来立论罢了。譬如你和我是相异的，但我们都是中国人，在这点上又相同了。虽然同是叶子，但天下却没有两片绝对相同的叶子，因此在同中又有异了。要打破这个同异的观念，正像解连环一样。照常识说，连环衔接住，是不可解的。可是我们从另一个角度来看，每一个连环都贯串在空处，并没有熔结在一起；既然不相连，当然是可解的了。一个常识上不可解的连环，我们能在观念上，把它解开；同样，在现象上一切的差别，我们都可以使它们相同，而达到天地一体的境界。

10. *泛爱万物，天地一体也。*

这一种天地一体的境界，就是前面历物九事的结论，正是惠施思想的重心。他在前九条中，都是努力于打破这种现象上和观念上的差别相，所谓大小、厚薄、高低、远近、中外、今昔、生死、同异、可与不可等，都是我们肉眼的观察和主观的成见，都只是从一个表面的角度来看事物；如果我们用最客观的态度来看万事万物，便觉得它们都是相同、相通的。人生的道理正是如此。如果我们都局限在自己的生活圈内，顾影自怜，孤芳独赏，只斤斤计较于个人的得失，我们便永远无法了解别人，同情别人。相反的，我们如果拆掉了人我的樊篱，我爱人人，人人爱我，大家便能和洽地生活在一起，再也不会有你我的差别，这才达到了"四海之内皆兄弟也"的境界。

在名家中，惠施的思想是比较深刻的。虽然这些意见都是从断简残篇中得来的，但我们尚能把握得住他的论点。尤其他从观念上的差别问题，归结到"泛爱万物"；这是从抽象回到人生实际，而发挥了他爱人爱世的精神。这总还算是有益于世道人心的。可是到了公孙龙一派人手中，却渐渐由荒谬、芜杂，而完全变成诡辩了。

四

公孙龙，姓公孙，名龙，赵国（今河北省南，山西省东之地）人。起初在赵国公子平原君的门下做食客。平原君很喜欢他的口才，非常礼重他。后来齐国派邹衍经过赵国的时候，平原君向邹衍提起公孙龙，试探邹衍对他的看法。哪知邹衍毫不客气地批评公孙龙说："像公孙龙这类人实在不值得礼重。因为真正有价值的辩论，必须把握几个原则：首先要分清名词的意义，使它们不致被误用；其次要区别万物的异同，使它们不致互相混淆；最后要宣明真理，使别人听了不再迷惑。辩胜的人，固然已把握真理；而辩输的人，也达到追求真理的目的。否则单凭口舌的锋利，故弄玄虚，歪曲事实；这样反而有害于阐明真理了。"平原君听了邹衍的批评，觉得公孙龙虽然口才好，却真有点诡辩，因此便不再礼重公孙龙了。

后来公孙龙又与魏国公子牟结交，非常亲密。当时有一位乐正子舆讥笑地说："公孙龙这个人啊！既没有老师，又没有朋友，到处流浪，而且喜欢用标新立异的谬论来引诱别人。"可是公子牟也是公孙龙一类型的人物。同气相求，所以仍然非常重视公孙龙，于是他的名声便甚嚣尘上了。

他最出名的辩论就是"白马非马论"和"坚白论"。曾经有一位孔子的后代名叫孔穿的，在平原君家碰到公孙龙，便对他说："我在鲁国时，早已听到公孙先生的大名。对于先生的才智过人，非常钦佩，愿意拜在先生的门下。只是我对先生的白马非马论，不甚赞同。如果先生不再发表白马非马的理论，我就立刻拜先生为师。"公孙龙听了这半含讽刺的话，不大高兴地说："你的话错了。我公孙龙的成名，就在于白马非马。现在你叫我不谈白马非马，试问我还有什么精彩的东西传授给别人？而且你要向我学习，却先教训起我来了，未免有点反常吧！"

由这段故事，可见"白马非马论"是公孙龙最得意的杰作；然而这只是他学说的一端。相传他曾著有《公孙龙子》一书，其中有十四篇论文。但现在只剩下了五篇。《白马论》和《坚白论》便是其中的两篇。

1. 白马非马

白马为什么不是马呢？他认为"马"是指的一种形体，"白"是指的一种颜色；"白马"是在形体上加了颜色的类别，已和原来的形体不同。如果你要一匹马，别人可以牵给你黄马、黑马，以及任何颜色的马。可是你指定要白马，别人便不能把黄马、黑马牵给你了，所以白马非马。

公孙龙这种论调就是逻辑上所说的：部分不等于全部。马是指所有的马，而白马只是马中的一部分，所以白马不等于马。但这是就两个概念的范围来说的。我们普通说"白马是马"，乃是用马来形容"白马"，表明白马是一种马。而我们说"白马非马"，是用"非马"来指明白马可能是其他种类的动物，但绝不是"马"，显然这句话是矛盾的。公孙龙就利用这个矛盾的标题，使人感觉惊奇，引起别人探讨的兴趣。而他所解释的，却跟标题完全无关，不是"白马不是马"，而是"白马不等于马"。因此大家听他的解释觉得颇有道理，而看看标题又是不伦不类，令人无法接受，这就是他善于诡辩的地方。揭穿了，就是那么一回事。

2. 离坚白

这儿有一块"坚白石"，是由三个概念构成，就是触觉的"坚"、视觉的"白"和实体的"石"。而印在我们的意识上却是一个东西———一块坚硬的白色石头。但公孙龙认为是两个东西，就是坚石和白石。因为我们张眼看的时候只看到白石，而感受不到坚；我们用手摸的时候才发现是坚石，可是却失去了白的感觉。因为视觉和触觉不能同时呈现在我们的脑海中，坚和白是分离的；所以我们只能得到坚石和白石的概念，而得不到"坚白石"的概念。

公孙龙这套说法就是把坚和白分割开来，事实上他忘了坚和白同时潜存在石头当中，并不因为我们不看、不摸，它便不存在。而且我们的意识是连接的，虽然前一秒看到白石，后一秒摸到坚石，但在我们的意识流中，却是统一的。

在当时的论坛上有所谓"合同异"和"离坚白"两派。惠施是前派的代表，公孙龙就是后派的代表。他们两人的思维方法刚好相反，惠施在异中求同，他举出了许多常识上极差异的概念，尽量使它们相同，即所谓"自其同者视之，万物皆一也"。而公孙龙却在同中求异，他举出了许多感觉上极相同的概念，尽量使它们歧异，即所谓"自其异者视之，肝胆楚越也"。

五

这时另有许多辩者，混杂了惠施和公孙龙的学说，呈现了极浓的诡辩色彩。他们都不见经传，但他们辩论的内容被零星地记载下来。据《庄子·天下篇》的记载，共有二十一条。这二十一条都是奇奇怪怪、耸人听闻的。我们姑且举两条为例：

1. 飞鸟之影未尝动也

飞鸟的影子在我们的视觉上虽然是动的，但它本身在单位时间内是静的。

2. 一尺之棰，日取其半，万世不竭

一尺的木棒，每次折一半，继续下去，永远折不完。因为无论折得如何细小，最后总剩下未折完的一半。

这两条，前一条只就空间来说，而把时间抛弃不顾。其实谈到任何运动，必须涉及时间的变动，否则根本不成其为运动。第二条是专就观念上来假设，事实上，一尺的木棒，这是一个有限的距离，岂能由无限的线段组成？同时这也仅是一个假设，因为我们永远无法作这样的证明。

前两条虽然犯了错误，但还能说得出部分的道理，可是其他的十九条，完全是诡辩了。例如"卵有毛""鸡三足""火不热""轮不辗地""龟长于蛇"等等，真是匪夷所思，无奇不有。他们所以如此，为的是耸人听闻，引起人们的注意。这固然可以很快地出名，风靡一时；但在另一方面所带来的损失，却也不可计量。平心而论，他们这些论题并非全属欺人之谈，其中实包含许多深刻的逻辑研究和许多精微的概念分析。假如他们不故作惊人之谈，而肯平平实实做有系统有步骤地研究，那不仅会奠立逻辑学的基础；并且会吸引很多好学深思之士继续发展，而使中国哲学的领域内开出灿烂的逻辑花朵。不幸他们无此高见，专走小路，拿些奇言异语眩人耳目。虽然收了一些急功近利，但却使人只注意到诡奇怪异的一面，而忽略了里面的学术价值。因此大家对他们这些论辩的观感不过是觉得好玩而已，甚至觉得只是些惑乱是非的诡辩。在这种观感下，没有人对于他们和他们研究的那套东西，予以应有的重视。因此影响所及，这一套学问便成了绝学；而使得中国哲学始终缺乏逻辑的研究，这不仅是辩者们的不幸，也是中国哲学的一大损失。

第十一章　尊经崇儒的功臣——董仲舒

一

　　春秋战国时期是中国思想上最辉煌的一页，虽然只有短短几百年的历史，却左右了中国两千多年的文化。这时期的思想家，无论在深度、广度，以及对后世的影响方面，都是首屈一指的；他们不仅是思想的前驱，而且是思潮的主流。他们思想的活泼、奔放、充满了生气；这在整个人类历史上，也只有古代的希腊哲人差可相比。

　　然而不幸这一页的结尾却是一个悲剧，这个悲剧的导演就是鼎鼎有名的李斯。

　　因为那时秦国刚刚并吞了六国，成为历史上空前的大帝国，所有各国的人才都集中在秦始皇的手下。当时朝廷里有七十多位著名的学者，叫作博士。他们时常为了某些问题，互相地争辩着。有一次某博士奉承始皇帝，作了一篇歌功颂德的文章，始皇帝读了非常高兴；可是另一位博士却责备这位博士的阿谀，并提出对郡县制的批评。始皇帝把他的意见拿去请教李斯，李斯便写了一篇奏章，其中这样说：

"古代的时候，天下大乱，不能统一。所以诸侯角逐，大家都引用古代的学说，来批评朝政。现在君王统治世界，应该辨清黑白，而定于一尊。尤其那些私学，专门与政令作对，到处造谤，到处巷议，如不予以禁止，让他成群结党，便足以威胁君权了。因此我主张把那些文学诗书、诸子百家的学说一律废除。令下三十天以后，如果还没有实行的话，便以黥刑治罪，或做四年的苦工。至于医药、卜筮、种树等书，可以保存。但要学的人，必须以吏为师，不得私自传授。"

始皇帝看了这篇奏章后，便轻轻地在奏章上批了一个"可"字。在始皇帝和李斯的心中，未尝不以为做得非常干净利落。因为自此以后，再也没有"处士横议"，而暴君和苛吏便可以任作任为了。

哪料这个"可"字，却决定了秦朝灭亡的命运，同时也给中国文化带来了千古的浩劫。

因为这支思想的长流，发展到这儿，突然地静止了下来。再也没有周游列国的传道者，再也没有议论纵横的稷下先生，再也没有标新立异的诡辩大家，再也没有不远千里而来的政治家。纵使有几位爱书如命的学者，冒险地藏了几部书，也不敢偷偷地阅读，只是放在石壁内，给蠹虫做巢。这真可谓思想上的休眠时期。

政治没有学术思想为背景是贫乏的。尤其像秦朝这样一个新兴的大帝国，失去了思想的维系，失去了读书人的支持，只是一个外强中干的虚架罢了，所以它的寿命也只有十五年。

接着便是楚汉之争，烽火漫天，武夫角逐，更使得读书人无以安身立命。民间偷藏的书籍也都流离失所，加以楚霸王的一炬，使秦朝国立图书馆中的藏书，完全成为灰烬。古代文化的遗产惨遭兵祸，荡然无存。

后来刘邦统治大局，政治才稍微安定。无奈刘邦是一个标准的流氓兼武夫，根本不懂什么叫作学术思想；而且故意和儒生过不去，拿着儒冠来撒尿。他的大臣陆贾好几次在他面前引证《诗》《书》，他便破口大骂说："老子在马上打来的天下，还谈什么《诗》《书》？"当时岂止刘邦是个流氓，他的功臣们几乎都是草包。每次朝廷上醉酒后，便原形毕露，拿着刀剑乱砍乱劈，高喊刘邦的小名。这时刘邦才觉得厌烦，便请教叔孙通商量对策。叔孙通劝他采用儒家的礼制，他便一再地皱眉说："礼制麻烦吗？如果采用的话，你该选些简单的，尤其要考虑我是否能做到。"

在这样的环境下，复杂的思想自然无法产生。尤其大战之后，久乱思静，百废待兴。所以丞相萧何只是承袭秦代的律法，并无多大更改；甚至连"挟书令"也没有废除。直到汉惠帝四年（公元前 191 年），才正式废除挟书令，下诏征求天下遗书，儒家的博士也逐渐增加。但这时国家的元气尚未恢复，只宜于保守的黄老政治。继任的丞相曹参，完全步萧何的遗规，整天饮酒，不谈改革。到了汉文帝时，君臣上下更是醉心黄老。文帝是个保守的君主，他的皇后窦氏对黄老特别偏爱。有一次她向一位儒生问起《老子》一书，那位不知好歹的儒生批评了一句，竟惹得她大发雷霆，处罚那位儒生到兽圈内打野猪。她非常尊敬黄老的学者，曾供养一位深通黄老的处士王生，在某次的公卿大会上，这位王生居然把袜带解了，命令当时的最高执法官张释之替他结袜，哪料张释之居然毕恭毕敬地替他结袜。事后这位王生却说："我已经年老，自知帮不了张释之的忙；现在他是当代的名臣，我之所以叫他结袜，只是借此器重他罢了。"这个故事发生在景帝时期，这时窦氏已做了太后，而黄老思想仍然非常风行；一般人醉心的程度，简直是近乎疯狂。

由于这段文景之治的休养生息，被战争瘫痪的汉初终于恢复了元气。破坏的城市逐渐繁荣了，凋敝的商业逐渐兴隆了，荒废的田畴逐渐被开发，而人畜也逐渐地增加。这时已是泱泱的大国，不再是保守的文景所能应付，不再是消极的黄老政治所能适应。这时需要一位雄才大略的君主，更需要一种积极的政治原理。

这位雄才大略的君主就是汉武帝，他面临着历史上空前的大帝国，希望创造一番空前的大事业。因此在他即位的次年，便诏令全国的丞相、御史大夫、诸侯王相等推举"贤良方正，直言极谏之士"来朝廷应试。武帝此举，一方面为了搜罗一些经国的人才；一方面希望获得一种扩展帝国的政策。在这次的征举中，果然出了一位当时的大儒，献上了一篇有名的《天人三策》。在结论中，他特别强调说：

"春秋大一统，这是天经地义的事。但现在大家都标新立异，都学习旁门左道。使得一切学术没有共同的旨趣、共同的目标，因此国家便不能统一学术。法制也一变再变，使得遵守的人不知所从。所以我提议凡是一切不在儒家六艺之内，不是孔子的学说，都必须予以禁止，使它们不能一齐发展。如果这些邪说销声匿迹，学术政治自然可以统一，法制于是彰明，人民便有所遵从了。"

武帝看了这篇对策后，也轻轻地在对策上批了一个"可"字。

始皇帝和武帝都是野心勃勃的君主，在他们眼中，这两篇奏章都有相同的作用。他们批下了这个"可"字，都有相同的目的。事实上，这两篇奏章在字面上虽然大同小异，可是它们的方法、作用和意义却完全不同。因此这前后两个"可"字对中国文化却产生完全不同的影响。一个是毁灭的，一个却是创造的。

然而所以有此不同，乃是因为前者出自一个阴险苛吏的手笔；后者却是一代大儒的思想。

这位大儒就是尊经崇儒的功臣——董仲舒。

二

董仲舒是广川县（今河北省枣强县）人，大约生于汉高祖的晚年，在汉景帝时，已做了博士。

他从小便研究《春秋》，而且是以研究《春秋》闻名，赢得博士的头衔。他的苦学，早已传为士林的佳话，据说他在书房内研究，三年不进花园。他虽然教授学生，但自己却坐在书房内，让学生们在帘幕外面听讲。他的学生们，学历久的教授学历浅的，依次相授；所以有的学生，虽然出自他的门下，却未曾见过老师的庐山真面目。

他不仅是位勤勉的学者，而且非常注重身体力行。他的一举一动，一言一笑，都是合乎儒家的礼节。所以和他同一辈分的学者，都像对待老师一样的尊敬他。

他在武帝还未策问贤良以前，已是德高望重；而那篇著名的《天人三策》又正合武帝的心意，因此武帝便立刻封他为江都王的辅相。

不幸江都王刘非是武帝的异母兄，为人骄纵无礼，好斗逞强。但董仲舒以德感人，不厌其烦地规谏，也颇得江都王的敬重。不过江都王常有称霸的野心，有一次故意问董仲舒说："越王勾践与大夫泄庸、文种、范蠡三人共谋伐吴，结果灭掉了吴国。以前孔子曾称赞殷朝有三位仁人（指微子、箕子、比干三人），现在我也认为越国有三位仁人。以前齐桓公求教于管仲，现在我也向你请教。"言下之意，就是希望董仲舒像管仲及越国的三位大夫一样，传授富国强兵的方法。董仲舒却回答说："我很愚昧无知，不能答复这样重要的问题。我听说以前鲁君曾问大夫柳下惠是否可以攻打邾国，柳下惠当面回答不可，回家后便郁郁不乐地叹着说：'古代有一句话：攻城夺地的事不该请教仁人。现在我却不幸被鲁君问起这些事来，唉，我真不配做仁人了。'柳下惠只是被问，犹且感觉羞辱，何况像越国三位大夫攻打吴国呢？因此我认为越国没有一个仁人。"董仲舒这番话非常含蓄，也非常犀利，江都王希望他变作管仲，他却自比于柳下惠；他用柳下惠羞谈攻国的故事，告诉江都王他不是替君主做战略顾问一流的人物。接着他又大论王霸问题，他说："孔子的门下，五尺的小孩，尚且不愿谈起五伯的事（指齐桓、晋文、秦穆、宋襄、楚庄等五霸），这是因为五伯先讲霸道，然后讲仁义。他们都是讲诈术的，实为君子所不齿。不过五伯比起三王来（指夏禹、商汤、周文王）虽然微不足道，但比起现今一般放纵的诸侯来，可就贤明得多了。"董仲舒这番话就是引证孟子的见解，直说得江都王面红耳赤，点头称是。

　　董仲舒一方面在政治上宣扬王道；另一方面却从事于新思潮研究。因为自邹衍谈天说地以来，阴阳家的学说已风靡了整个汉代，董仲舒也被卷进了这股热潮。他研究《春秋》，最喜欢把《春秋》中许多灾异事件，加上阴阳五行的道理。据说他曾运用这套学说来求雨止雨，都能从心所愿。这当然有点夸张，但他喜欢用因缘迷信的方法来解释历史人事，却是事实。

后来他转任中大夫，在家中写了一本《灾异记》，其中解释在贤良对策前一年，辽东高庙及长陵园殿失火的意义。他本预备把这本书奏上去的，但因只写了个草稿，而且有许多不妥的地方尚须修正，所以一直没有呈上。这时正巧他的一位同事主父偃来他家拜访，偷看了这本书；主父偃素来妒忌董仲舒的才能，便把这本书偷去奏给武帝，并挑拨了一番。武帝于是召集一班儒生，征求他们对该书的意见。当时董仲舒的一个学生名叫吕步舒的，不知道这书的作者就是他的老师，便把这书批评得毫无价值，认为只有下愚才会写出这样荒唐的东西。因此武帝便把董仲舒交给法庭审判，哪料法庭居然判董仲舒死罪；武帝最终顾念董仲舒的声望和成就，特赦了他。从此以后，董仲舒便绝口不谈灾异的事情了。

在当时，公孙弘也是研究《春秋》的，他的学问虽然不如董仲舒，可是善于巧言令色，懂得投机取巧，反而做到了公卿。董仲舒看不惯这种作为，曾批评他迎合人意，没有儒者的风度。所以公孙弘非常痛恨董仲舒。在此妒意加上了恨意，便蓄意待机陷害董仲舒。那时汉武帝另外有一个异母兄胶西王，此人生性凶残，屡次杀害朝廷派到胶西的辅相。如果这些辅相只依照朝廷的指示，而不迁就他的话，他便吹毛求疵、向朝廷挑拨，或者干脆用诈，毒死他们。因此谁都不愿到他手下做事。公孙弘便利用这个机会，在武帝面前挑拨，认为董仲舒非常有才干，足以制止胶西王的暴行。于是武帝便派董仲舒担任这个危险的差事。可是出乎公孙弘的意料，这位纵恣不法的胶西王，对于贤明正直的董仲舒，却是非常的服帖，非常的信任。不过董仲舒了解胶西王这人性情反复无常，不可久处，因此过了一段时间，也就称病辞职。

自此以后，董仲舒已厌倦了政治上的钩心斗角，便家居不出，也不理家中的产业，整天躲在书房内，研究著述。但朝廷仍然忘不了他，凡是有国家大事要商讨的时候，便派一位使者——通常都是廷尉张汤，到他家中去请教。他所回答的，也都是依据经义，从不标新立异。

董仲舒这样好学不倦，在家中潜心研究，度过了余年，在他逝世时，已是汉武帝的晚年了。

三

董仲舒的思想可分为两方面：一方面是他承接了儒家的传统精神，一方面是他用阴阳的学说来解释人事。

他的那本险些使他送命的《灾异记》，为什么写成以后不敢公开？为什么主父偃看了以后要把它奏给武帝？为什么法庭要判他那么严重的刑罚？显然这不是一本普通谈灾论异的书，而是对朝政有着强烈的批评。不幸这本书已经失传，我们没法看到它的内容。现在只留下那部著名的《春秋繁露》，这是他研究《春秋》几十年的心血结晶。从这部书中，我们可以看出他不是纯粹的谈灾论异，而是另有一番仁者的苦心。

以前许多学者研究《春秋》，都只注意到名物训诂，都把它当作史料来考证，虽然有时也会赞美几句"一字之褒，一字之贬"，但也仅是知其然，不知其所以然。而董仲舒却从另一个角度来看《春秋》，在他眼中的《春秋》，不是"断烂朝报"，也不只是孔子的笔诛；而是一部和《易经》有同样性质的作品，书中充满了天人的奥秘关系，充满了人事的因果关系，是一部指导政治人生的哲学著作。

他也深知孔子写《春秋》的作用在于"寓褒贬"，使得乱臣贼子有所戒惧。然而自孔子写了《春秋》以后，乱臣贼子仍然是我行我素。而且《春秋》只是记载春秋的事，即使能制裁当时的乱臣贼子，但对于今日的乱臣贼子，未必能产生褒贬的效果。因为单靠《春秋》的几条史料，是没有制裁的力量的。必须把这些史料加以活用，才能发挥《春秋》的精神。因此他立志研究《春秋》，用因果灾异的方法解释其中的奥妙，使《春秋》的精神复活，仍然能够支配今日的政治。他在奏上《天人三策》时，便开宗明义地说出了他的抱负，他说：

"我研究《春秋》中的许多行事，觉得天人之间，非常可畏。国家如果将要灭亡，上天必定先以灾害来提醒他们。如果他们不知自悟，上天便产生许多怪异来惊惧他们。如果他们仍然不肯改过，那么只有自取灭亡了。由这一点，可见上天的爱心，是为了拯救人类，使他们不致趋于乱亡啊！"

上天为什么有爱心？为什么要管人间的闲事呢？这点便是天人之际的奥妙关系。他认为天人本是一体的，是一个模子里塑造出来的。人就是一个小型的天，人身上有三百六十六根小骨节，等于一年的日数，有十二根大骨节，等于十二个月份；有五脏，它们的作用像五行；有四肢，它们的任务配合四时；眼睛的一开一闭，正像昼夜的替换；而人的感情有喜怒哀乐，正象征了春天的愉快、秋天的萧瑟、冬天的悲哀、夏天的欢乐。可见我们身体的组织和心灵的活动，都配合了天的运行。也许是上天以他的作用造人，这样一来，人的活动自然与天息息相关了。

天人既然相关，天高高在上，便可以支配人的活动。人群当中，德行可以配天地，上天便派他为君主。究竟如何派法？他在对策中引证《书经》的故事，据说周武王曾受过天的命符，武王在船上，有鱼跳进了他的船内；武王坐在屋内，有火覆在他的屋上。这些便是武王接受天命的符兆。既然君主是由上天委命的，那么君主的施政便得模仿天行。天的数目有三（如天、地、人为三才，日、月、星为三光），有四（如春、夏、秋、冬），有十（天、地、阴、阳、金、木、水、火、土、人合成十数），有十二（如十二月）。所以政府应设三公，每一公下设三卿，每一卿下设三大夫，每一大夫下设三士；而这些公卿大夫士分为四级。董仲舒不惮其烦地这样分配下去，显然他这种附会是毫无价值的，这完全是他受当时阴阳学说的影响。

但他在另一面仍然把握住儒家的精神。他认为天虽然可以降灾赐福，而天的作用却是透过人事来实现的。他在《天人三策》中说明了这个关系。他说：

"孔子曾说：德不孤，必有邻。这是由于积善修德的功效啊！后世的君主骄侈淫乐，不能治理国家；于是诸侯背叛，残害人民，大家都争土地，废德教，而乱刑罚。刑罚一乱，便生邪气，邪气积于下，怨恶形于上，上下不和，阴阳失错；于是妖孽便产生了，这就是灾异的原因啊！"

由他这番推论，可见灾异不是上天凭空而降的，完全是人们自己造成的。他虽然一连串地用了邪气、阴阳不和、妖孽灾异等名词，而这些名词都是象征性的。说得具体一点，邪气便是犯罪的动机，阴阳失错便是秩序伦常的颠倒，妖孽灾异就是一切社会的病态。他认为君臣父子夫妇都是阴阳的道理。君是阳，臣是阴；父是阳，子是阴；夫是阳，妇是阴。这两方面如果都能尽他们的本分，互相合作，便是阴阳和谐。相反的，君不像君，臣不像臣；父不慈，子不孝；夫不尽夫责，妇不守妇道，便是阴阳失错，一切的祸乱也就随着而产生了。

董仲舒能从谈天中又回到人事，发挥儒家的精神。因此他虽然感染了阴阳学说，但始终没有落入阴阳的漩涡，而成为一代儒宗。所以汉人都公推他"为群儒首"。事实上，他的确可称为汉儒的代表，因为汉儒和先秦的儒家有个极大的不同，先秦儒家都只谈人事，对于天，却是"敬鬼神而远之"。因此无论是孔子、孟子和荀子，在他们的著作中，很少有神秘的色彩。但汉儒踏入了神秘的境界，喜欢作抽象的思索，这是儒家受阴阳学说影响后的反应，也是汉儒的特色。董仲舒的思想便表现了这种色彩。

四

董仲舒伟大的成就，值得我们大书特书的，倒不是那部充满了异彩的《春秋繁露》，而是他的为儒家而奋斗，完成了"罢黜百家，独尊儒术"的使命，在思想的争霸战上打了一次决定性的胜仗。

依据战国思想的发展趋势看来，百家的争鸣，是逐渐地趋于统一。孟子和荀子早已看到了这点，所以他们大声呼吁，希望力争儒家为主流。韩非也看清这点，因此也努力使法家统一学术。李斯是荀子的学生，是韩非的同学，而且又是大帝国的丞相，所以不惜采取任何手段，要达到这个目的。他的手段成功了，但他的事业失败了。因此统一学术的神圣使命，还要延到百年后，在董仲舒的手中才大功告成。

为什么李斯是失败的，董仲舒却是成功的？因为李斯毕竟是一个政客，而不是思想家。他虽然从荀子、韩非的思想中，知道学术的分歧是国家统一的障碍，但他的方法错误了。他把消灭学术当作统一学术。他忽略了荀子是希望以儒家统一学术，韩非是努力以法家（法家思想）统一学术。唯有以思想代思想，唯有以更高的思想才能统一低一层的思想。但李斯却是用苛吏的手法来摧残思想，所以造成了焚书坑儒的悲剧，断送了秦代的命运，也断送了自己的生命。

董仲舒毕竟是一个了不起的思想家，他虽然和李斯一样感受到杂说纷纭的可怕，一样感受到统一的帝国必须有统一的法令。但他更深一层地认识到仅注意于法令的统一，并不能使帝国真正地统一。唯有精神上的统一，才是统一帝国的基础。

但要统一精神，就必须统一学术。所谓统一学术并非摧残所有的学术，而是选择一种思想为主流，以统御其他的思想。使得国家的学术有个重心，使得一切的学术，殊途而同归。

因此这种作为主流的思想必须是健全的、正大的，而且是积极的。一方面能够指导政治，一方面能够改善人生，同时必须兼容其他学说的优点。这样的思想如何选择？墨家偏于功利，不够宽大；道家过分消极，不足有为；法家刻薄寡恩，不能维系人心。至于其他百家的学说，也都只是一偏之见，没有力量统一学术。因此只有儒家才能担当这个重任。儒家不仅在思想的深度和广度方面，可以作为一切思想的主流；同时在政治上，儒家是经过了无数次的试验，有无数次卓著的成果。从三王，直到周公孔子，这代代政治家的苦心经营，已为中国文化开辟出一条光明的大道。所以董仲舒选择了儒家，这是必然的；而儒家自此以后，永远支配了中国的政治人生，也不是偶然的。

李斯的定于一尊，是始皇帝一人的独尊；董仲舒的定于一尊，是儒家学术的独尊。在李斯的作风下，一切的思想连根拔除，达到了愚民政策的目的；在董仲舒的原则下，百家之学仍然有机会生存，只是朝廷采用儒家的学术为标准，使全国人民有个精神的归趋。由知识的集中，达到国家的统一，这是李斯和董仲舒的不同，也是他们所以一败一成的主要原因。

然而董仲舒究竟如何地截断众流，发愤兴起呢？而他所独尊的儒学，所开创的儒风，究竟在整个儒家的思潮上，产生了怎样的转变呢？

要了解这点，必须先了解儒家自孔子以后，便分为两支：一支是孟子的儒学，把握儒家的精神；一支是荀子的儒学，偏重儒家的礼制。但孟子死后，他的弟子公孙丑、万章等人不如老师那么的才气纵横，因此把握不住，而为荀子一派所凌驾。荀子的弟子韩非、李斯都是当代的名人，于是荀学也就大行于秦汉。但他们都是偏重于礼法，忽略了精神。以至于使汉代的六经家法流于板滞，毫无活泼的气象。董仲舒看清这点，了解这点，他深感时代所需要的，是能统一大局的儒学，而当今所独尊的，更应是儒家的正统。虽然他没有明言排荀崇孟，但在中兴儒学的旨趣上，却是以孟子自任的。

孟子所把握的儒家精神，就在"存心"两字，表现出来就是所谓"义利之辨"。因为孟子主张性善，他的着眼点在于人的动机，而不在于事的结局。董仲舒深契于这种思想，透过了这种精神，他特别强调地说：

正其谊不谋其利，明其道不计其功。

他认为：一个儒者，面对任何事情，第一个念头，必须是为了正义，为了仁道；最后的目的，也必须是为了正义，为了仁道。他只求义正道明，而不问功利得失。所以孔门的五尺童子，也羞谈霸道。这是孔子的遗风，这是孟子的精神，这是儒家的血脉。

自董仲舒独尊儒学，发扬正义明道的精神后，直到宋明的理学家们，无不以道统自居，无不以这种精神为儒者的风范。这是董仲舒功业上最辉煌的一面。另一面却不幸袭上了一层阴影，因为依照思想流变的公例，"墨守成规"容易，这是普通学者都能做到的；但"把握精神"不简单，这必须是伟大的思想家才能承当。因此后代的儒者，除一二人外，多半承当不起"正其谊""明其道"的真精神，而却把重心移到"不谋其利""不计其功"上面。于是便由积极的精神一变而为消极的态度，成了士大夫袖手空谈心性的陋习。这种流弊只是后儒的误解和曲解，岂能归过于这位尊经崇儒的功臣？我们面对往圣先哲，只有自觉汗颜罢了。

第十二章　清谈论道的名士——王弼

（附：何晏）

一

儒学在两汉，总算经董仲舒的推崇、汉武帝的宠幸，做了几十年得君行道的美梦。但结局是春梦一场，留下了许多破碎的回忆和无限的空虚。

在这些破碎的回忆中，我们所能寻觅到两汉思想的一鳞半爪，除董仲舒外，仅《淮南子》一书、王充一人而已。

董仲舒在两汉思潮上，的确是个"前不见古人，后不见来者"的思想家。在他以前，都是些清静无为的政治家，都是些在断壁残碑中掏寻古书的学者。在他以后，虽然儒学戴上了思想的桂冠，但五经博士也仅是替禄利开放门户罢了。朝廷上除了一些专门歌功颂德的赋家外，便是一些抱着一本经书，作几十万言批注的博士先生。有名如刘向、扬雄等，一个只是在图书馆内编编目录；一个也只知埋首模拟古书，苦心所得也仅能给后世"覆瓿"而已。

至于《淮南子》一书，只是刘安手下的许多食客集体创作的。其中有老子的无为、孟子的性善，以及当时流行的阴阳学说，固然把整个西汉的思想包括无遗，可惜它本身缺乏独创的见解，也仅是学术思想上的一盘"大杂烩"。

王充，虽然被称为东汉末季的奇才，但他的才华只是表现于批评方面。他对孔孟的批判，对阴阳学说的攻击，对俗世迷信的挑战，足证他目光的锐利、胆识的过人。但他反面的文章多，正面的见解少，因此也只能被称为"奇才"，他的书也只是一部"奇书"。

偌大一个大汉帝国，四百年间，思想上的成就仅是如此，未免令人失望。我们研究其中的原因，主要的是由于这些独尊的儒家们，在秦火之后，走入了章句训诂的死路，而忘了思想的开展。因此虽然两汉学术的间架很大；但间架愈大，内部的空虚也愈多。

到了魏晋时期，不仅这个空前的大帝国被摔得四分五裂，而且这个学术的间架也被撞得支离破碎。于是学术的空虚进入了人们的心中，便成为心灵的苦闷。

因为这时，在政治上是英雄的逐鹿，军阀的割据。一连串的战争，一连串的政变，使得百姓家破人亡，妻离子散。生命的价值已如狂风抛絮，学者们自然无法安心著述。加以这些军阀们猜忌成性，任意破坏士风，更使得读书人无以安身立命。先是曹操的摧残蹂躏，他不仅滥用人才，而且妒忌人才，如孔融、许攸、杨修、崔琰等，最初都为他所激赏、所提拔，结果都逃不了一死。这种作风，不仅曹操如此，继位的曹丕更是如此。后来司马懿篡了位，司马一家的诛求更甚。在这种情况下，有操守、讲气节的读书人，自然没有立足的余地了。

所以由于两汉思想的空虚，加上魏晋社会的离乱和政治的残酷，形成了一个苦闷的时代。在这个环境之下，既没有人生积极追求的目标，又没有读书人负荷道统的尊严。精神自然流于消沉颓废，而变为一种思潮的逆流，就是所谓魏晋的清谈。

二

为了逃避政治、逃避人生，那些明哲保身、自求多福的读书人便借清谈以发泄他们内心的苦闷。他们当中，虽然有的是失意的政治家，有的是浪漫的骚人墨客，但也有的是崇尚虚无的道家，有的是悲天悯人的儒家。然而他们统统戴上了名士的面具，躲存在清谈的彩色浓雾中。

他们有的在酒宴上侃侃而谈，有的在竹林内品茗长谈，有的在斗室内促膝而谈。他们从魏明帝太和初年，一直谈到隋朝灭陈为止（227～589），真是一次漫长的清谈。

我们探源于清谈的初期，本是一种哲理的讨论。当时有所谓名理派，以傅嘏与荀粲的会谈为创始。这一派的人物有刘劭、钟会等。他们所谈论的内容，远承战国的名学，近接魏世的人物论。他们所讨论的主要问题，乃是分析才性的同异。他们都有一个共同的归趋，就是偏向于老庄的玄理。这是清谈的雏形，已孕育着清谈思想发展的种子。

接着是何晏、王弼两人开创的玄论派。在初期，名理派的声势很盛，何晏几次三番想接交傅嘏，但都被傅嘏认为他是"败德之人"而拒绝了。后来由于王弼的天才卓越，为傅嘏所赏识，也为钟会所拜倒，玄论派才逐渐抬头，终于超过了名理派，支配了一代的清谈。这时可说是清谈在思想上发展的最高峰了。

但自此以后，清谈却逐渐地变质，离开了哲学的讨论，成为一种放荡的名士作风，愈变愈为狂妄，以致不可收拾。这乃是因为清谈本身缺乏一个中心观念，名理派的不用说，只是品评人物才性，并无高深的见解。至于玄论派的大师像何晏、王弼两人，虽然努力于调和儒道两家的思想，但并没有为后来的玄谈树立一个积极的目标。再加以当时政治的惨酷，任意摧残读书人，逼得他们不敢讨论严肃的问题，自然流于颓废消极。他们整日地唇枪舌剑，而所争的，却是无聊的末节。这种风气一开，便有旷达派的风靡一代。

从"旷达派"三字中，充分说明了清谈已远离哲学的讨论，成为一种人生的态度。这一派的人物，魏时以阮籍（字嗣宗），嵇康（字叔夜）为代表，他们两人和山涛、王戎、向秀、刘伶、阮咸五人，就是闻名的"竹林七贤"。

阮籍和嵇康，都是当时的名人，但为了逃避政治，他们便整天地躲在竹林内借酒浇愁。据说有一次司马昭为儿子炎（晋武帝）向阮籍的女儿论婚，阮籍便一醉六十天，使得司马昭无从开口，可见酒是他的保护色。但酒并不能麻木他内心的痛苦，他时常驾着马，任情地奔驰，每次跑到绝路时，便放声大哭，可见他感情的激烈、内心的凄苦了。他平时出言很谨慎，从来不批评别人，由于这点修养，他才得以"苟全性命于乱世"。至于嵇康便没有阮籍这种处世的功夫。他愤世嫉俗，满怀愤慨，常以白眼看人。据说有一次钟会想和他结交，邀了许多名人去拜望他，那时他正在大树下锻铁消遣，看到钟会，睬也不睬。钟会等得不耐烦，便要回去，这时，嵇康才冷淡地问："你听见了些什么，才来到这儿；看到了些什么，才离开这儿？"钟会愤愤地说："我听到了我所听到的才来，我看到了我所看到的才去。"自此钟会便含恨在心，后来嵇康的朋友吕安犯了罪，钟会便向司马昭进谗；因为嵇康在答山涛的信中有"每非汤武而薄周孔"一句话，认为含有讥讽的意味，便被诛而死。

这两位旷达派的大师，一个佯狂而免于一死，一个愤慨而惨遭诛死。读书人的命运如此，所以其他的旷达派都装得疯疯癫癫，不近人情。如刘伶（七贤之一），每次吃醉了酒，便脱得精光，有人讥笑他，他却毫不在乎地说："我以天地为房屋，以房屋为衣裤，请问你们为什么要钻进我的裤裆内？"

这种旷达派的怪癖怪行到了东晋，越发不可收拾，当时继

"七贤"之后，又有所谓"八达"，他们放荡的情形，简直失去了理性。譬如光逸脱了衣服，钻进狗窝内大叫；谢鲲调戏邻女，而被邻女用梭打断了门牙；毕卓身为吏部郎，醉了却跑进别人家中偷酒而被缚。这种行为，实在有伤德教，但他们非但不以为耻，反而互相标榜，以为是名士作风。难怪当代玄论派的大师乐广，看不惯这种行为，不禁叹着说："名教中也自有它的乐趣，何必一定要放荡如此呢？"

乐广虽然站在玄论派的立场，批评旷达派的放荡行为，但在当时，旷达派的病态早已使玄论派中毒，整个社会人心也完全被旷达派所瘫痪、所腐蚀。

在当时，最有名的谈宗，是官拜司徒的王衍（号夷甫）。他醉心于老庄思想，崇拜何晏、王弼，擅长玄谈，是玄论派的大师。但他的手下有不少的旷达派名士，谢鲲、光逸等"八达"，都和他往来很密。他不仅整日清谈，不理朝政，而且以清谈为号召，以清谈来取士。有一位旷达派的阮修，曾因一场清谈，便为王衍赏识，授以官职。由于王衍这一提倡，整个朝野便都以清谈为务，再也没有人注意政事了。所以不久，便有永嘉大乱，王衍也就死在石勒的手中。他到临死时，才深深地觉悟说："如果我们以前不崇尚虚无的话，也不会有如此的下场了。"

后来东晋的桓温路过淮泗时，与他的僚属们共登平乘楼，眺望中原，不禁感慨地说："所以使神州陆沉，百年来成为一片丘墟者，王夷甫诸人，实在不能推卸责任。"然而这又岂能完全归罪于王衍诸人？事实上，所以使整个魏晋人心萎靡、纲纪荡然者，不仅旷达派，所有的清谈家们，都应负起这个责任的啊！

不过话又要说回来，尽管这些旷达派的行为失了常态，尽管这些名士们的清谈误了国事，但清谈的动机是为了逃避政治的迫害，清谈的本质原是为了探索哲学的玄理。所以纵使清谈有这么多的流弊，但我们决不能因噎废食，一笔抹煞。因为在沙土中，仍然可以掏出许多宝贵的金子来。在一片清谈的喧哗声中，仍然有许多思想家，静静地播下了千古相传的种子。

在这些播种的思想家中，贡献最多、最令人难忘的，就是那位杰出的天才王弼了。

三

王弼字辅嗣，三国魏山阳高平（河南省境）人。他的思想非常敏锐，十余岁时就喜欢研究《老子》，不仅善于理解，而且多所发明。那时研究《老子》最有权威的是何晏（字平叔，三国南阳宛人，今河南省境），是当时的吏部尚书。他不仅是政治上的红人，而且是学术界的泰斗。他最喜欢清谈，屋内宾朋经常满座。这时王弼虽然小小年纪，眼界却很高，他一个人居然敢跑去参加何晏的清谈。何晏看他长得非常秀慧，便故意拿出自己在清谈时的杰作来考他。想不到这一小小年纪的王弼，居然应对如流，滔滔不绝地把何晏的理论批评了一番，而且说得头头是道，使满座的人都啧啧称奇，深佩不已。自此何晏对王弼更是另眼看待。后来读王弼的《老子注》，不禁叹着说："孔子说后生可畏，这话一点也不错，像王弼这样的人才，真可以和他讨论天人之间最高深的哲理了。"

何晏和王弼虽然年龄相差很大，但他们常在一起清谈，情感很好。那时黄门侍郎（官名）有缺，何晏有意提拔王弼，便介绍他去任职。不幸丁谧与何晏争势，先介绍王黎给曹爽，填补了王弼所要的空缺，于是王弼只得任补台郎。在最初任职的时候，王弼便立刻去拜见曹爽，曹爽还以为他有什么大事奏告，便屏退左右，哪料王弼所谈的，都是"玄之又玄"的道理。当然，像曹爽之流是不善于玄谈的，反而觉得王弼幼稚可笑。事实上王弼也太年轻，毫无政治上的实际经验，所以曹爽根本没有把他放在眼里。后来王黎死了，曹爽却以王沈代替，始终没有任用王弼。

王弼非但没有政治经验，同时也缺乏人生经验。他本来和王黎、荀融都是要好的朋友，自那次王黎占去了他的侍郎的空缺后，便和王黎反目，后来又与荀融不睦。这都是由于他的处世经验不够，少年气盛，往往恃才傲物。所以他常常因为喜欢夸耀自己，嘲笑别人，而结了不少的仇敌。

然而他毕竟是个天才，不仅善于玄理；而且深通音律，尤其喜欢投壶（古代饮酒时的游戏，用矢投壶，输者饮酒），喜欢游宴。但这些仅是他天才的外溢，他的成就却在于玄思方面。他在二十岁时所写的《老子注》，使何晏叹服，不仅是当时的杰作，而且流传千古。直至今天，还没有第二部《老子》的注解能够胜过他的呢！

　　在当时清谈的大师中，他与何晏，仿佛是两座灯塔，相互辉映，照耀了整个清谈的水面。但后来不幸何晏被司马懿所杀，他虽然未被株连，却因而免职。眼看到许多朋友们横遭惨祸，他内心非常凄苦。在失望、痛苦的煎熬下，加以身体非常孱弱，又不善于保摄，就在那年秋天，染上疠疾，一病而亡。那时他还只有二十四岁，正是人生的开始呢！

　　他与何晏两人有着相同的悲惨命运，也有着相同的思想路线。他们挣扎在相同的政治漩涡中，也相同地生存于儒道两家思想的夹缝里。

　　他们虽然酷爱老庄哲学，但也留恋于儒家的思想。他们希望把儒道思想加以调和、加以融合。所以何晏一面注《论语》，一面注《老子》；王弼也一面注《老子》，一面注《周易》。但他们并没有达到目的，因为他们虽然捧着儒家的经典，说的却净是道家的话语。

　　他们虽然崇拜老子，但也公认孔子为圣人。何晏认为老子与孔子的思想并无多大出入，王弼更强调老子与孔子的思想本体都是一样的，只是他们所采取的方法不同罢了。

　　在当时儒道两家思想的分水界就在"有""无"两字，因为孔子的学说是注重人生实际的，是有为的，所以是谈"有"的。儒家所谈论的政治、伦理，都是为我们开辟了一条康庄大道，劝我们循着这条大道前进，所以孟子直截了当地说：所谓"义"，就是一条路。但老子的学说是注重那个看不见、摸不着、说不出的"道"，是无名的、无为的，所以是谈"无"的。试看道家满口所谈的都是些"静"啦、"朴"啦等抽象名词，非但没有为我们建筑一条现成的路；相反的，却告诉我们天下没有一条固定的路。不过语意中暗示我们路是人走出来的，所以何晏认为"有"是勉强的说法，开了一条路就只有"一"条路的方向；不如说个"无"，让人们自己去摸索。王弼更进一步认为圣人虽然体验到"无"的境界，但不能用"无"来劝勉众人。因为只有上智的人才知道路是自己走出来的，至于芸芸众生，他们根本不知道如何去走，因此必须为他们开一条路，指导他们去走。所以孔子和老子根本的思想是相同的，只是老子告诉大家路是人走出来的，孔子却苦心地为大家开一条路罢了。

　　由这些见解，可知何、王两人的思想路线是相同的，但他们的风格和境界却有高低。

　　他们曾经做过无数次的清谈，其中最有名的一次是关于圣人是否有喜怒哀乐的情感。何晏以为圣人是逍遥自在，不被外界一切所干扰，因此没有喜怒哀乐的情感。王弼却提出异议，认为圣人在理智方面固然胜过常人，但在情感方面却和常人一样。外界对他的刺激，他不能没有生理的反应，否则便形同木石了。圣人虽然有喜怒哀乐的反应，却能用理智调和这种反应，使他们内心不致失去平衡、丧失了宁静。王弼这一说法的确比何晏高明，这乃是由于他们彼此风格境界的不同。

以当时清谈家的评定：何晏清谈的功夫在于"约美"，这是王弼所不能及的；至于"自然出拔"，却是王弼的独长。用浅显的话来说：何晏是浓妆的，王弼却是淡抹的。淡抹的虽欠华丽，却妙得天然之趣，韵味无穷，这不是浓妆的何晏所能望其项背。

四

何晏曾花了很大的功夫注解《老子》，后来读到王弼的《老子注》，自觉不如，便把自己所注的改写成《道德论》。不幸该书已失传了，现在所剩下的只有《论语集解》一书，这是我们了解何晏思想的唯一文献。但这本书是他与孙邕、郑冲等人合注的，除了他自己的许多老庄思想外，都是采取先儒孔安国、马融、郑玄等人的注解。所以从《论语集解》一书看来，何晏的思想并没有什么特别出色的地方，他只是打开了以老庄解儒的先声，只是为王弼的思想开路罢了。

何晏注《论语》，仍然不脱汉人的见解，但王弼注《周易》，境界却完全不同。他不像许多汉儒一样用象数来解《易》，而是用道家的思想来解《易》。虽然他笔下的《周易》，已不是儒家的《周易》。然而他从思想上斩断了当时流行的阴阳学说，把《易经》从迷信的卜筮中拯救了出来，带进了道家思想的范围，而成为玄谈的经典，这可说是他对魏晋思想的一大贡献。

然而最值得大书特书的，还是他那本使何晏为之却步的《老子注》。在他以前的注解，都是章句训诂；而他，却是以思想来注《老子》。那就是说：他的注解不是解释字面的意思，而是说明每一句话的理由，指出每一句话的旨趣。这些注解虽是个别的附在不同的章句下面，却不是支离孤立，随意乱说的。你如稍一留意，就可发现他是把老子思想融会贯通了之后的阐述。每句的注文点穿了本句的意思，并使你触类旁通，连贯起全书各处的意旨，这实是注解中少有的杰作。但若仅仅如此，那终归是一种"注"而已，有什么了不起？而王弼注之所以能传诵千古，乃是在他这注解中，表现了自己的思想。在形式上它虽是《老子》一书的附庸，实际上这些注文都有它自己独立的生命。

明眼人一看即知，王弼有他自己一套的形而上学。他认为宇宙万事万物都有其基本不易的道理，所谓："道有大常，理有大致。"因此尽管万事万物各有其不同的形态与背景，但原始初起时，绝不会完全和今天的面目相同。否则这些东西又是哪里来的呢？反之，推到最后这万有不同的东西，一定是来自一个共同的本源，而这一共同本源又必定是一种不可言说、不可形容的境状（所谓"无形无名者万物之宗也"），这境状就是"无"，而一切万有便都来自这个"无"。所谓"无"并不是一切没有、等于零，而是指一种状态。你说有东西吧，却什么都看不见；你说没有东西吧，一切万物实在都由此而生。这一玄妙莫测、生化无形的境状，我们就称它作"无"。既然"凡有皆始于'无'"，这"无"便是宇宙的本源了。但它不仅是本源，而且还是"妙用"。万物所以形成、所以演化，就全靠这"无"的作用，它实是宇宙的核心动力，因此王弼才说："天地虽大，以'无'为心。"

"无"既是道体，而为天地之心，自然是宇宙间至高无上的原则。人世间一切事物都应遵照着进行，而治国为政尤其要谨守此道，然后才能达其妙用。因此王弼紧接着说："圣王虽大，以虚为主。"这就是说：一个聪明伟大的人君应该依照天地的旨趣，而以虚无作治国施政的指导原则。然则如何"虚"呢？那就是要人君能"灭其私而无其身"，一切听任自然。这个原则虽极简单，却很少有人能做到。因为一般人每当大权在握时，总要为此施彼，找些事情来做。以为非如此政事不能推进，社会不能致福，这真是大错特错的想法。殊不知"万物以自然为性"，一切有其自然的和谐轨道，只要听其自己发展，便都各自完满无缺，达到理想的状态。又哪用我们揠苗助长、画蛇添足？因此为政者只要按照一切事物的性质，顺势而行便好了，所谓"明物之性，因之而已"。"因"（动词）就是随风张帆，顺势而作的意思。只要能"因"，不仅省力，反而面面都到，真所谓是"无为而无不为"了。

令人遗憾的是，许多精明而肤浅的君主不仅不知因循无为，而偏要"为"；并且还要卖弄聪明，运用权力以谋统治。以他们的想法，"智""力"并用，必可将人民吓倒，使其俯首帖耳，绝对服从，而措天下于泰山之安。哪知不用明、不施威还好，施用的结果反使天下扰攘不安，人民离心离德，而导致骚动叛乱，使得政权崩溃。试看秦始皇的暴力统治是多么的精明而威猛，他满以为从此万世一系，永保无虞；哪知天下反因此不旋踵而亡，这岂是出于偶然？而在明理的人看来，其中实有如响斯应的必然关系。王弼对于这种道理曾有极清楚而详尽的说明。

他说："政府若以'明'来稽察人民，人民也争着以其'明'来对付；政府若以'不信'来对待人民，人民也会报之以'不信'。天下人的心本不相同，而在政府明察不信之下，却不敢有不同的反应；因此便只有隐情藏真，相率而作伪了。为害之大无法估计，而推本溯源，此害实来自政府人君之用'明'。这时人君在'智'的方面，人将与己辩讼；在'力'的方面，人将与己抗争。人君也不过是一个普通人，智不过人，却陷于辩讼之涡，自然无法应付；政府的力量终也有限，而却陷于抗争之境，自然危险了。这都是由于未能使人民：不以智和力来对付自己（指君主）的结果，如此则己（指君主）以一敌人，而人以千万敌己，那还怎么能应付？于是又势必要：多立法令，广设刑罚，严加限制，勤予搜查。结果弄得万物失其自然之序，人民无所措于手足。真是'鸟乱于上，鱼乱于下'举世骚动，鼎沸不安了。"这真是一幕求全反毁的大悲剧。

反之只要："无所稽察，则人民也无所回避；无所取求，则人民也无须应付。无避无应，自然真情流露，归于淳朴。"因此"圣人之于天下，无不歙歙含敛，不存任何主观成见，绝不向社会显示趋向何处，避禁何方；以使人民无从趋避，无所逢迎，而存心浑噩，形成淳朴敦厚的世风"。须知一切问题都是人造成的，而问题的解决更系于人们的心情和态度；现在既是人心浑噩，民风淳朴，试问哪还有问题发生？纵或偶有纠纷，也将浑厚无争，迎刃而解。社会既无问题纠纷，天下便自然归于太平了。又何须我们困身劳体，尽瘁而"为"？这实是王弼从老子思想引申出来的卓越见地，而构成黄老政治的最高陈义。

谈到这里，不禁联想到汉朝的实际政治。政治史的经验告诉我们：一种政治必有其相应的政治思想，不是先有一种新兴的有力思想而为后世的实际政治所景从；便是后有一种思想而对前代政治加以说明和发挥。如以十七八世纪的欧洲政治为例：卢梭的思想成了法国大革命的依据，而洛克的思想则不啻是对 1688 年革命的解说。而 18 世纪的开明专制，也可找到霍布斯的思想作为其理论的靠山。政治何以能与思想如此配合？这是不难想象到的，因为在同一时代的人，往往会产生类似的政治想法，至少是"德不孤，必有邻"的。有的人把这想法笔之于书，就成为思想；有的人把这想法见之于行，便形成了实际政治。这二者同出一源，自然彼此相应了。更何况其间还有互为因果、前后诱发的情形呢？汉初自盖公教曹参清净无为以来，历经文景，以至东汉，大体上都是实行黄老政治。但是他们都只作不说，并无理论上的发挥。大家的感觉都和司马谈一样，而是"其事易行，其辞难知"。但四百年的行事，其辞终会有人能知，于是到了王弼手里，便假借注老而把它高度地发挥出来。我们可以说王弼给汉朝黄老政治建立了深刻的理论基础，也可以说王弼思想正是汉朝四百年黄老政治的结晶。这真是政治史上一座有意义有价值的里程碑啊！

第十三章　弘扬仙道的高士——抱朴子

（附：魏伯阳）

一

正当这些清谈的辩士们以道家思想为中心，谈入玄妙的时候，在民间，也有许多方士们，打着道术的旗帜，到处召收门徒，散布神秘的教义。这种组织发展到后来，就形成了中国人自己的宗教——道教。

事实上，他们的教义，既不是哲学，也谈不上思想，只是一种民间流行的模糊信仰而已。可是当他们披上了"道"的外衣后，便撞进了道家的范围，使得此后的道家无端地染上了一身宗教的色彩。而历史上对道家与道教两个观念也始终混淆不清，这不仅在西文的翻译中，把这两个观念同译为"Taoism"混淆不分，把道家当作宗教来看；而且连许多中国的学人们，也都夹叙不清，把道教当作哲学来谈。

研究此中原因，乃是由于道教在开创的初期，既无教主，又无经典。但一个宗教的成立，却必须具备这些条件。尤其为了争取社会的同情和信仰，更不得不有所依附、有所假托。而这时最好的对象乃是道家，因为道家的思想，充满了神秘的色彩，可以附会；道家的人生，崇尚虚无恬静，可作为神仙的境界。再加上传说老子曾教训过孔子，且西游流沙，地位崇高，身世不明，最宜假托；而《道德经》五千言，辞义抽象，便于假借；文字押韵，易于朗诵。因此道教徒们便把老子抬出来做教主，以《道德经》为圣典，直接搭上了道家的关系。

不过道教虽然标榜道家以自重，但它的内容不像道家那样的纯粹，而是极端的混杂。它的组成分子，包括了道士、巫医、烧香求神的、画符捉鬼的、修炼丹道的、打坐养性的、占卜星象的、观测风水的，以及各种方技和高士等等，几乎中下层社会的人物，应有尽有。它的教理内容：包括有阴阳谶纬的学说、神仙出世的理想、导气炼丹的功夫、祈祷符咒的医疗法、采补的房中术，以及混合了民间的各种迷信和传说，甚至连佛教的三世因果论，也被移花接木了过来。可以说它几乎是一切奇谈异说、神秘色彩的大集成。

由于道教的组织和教理是如此的复杂，因此它的经典也是包罗万象，不一而足。《道藏》的编订，每朝都有增补，到了明代才真正完成。其中收集经典达五千余卷，不仅把《老子》《庄子》《列子》《文子》等道家的书籍全部纳入，而且其他阴阳杂家的著作，上至天文，下至地理，以及鬼怪传奇等，都概括无遗。甚至连儒家的《孝经》，佛教的《法华》《维摩》等经，也加以模拟。就以"道藏"二字来说，也是仿照佛教《大藏经》

而定名的。由此可见道教的经典，其范围的广、内容的杂，都是首屈一指的。

在这样一个复杂的组织、复杂的教理和复杂的经典中，我们几乎很难替道教下一个确切的定义。不过综合起来说，道教徒们大致都相信有一种超人的力量存在，具有这种力量的就是神。他们对于这个神的看法，有两类不同的态度：一类是相信神能控制我们的命运，因而必须祈祷、礼拜，以求降福，由此便产生种种的迷信和仪式；另一类却相信人能通过某种训练，而变为神，或具有神的力量和智慧，由此便产生各种学理与方术，如导引、丹鼎、养生等。

这两种不同的态度，前一种流行于庸夫愚妇间，偏于信仰，对中国民间社会的影响很广；而后一种流行于士大夫间，偏于修养，对中国医药卫生以及百科众技之学的贡献很大。由这两种不同的态度，产生不同的方法和不同的意义，便错综地构成了道教复杂的内容。

二

由于道教的内容，是如此的复杂，因此它的起源，也可追溯到战国时代的神仙之谈和阴阳之说，甚至远及春秋以前的各种占卜和祭祀。但真正组成宗教形式，向民间积极传布的，却开始于东汉的张道陵。

张道陵，本名张陵，汉顺帝时沛国（安徽省宿州市西北）人，是太学生，相传是张良的九世孙；曾学长生不老的法术，著书二十四篇，自称出于太上老君（即老子）的口授，用以博取愚民的信仰。凡入教的，都必须缴纳五斗米，所以又称"五斗米道"。他死了以后，传给儿子张衡，再传给孙子张鲁。他们祖孙三人，就是道教史上所谓的"三张"。

在"三张"的组织中，称初学道的为"鬼卒"，已信道的为"奸令"和"祭酒"。奸令替人祈祷，祭酒则教人读经；而三张却自称为"师君"，也就是后代世袭相传的"张天师"。他们教人诚信不欺，有病自首其过；并在各地建立免费的旅舍，放置免费的米肉，实行消费共有制。不过这些只是组织的虚架，而维系着这个组织的，却是一套咒语、符水、房中术等的治病方法。因为必须依靠这套方法，才能吸引民众，广召教徒。

这个组织，虽然已略具宗教的雏形，但只是以符咒等方术，欺骗愚民，所以有"米贼"之称。当时另有一位张角，也模仿"三张"的方法，组织"太平道"，以黄巾为旗帜，到处窜动，这就是历史上所谓的黄巾贼。可见"五斗米道"和"太平道"，在当时都是一种社会的非法组织，都是一种"教匪"而已。

道教的早期，一直是披着这种外衣而在下层社会活动，直到南北朝的寇谦之和陶弘景等手中，才抹去了教匪的色彩；规定仪式戒律，创设道院神像，组成宗教的体制，而赢得中上层社会的信仰。甚至曾一度压倒佛教，变成国教。自此以后，一面弘教，一面编纂经典，道教才真正具有宗教的规模，走上宗教的道路。

但寇谦之等的弘教，也只是努力于宗教的组织和仪式；至于真正为道教在理论上奠下基础的，却是稍前一点的魏伯阳和葛洪两人。因为道教自始便附会道家，以《老》《庄》等书为圣典；后来虽然也有许多道教的经书，但都是散乱而无系统。直到魏伯阳的《参同契》和葛洪的《抱朴子》两书出来后，道教才有了理论的基础，才有了教义上的根据。此后，道教虽然经寇谦之等的弘扬，声势大盛；《道藏》虽然经历代的编纂，典籍浩瀚，但道教的主要理论，仍然越不出《参同契》和《抱朴子》两书。所以魏伯阳和葛洪，在道教的演变上，实在可奉为教理上的祖师。

这两位祖师，虽然在时间上，魏伯阳较为早出，但由于著作性质，及行文方便起见，本篇却以葛洪为先，从葛洪的思想中，再引出魏伯阳的理论。

三

葛洪，字稚川，别号抱朴子，丹阳句容（今江苏省句容市东南）人。他家是丹阳地方的望族，世代为宦。他的父亲能文善武，曾做过廷尉、太守等职，以孝友清廉闻名。不幸在他十三岁的时候，父亲便离开人世，一生清廉，留给他的也只是饥寒而已。

因为父亲早逝，他从小便自力谋生，过着农耕的生活。虽然他家是书香门第，可是惨遭兵火，祖先所遗留的典籍都荡然无存。以致他在农耕的余暇，反而无书可读。但他不为环境所屈，不惜徒步到各处去借书，并以卖柴的所得购买纸笔。由这样的刻苦治学，可以想见他求知的热烈。六经诸史、百家之学，他几乎无所不读。可惜家贫，无法到远方去拜访师友，仅凭个人的自修，也只是泛览浅尝而已。

虽然他在儒学方面没有遇到名师，并无多大心得，可是后来在道教方面，却另有发展。因为他的从祖葛玄，别号葛仙翁，是著名道士左慈的弟子，葛玄传给郑隐，郑隐就是他的老师，他从这方面学得导引炼丹的方法。同时又向他的岳父鲍玄请教内学及医术的问题，由此可见他和道教一流的人物相交不浅，这也就决定了他日后对于道教学理方面的造就。

在历史上，无论是道家或道教一流的人物，他们的基本态度都是出世的。因此他们不是身世不明，便是深居简出，没有显赫的事迹可叙。葛洪也是如此，他只图苟全性命，而不求闻达，所以闭门谢客，断绝尘务，甚至连周围的邻居也很少有交往。别人都以为他是怪物，但他乐得如此，自谓门庭可以罗雀，几椅常积尘垢。不过在他这种平静孤寂的身世中，却有一次例外。

那就是在他五十岁左右时，石冰作乱，率领暴民蜂起于扬州。这些乱兵"绛头毛面，挑刀走"，锐不可当。吴兴太守等便起来加以征讨，当时各地也纷纷组织义军响应。因为他深通武艺，便被选为义军都尉。虽然他无意于事功，但为了地方的安宁，不得已乃出来募合义勇数百人，向叛军挺进。当时友军们每克一地，便抢收叛军留下的金银财宝，纪纲荡然，结果反而惨遭败北。唯独他的军队，纪律严整，所向披靡，终于挽回了整个战局。所以胜利后，他便被封为伏波将军，赐爵关内侯。这是他在事功上的辉煌成就。由这一端，已可看出他与张陵、张角等的作风完全相反，而是一位文武兼备的豪杰。

然而这次的事功，也只是他生命史上的昙花一现。因为他对政治始终不感兴趣，曾一再辞职回家，去研究异学秘典。后来听说交趾地方出产丹砂，便申请做句漏地方的县令，带着子侄同行。可是路经广州时，为刺史邓岳苦苦所留，不得已乃隐居在罗浮山中，专心于炼丹修道，写下了《抱朴子》《神仙传》等书。

他在山上度过了生命中最后的七年，于八十一岁时，便长辞人间。据说死的时候，端坐若睡，颜色如生，身体柔软，轻如空衣。按道教的说法，这是尸解成仙去了。

四

《抱朴子》的中心思想，在成仙一念。不过他与当时一般道士不同的是：他反对盲目祈祷，喝符水以治病的迷信；更痛恶聚徒结党，招摇撞骗的假神道。而他自己，一面著书立说，从理论上去证实神仙的可能，以鼓舞人们求道的信心；一面炼丹制药，发明求道的秘诀，以期达到神仙的境界。

他认为一般人所以讥笑神仙之说的荒诞，乃是他们为自己孤陋的见闻所囿。其实，人智有限，宇宙微妙，人类所不知的事正多。譬如，武帝禁闭左慈，令他绝食一月，可是他却精神依旧，面不改色；又如甘始以药喂鱼，放入油中煎沸，而鱼却悠游自在，毫无损伤。这些例子，对深通法术的道士来说，只是小技；而在普通人来看，却是奇谈异说，无法理解。试想人们对于这些例子已是如此，何况超凡入化的神仙呢？

但神仙虽然莫测高深，不可思议，却绝非出于幻想，也非由于杜撰，而是实有其事的。因为神仙之说，自古已有，非但见诸于史传，甚至连汉代大儒刘向也有《列仙传》的著作呢！不仅如此，而且神仙与人同类，是可以力学而至的。他引证《史记·龟策列传》中的故事说：以前有一人，在少年时，曾无意间拿了一只龟来垫床脚，后来忘了此事。直到老死时，家人移床，才发现那只垫床的龟，仍然活着。这只龟不饮不食，历几十寒暑，却依然自若，可见龟有长生不死的方法。人类为万物之灵，如果能学到这种方法，也可以长生不死。所以成仙并非不可能，只在于是否已求得这个方法。

那么，究竟人类是否已求得这个方法，而能长生不死，羽化成仙呢？《抱朴子》的回答是肯定的，他说："如果要成仙，必须记住这个最重要的方法，就是'宝精、行炁、服一大药'三件事。"

所谓"宝精"，就是说人类的"精"，最为宝贵。顺而流之，可以生男育女；逆而用之，可以返老还童。至于运用的方法，有十几种，每一种都有秘密的口诀，统名为房中术；有的用于补救伤损，有的用于治疗疾病，有的用于采阴补阳，延年益寿。而主要的原理，乃是还精补脑以养神。但这并不是提倡绝对的禁欲，而是加以适当地节制，使阴阳调和，以保元气。

所谓"行炁"，就是运气。但这个"炁"，不是指普通呼吸的气，而是指先天浑含的真气。"行炁"的方法，乃是先用鼻子呼吸，每次呼出的量少于吸入的量，这样缓缓地运气，达到纯任自然的境界，几乎没有呼吸的感觉。那时，正像母体中的胎儿一样，已可不用鼻子呼吸，所以又称为"胎息"。"行炁"的功效，不仅可以治疗疾病，延长寿命；而且功夫深的，还具有神通，能够出入水火，刀剑不伤。

然而无论"宝精"或"行炁"，都是一种内在的修炼功夫，虽然有助于成道，但最高的境界，也只能延长寿命而已。因此要成仙，唯一的关键，还是在于"服一大药"。

药有三种：下药只能治病，中药可以养性，唯有上药才能长生不死。因为普通的药物，都是草木做的，它本身便会腐朽，又如何能使人长生呢？因此最多也只能养性延年而已。至于上药，都是由矿物质做的，它们的原料依次为丹砂、黄金、白银、五芝、五玉、云母等，都是不腐不朽的。其中尤以丹砂和黄金最为宝贵，因为它们愈烧，变化愈妙。放在火中，百炼不消。进入身中，可以坚固血脉。所以吃了金丹以后，便能不老不死，羽化成仙。

金丹有九种，称为九转还丹。一转之丹，服了三年，才能成仙；而九转之丹，只要三天，便可成仙。至于得道后的仙人有三种：最上的可以升为天官；其次栖集昆仑，长生不老；再次永存人间，或可保千岁之寿。

《抱朴子》具体地介绍了各种仙药的名称及采集和炼制的方法，那么依照这个方法，是否就能得到金丹呢？显然在这里，已是他整个学说最重要的关键了。因为炼丹如不可能，则成仙就变为梦想，所以他不得不退一步地声明：这些药物都有特殊的功效，不是一般人所能炼制的。如果没有名师的传授，得其秘诀，而贸然去炼，不仅徒劳无功，反而有害心身。

这样一来，他便把这套炼丹法，由科学而带入神秘的境界，令人莫测高深了。然而无论这个炼丹的学说，是否有任何价值，但他在道教理论的组织上，却是煞费苦心的。试看他除了炼丹说以外，又详论各种不食不寒、轻身隐身、刀剑不入的秘诀，及照妖之镜、登山之符、免疫之方和前知之法等。这些都深深地影响了此后道教的发展，所以他的地位又岂是丹鼎派的祖师而已！尤其站在思想流变的立场来看，《抱朴子》的重要性，还有另一层的意义。

因为他虽然崇尚道教，却对当时一般道士的迷信深恶痛绝。他认为这些迷信对个人来说，使大家盲目地祈祷，喝符水以治病，把生命财产都交给了那些骗人的巫祝，而忘了自己本身的修炼，这是舍本逐末的做法。至于这些迷信流行于社会，更形成了许多非法的组织，如张角等"黄巾贼"，以邪说敛财，欺弄愚民，破坏社会的安宁和国家的法纪。

为了针砭这些迷信，他不仅提出导气炼丹之说，而且更强调为善积德。他认为一个得道的仙人，必须具备一定数目的善行，如果善行不够，即使服了仙药，也是徒然的。相反的，如果多行善事，即使不服药，不成仙，也可消灾免祸，不致猝死。

在这里，可以看出他比一般道士们进步的地方，因为他不仅埋首于方术，而且吸取了儒家思想，重视伦常，劝人为善。以后流行民间的《功过格》《阴骘文》及《太上感应篇》等，都是本于这种思想。由此可见《抱朴子》的这番大声疾呼、苦心经营，对道教学理的发展，确是功不可没的。

下面我们再介绍道教的另一位大师——魏伯阳。

五

谈到魏伯阳其人，我们除了知道他是《参同契》一书的作者外，几乎对于他的生平一无所知。在葛洪的《神仙传》及《抱朴子》两书中，虽然曾提到魏伯阳，但都是语焉不详。而且在《神仙传》中也找不到他的生死年月，在《抱朴子》一书中，又好似暗指老子，所以可靠的成分很少。

后来五代时的一位彭晓，推定他是东汉桓帝时人。据彭晓的说法，魏伯阳以所著《周易参同契》授给青州的徐从事，徐从事以匿名注之，再传给同郡的淳于叔通。可是以上诸人的事迹，都不见于正史。而且传说他是东汉会稽人，但从他书中的自叙看来，又好像是河南人。所以彭晓的说法，也未必可靠。

我们再从《参同契》一书来看，在《隋书·经籍志》中，没有把它编录；而《旧唐书·经籍志》，又把它列入五行家中。这些都值得怀疑，所以从该书的流传看来，魏伯阳是否为东汉时代人，也有问题；甚至《参同契》是否为一位叫作魏伯阳的人所著，也都是问题。

然而我们不必为这些问题所困惑，因为这种扑朔迷离的状态，正是道家和道教一流隐士们的标准特征，不足为怪。因此我们仍然抱着对老子一样的态度，抛开人的问题不谈，而只是以书论书。

至于以书论书，《参同契》比起《抱朴子》一书来，无论在理论的组织及内容上都比较深刻充实。

《抱朴子》一书的重心，虽然在炼丹，不过只是列举了丹药的名称和讨论些丹药的制造而已。其实炼丹之说，本有两种：一是调和内体的阴阳，一是服食外制的丹药。前者是内丹，后者是外丹。这内外两丹的修炼原理和程序，在《周易参同契》一书中，都得到了深刻的说明。

《周易参同契》简称为《参同契》，共有三十六章，分为上、中、下三卷。它把道教修养炼丹的活动归纳起来，而赋予理论的说明与指导。道教修炼之士，当然对它崇拜倾倒，叹为天书；而我们从学术的眼光来看，也无疑的是一套极有系统的哲学理论。这在道教的经典中，可说是绝无仅有的了。

《参同契》的理论，大体上是糅合了《易经》与《老子》的思想，而用之于神仙的修炼。正如清朝龙门派的道士朱元育，在所著《参同契阐幽》中所说的：

> 仙翁（指魏伯阳）悲悯后学，慨然著《参同契》一书，本《大易》乾坤坎离之象，假丹家龙虎铅汞之名，而归本于黄帝老子尽性至命之旨。

所谓"丹家"是指从事服食修炼一切外丹内丹的人士；而

龙、虎、铅、汞，乃是炼丹的术语。综合起来说，就是本于《易经》卦象的原理，来炼丹修道，以求达到成仙的目的，这就是《参同契》整个理论体系的间架。

谈到成仙一事，虽然自古已有无数的人诚心修道；但对于求仙的正途，却很少有人了解。因此常常妄事追求，而流入旁门左道。这些旁门左道，真是"诸术甚众多，千条有万绪"，不胜枚举。总其大要，例如有的人观想五脏，以意行功；有的人履罡步斗，借助符咒；有的人采阴补阳，行房中之术；有的人吐故纳新，以呼吸炼气；有的人昼夜不眠，专心静坐；还有的人立坛设庙，拜神求验。千奇百怪，不一而足。如果依照这些方法，便能得道成仙，真可谓缘木而求鱼了。

至于真正的成仙大道，却必须借助我们秉赋于天而和宇宙相通的那点"先天金性"（大致相当于普通所说的真阳之气）；只有把这点宝贵的真本钱加以存养培植，然后才能炼得金丹而登入仙境。可是要如何存养修炼，问题就不简单了。因为那是一个既抽象又微妙的作用。不仅功夫并非一端，而且情况又因人而异，真是所谓只能意会而不可言传。但为了要表达这个复杂而不可言说的状态，《参同契》的作者便以若干原则性的符号来加以说明；这正如用代数符号来标明数字的关系一样，可说是具有高度归纳头脑的表现，极富有学术的价值。然而用什么符号呢？在这一点上，作者便承袭了传统的学术，而把一切阴阳八卦、五行干支的原理，糅合成一个新的系统。

"八卦"出现最早，相传为伏羲所作。"五行"较晚，最初见于《书经》的《洪范》。两者原始的意义为何，我们不太清楚。后来经过象数家的发挥，八卦就成为一套表示阴阳变化，象征宇宙关系的符号；而五行也由金木水火土等形下的物质，进为代表宇宙间五种彼此相生相克的力量。《参同契》的作者便把这两种传统的东西组织起来，以说明炼丹修养的道理。他用八卦的原理，来比喻身体的机构和官能；再以五行的作用，来说明机能气息的运行。就在这样巧妙地配合下，把整个炼丹的功夫，说得头头是道。至于实际效果究竟如何？从事修炼的人，无不赞美，而奉为丹经之祖。可是以我们一般人的看法，非但不知所云，无从判断；而且连究竟有无炼丹成仙的事实，也不能断定，只有多闻阙疑而已。但有一点我们可以肯定，那就是在他这种综合比配的说法中，实在含有一套从宇宙到人生，从形而上到形而下，非常完整而高明的哲学体系。

他以乾、坤两卦象征天地，作为宇宙之体。以坎、离两卦象征水火月日（在天上，坎为月，离为日；在地下，坎为水，离为火），作为宇宙之用。然后再以其余六十卦，按照阴阳消息之道，配合五行干支之数，来说明宇宙运行的过程。在他这套理论中，不仅是用八卦五行的道理来解释宇宙；而根本上，乃是把宇宙看成一个"八卦系统"，一切都依照阴阳八卦的变化来活动。运行的幅度，尽管有大小久暂的不同，而运行的程序和关系，却完全是如出一辙。一年四季的寒暑消长，固然是遵循卦象的程序和方位以变化，而一月的朔望盈亏、一日的昼夜更迭，又何尝离得开这个轨迹？整个宇宙固然是一个八卦系统，小至一事一物，以及我们的身心，又何尝超出了这个系统？不仅自然界的事物如此，就是我们的人事措施，也都是遵循这个轨道而演进的。因此我们立国为政，也必须本乎这个原则，然后才能功成福至。他说：

赏罚应春秋，昏明顺寒暑，爻辞有仁义，随时发喜怒，如是应四时，五行得其理。

这就是说一切赏罚施政，甚至人君的喜怒，都要配合节令卦象，然后才能符合天道，使政治臻于理想。虽然这种说法在作者的本意只是一个比喻，用来启示人们修炼的法门。但从形式上讲，它成为一套系统井然的哲学理论，却是不容否认的事实。而其系统的严紧周密，除了西方黑格尔的哲学外，几乎很少有能和它相比的呢！

这一套学说的动机，虽然是由炼丹成仙而引起，但它对宇宙万象的解释，却一步紧接一步，完全是理性的推算。这正仿佛科学家们用数理的推算来说明自然一样，不过只是所根据的"假设"（data）不同而已。因此尽管它的结论非常神秘，很难为一般人所接受；但它"推论"的学术价值，及帮助我们对宇宙增加新的（实际是古老的，应该说是"另一角度的"才对）理解，却是毫无疑问的。我们也许可以这样的期望，它终有一天会给数理科学的研究带来新的启示，揭开宇宙更多的奥秘。

道教的起源，本来很复杂。许多的方术与活动，可说都是来自术士们各种不同经验的累积，并无响亮的理论支持。直到《参同契》出来后，才把这不同的经验方术加以归纳，建立起共同的指导原理。这实在是道教教理上的一大推进。尤其在建立的过程中，不仅理所当然地承受了老子虚无的思想，而且通过《易经》的关系，融合了儒家的智慧和教训。在《参同契》中，我们看不出作者对老子、孔子的态度有何不同；甚至于其中还有一章，定名为"祖述三圣"，特别对伏羲、文王、孔子推崇备至。因此从思想演变的观点来看，这不仅是援儒入道，而且根本就是要融合儒道，直承一切传统的智慧了。这一发展，的确给道教的教理奠定了非常深固的基础。

六

然而尽管《抱朴子》大谈炼丹之说，尽管魏伯阳的理论高妙绝伦，但他们的目的，仍然只在成仙一事。如果成仙不可能，那么他们整套的学理，都是无中生有，都是观念的游戏而已。

至于是否有成仙这一事实，他们所提出的许多例证，都没有科学的根据，固然值得怀疑，但我们没有具体的反证，也不便贸然地下断语，因此只有多闻阙疑，还它一个神秘的本来面目。

可是站在学术思想的立场，我们对于这一个宗教理论的意义与价值，却不得不有所说明。人类不满现实，希望进入一个理想的世界，这种心理，本是古今中外所同然的。因此不仅中国有蓬莱仙岛之说，并且西方也有奥林匹斯之谈。而道教的成仙思想，也就是这种类似的心理。试看仙家的神通，都是普通人所不能，而又是大家极想达到的境界，如轻身、隐身、不食、不老、水火不侵、刀剑不入，等等。这在文学的观点来看，未尝不充满了浪漫的情调。可是把它移到现实界，当作一个目标来追求，便产生了许多问题。

最主要的，是违反了自然。在这一点上，他们与道家的思想便完全背道而驰。因为道家主张淡泊宁静，任命去留；而他们却忙着服药成仙，改造命运。就以导气炼丹的原理来说：人类的呼吸是用鼻的，他们却要模仿胎息；人体的精液是用来生育的，他们却要还精入脑。至于颠倒阴阳，五行相克，以及以杀机培养生气等，都是所谓"顺则成人，逆则成丹"的说法。追究他们的动机，无非是因为自然限定了人类的寿命，有老有死，所以为了长生，便不得不逆而行之，以打破自然的铁则。

这种反抗自然的意志，以科学史观的看法，并非全无意义；因为人定胜天的信念，正是科学的精神。如果循此途径，按部就班地发展下去，也一定能大弘人定胜天之道，而形成许多实证的知识与学问，一如西方科学上的成就。但道教并未能达到这个境界，它虽有合乎科学精神的动机，却未能走上科学方法的道路。一切导引吐纳，调鼎炼丹，不仅失之于抽象恍惚，而且都披着一套神秘的外衣，以致信奉研习的人空费时间精神，往往一无所得。成道升天，固然渺不可期；就是强身延寿，也都因功夫难得要领，而有事与愿违的流弊；甚至还有人执迷蛮干，误送了性命，像唐太宗的一代天纵之雄，就是因为误服金丹而丧生，其流弊真是可为殷鉴的了。

上面所说的，乃是道教的实用方面；再进而以思想本身来论，道教的内容可算是相当的贫乏。假如我们剔除了它那些袭取自各家的学说，所剩下的中心思想，便只有成仙一念、炼丹一法而已。在这种成仙的企求中，我们很难看到深刻的人生认识和高超的思想境界。因为道教所以要人们遗世遗情，羽化登仙，原是由于看破红尘，以求超脱而得永生。但这红尘究竟又有什么不对呢？究竟为什么要摒弃而远离呢？道教似乎并没有什么深刻的分析。如仅仅以红尘为烦扰、为肮脏，那是不够的；即令人生可厌，"成仙"也不一定就是最佳的解脱法门。仙人是怎样的情形，我们不能确知；但从道教经典中的一般描述来看，大抵是一种无忧无扰，具有超人力量，而能长生不老的人物。照这样来看，那只是生命的延长与官能的加强而已，怎能解决人生的根本问题？人生如真可厌，久驻岂不更觉可厌？如求无忧无扰，逍遥自在，则人世的修养、忘情，已足够自遣，又何必成仙？当然道教还有种种的说法以自辩卫，但从哲理来看，仙人终不是大彻大悟的境界；要想以成仙来解决人生问题，实不是"究竟"之道。这也就是道教所以难于抗拒蓬勃的佛教怒潮的缘故，因为佛教在这方面远比道教彻底而究竟，我们只要一看此后佛教的开展，就可昭然而知了。

第十四章 佛法初传的高僧——佛图澄

（附：道安、慧远）

一

由于政治阴影的笼罩，使得整个魏晋南北朝弥漫了名士们的放纵生活。固然，我们为他们的遭遇而伤感，为他们的浪费人生而惋惜；但是我们如果吹开这层阴影，再仔细看看当时的社会背景，又是如何的一幅景象呢！

> 步登北邙阪，遥望洛阳山。洛阳何寂寞，宫室尽烧焚。垣墙皆顿擗，荆棘上参天。不见旧耆老，但睹新少年。侧足无行径，荒畴不复田。游子久不归，不识陌与阡。中野何萧条，千里无人烟。念我平常居，气结不能言。——曹植《送应氏》

> 出门无所见，白骨蔽平原。路有饥妇人，抱子弃草间。顾闻号泣声，挥泪独不还。未知身死处，何能两相完。驱马策之去，不忍听此言。——王粲（七哀诗）

这两位建安时代的诗人，已为我们画出了一幅当时离乱的图片：到处是颓垣败壁的城市，到处是荒凉凄惨的田舍，到处有弃婴的啼声，到处有新寡的夜泣。然而这只是建安一代的景象，只是这段漫长的黑暗时代里的一个镜头罢了。

这个镜头前后连接起来，构成一幅极悲惨的影片。自黄巾乱起，经董卓之变，三国分争；接着就是八王残杀，五胡乱华，形成了十六国的分崩离析兵连祸结的局面。这一连串的大屠杀，引起了一连串的饥荒和瘟疫，使得以英雄自命的曹操，也不得不发出断肠的叹息，写下了那首著名的《短歌行》：

> 对酒当歌，人生几何！譬如朝露，去日苦多。慨当以慷，幽思难忘。何以解忧，唯有杜康……

像曹操这样一位"乱世之奸雄"，犹且感慨于人生几何，去日苦多，而要以酒来麻醉自己；何况颠沛流离的百姓，何况多愁善感的文人！

这种人生的苦闷，岂是汉末那些怀抱经书死守章义的迂儒所能解救的吗？岂是假酒精以麻醉的清谈名士所能逃避得了的吗？

身处在这样一个大动乱的时代里，人们究竟要何以自处呢？当学术失去了解释人生、指导人生的功能的时候，如果还有信心、有勇气活下去的话，只有求之于宗教了。

因此随着黄巾起义的大乱，而有道教的兴起。虽然道教的始祖张陵，把老子抬出来当教主，赢得广大群众的信仰；但尽管他们在支配无知民众方面的力量非常大，尽管咒语和符水中也许有他们神秘的治疗方法；而稍有智慧的人们，却是不会赖咒语以救世，喝符水以解除内心苦闷的。

这时，正好从印度传来了佛教，虽然最初国人是以对付道教的心情来迎接它；但它毕竟是一种有思想、有组织，而且在印度酝酿了几百年的宗教。它的教义正是要替人生解脱一切的苦痛，正适合于这个动乱时代的需要。尤其它的教理，浅显处可以适应一般无知民众的要求，深奥处足够思想家们穷思冥索。得了这种天时、地利与人和的条件，这颗外来的种子，便在中国的园地内慢慢地滋长、慢慢地壮大，日后竟成为与儒家思想共分天下的佛学。

二

虽然早在汉明帝时，佛教已逐渐输入中土；但那时国强民富，大家并不感觉宗教的需要，又有谁去理会这玄远艰深的出世思想，因此一直没有什么发展。直到魏晋时期，由于政治社会的大乱，方助长了佛教的传播；再加上清谈的洗礼，使人习于领悟玄言，就更促进了佛学思想的开展。这是继魏晋大风暴后的适时雨露，这是中国思潮的一个新转向。

自此以后，中国思想的舞台上，便另有一番景象了。

这时，文化的中心已离开朝廷，思想的传播者也不再是博士，而是一批深居在寺庙内、遁迹于山林间的佛学家。他们抛弃了传统的经义，舍弃了个人的安乐，站在人性的山巅上，忍受寒风的袭击。他们以生命为膏油，高举着救世的火炬，为挣扎痛苦的人们，照开了一条光明之路。

自魏晋一直到隋唐的几百年间，都是这些佛学家们的天下。他们之中，首先大弘佛法，声震朝野的，便是那位以神通闻名的番僧佛图澄。

佛图澄是龟兹国（今新疆库车等地）人，生于公元232年。在他七十余岁的高龄时，听到中国为战乱所困，民不聊生，便决定奋其余年，带领他的门徒，到中国来传布佛教的福音，以解救水深火热中的生灵。

他在西晋怀帝永嘉四年（310年），到了洛阳，定居在白马寺内。那时正值刘曜（匈奴人，统兵南下，虏怀帝、愍帝，就是历史上的永嘉之乱）命令手下的一员大将石勒，向南进攻。石勒本是羯种人，幼时被卖为奴，逃亡以后，曾过着强盗的生涯，所以他生性残暴，杀人不眨眼。这次的南侵，所过之处，烧杀掳掠，无恶不作。动辄杀人盈万，尸骨如山。当他占据了葛陂后，便大造舟车，准备进攻江南，再大肆屠杀。

佛图澄看到石勒这种疯狂的屠杀，如不加以阻止，江南的人们便将遭受空前的浩劫，因此决心冒险到葛陂去规劝石勒。他的弟子们苦苦劝阻他，认为去向石勒传道，无异身入虎穴，自投罗网。但佛图澄笑笑说："他能够杀我吗？就算我被他杀了，也是为救人而死。这样的死，是死得太有价值了。"

由于佛图澄有这样视死如归的精神、救世救人的抱负，终于使残暴的石勒信服，拜他为国师。

自佛图澄做了国师后，随时随地点化石勒，使他不再屠杀无辜。后来石勒造反，灭了刘赵（即前赵），自称为皇帝。死后传位给他的儿子，接着他的从子石虎篡位，对佛图澄更是尊礼有加。命令全国以和尚为"国之大宝"，供给他锦绫的衣服，雕辇的车乘。每当他进殿时，太子诸公都必须随侍在旁；而且特派司空李农每天早晚去向他请安，太子诸公们每隔五天去朝见他一次。石虎对佛图澄如此地尊崇，可以想见佛教在后赵的声势了。

然而佛图澄究竟用什么方法来说服石勒，用什么方法以赢得石虎的推崇？要了解这些，请先看看两个神话式的传说。

当佛图澄去规劝石勒时，他听说石勒手下有一员大将郭黑略是信佛教的，他便来到郭黑略的营旁。那时许多兵士正在河中游水，于是他便蹲在河边，脱了衣服，在他右乳下面约四寸的地方，有一个像肚脐般的小孔，他把那孔轻轻拉开，有碗口那般大，然后伸手进去，把心啦、肝啦一件件地搬出来，放在河中洗涤。那些兵士们大为惊异，问他为什么要如此？他却笑着说："我洗心肝，正像你们洗身体一样，唯有使心肝洁净，才能使我们的行为不流于肮脏啊！"

这事传到了郭黑略的耳中，便把佛图澄请进了军营；由于郭黑略的推介，佛图澄才有机会去拜见石勒。

但石勒不相信佛法，更不相信佛图澄有那么大的神通，要求他显示一点奇迹看看。佛图澄知道石勒是个无知识的草包，跟他讲解高深的义理，无异对牛弹琴。便顺手拿了一个茶缸，在缸中盛满了清水，然后焚香点烛，口中念念有词。突然缸中长出了一朵青色的莲花，石勒看到了这奇观，惊讶不已，便慌忙跪下去，拜他为国师。

佛图澄就是凭着这些神奇的法术，周旋于凶残成性的石勒与石虎之间，才使得他们信服。至于他所显示的神通，是否属实，我们不得而知，也无须加以考证。我们可以推想人身如经过特殊的锻炼，也许会发挥体质的潜能，而有常人所不能有的表现。今天印度某些地方还有所谓"瑜伽术"，可以诵咒催眠，几日不食，入汤蹈火，不伤体肤。佛图澄的所谓神通，以我们今日的想象，也无非是运用这些法术罢了。

这些法术，尽管如何地出神入化，毕竟涉及迷信，而不是佛法的宗旨。身为佛学家的佛图澄，为什么不正正当当地谈论佛法，而偏要这样地神乎其技、故弄玄虚呢？

要了解这点，我们必须先认清当时的环境。那是五胡十六国分崩离析的时代。那些胡人，有政权、有武力，却没有智慧，他们当然不懂人生的道理、佛学的旨趣。而当时的一般人们，苦于兵荒马乱，他们所亟须的是解救，哪里有耐心去静听佛法，钻研佛理。佛图澄了解这点，所以他只有卖弄些当下兑现的神通，去降服这些恶魔，去引发大众的信仰。也就在他神通的号召、法术的掩护下，建造了八百多所寺庙，收召了无数虔诚的信徒，奠定了佛教传播的基础。

虽然他一生的事迹，都包围在神话之中，但他所遗留给后代的却不是神通，而是辉煌的功业。虽然他没有翻译过一部经书，没有撰写过一篇佛学论文，但他传授给门徒的，却是高深的哲理。

神通只是他的一面，这一面限于环境，是不得已的；而另一面却有着仁者的用心，有着深邃的哲理。但并没有表现于他自身，而是把种子传给他的弟子，在弟子的思想中，表现了出来。所以要认识佛图澄的另一面，我们还必须了解他的两位后继者——道安和慧远。

三

道安是佛图澄的学生，而慧远又是道安的学生。由于佛图澄的铺路工作，使他们不再需要赖神奇的法术来传道。他们都是兼通老庄思想的大师，佛学在他们手中起了一个转变，由民间走向士林，由迷信进入哲理。

现在我们先看看作为第一个转变的道安。

道安，俗姓卫，是常山扶柳（今河北省元氏县西北）人，生于晋怀帝永嘉六年（312 年）。他家本是望族，可是不幸遇上"永嘉之乱"，他的父亲被刘曜的军队虏杀了，他的母亲也因悲伤致病而死。四岁的道安便成了孤儿，为他的表兄所抚养。

道安赋性聪明，七岁时便善记能诵，为乡里塾师所赞赏。十二岁那年，朝廷下令挑选一批天才儿童为僧徒，他被选中，自此便成为佛门中的小沙弥。由于他的相貌奇丑，最初不为师傅所重视，派他到田间工作。他一边工作，一边读经。三年后，已读过了不少经书。这时，师傅才发现他是一位了不起的人才。

二十岁左右时，他便慕名到邺城去拜佛图澄为老师。那时，佛图澄正是石虎的大国师，非常赏识道安。直到佛图澄入灭后（348 年），这十几年间，道安都是在佛图澄的左右，从老师那儿接受高深佛学的熏陶。

后来道安为兵荒马乱所迫，到处流徙，一共播迁了九次。最后与弟子慧远等五百余人，迁居到湖北的襄阳，在附近的檀溪地方建立了一所檀溪寺；于是便在这儿定居下来，开始讲学译经，一共有十五年之久。

他在这段漫长的时间中，最主要的工作就是批注佛经。这是他一生事业中最光辉的一页，因为在他以前的经书，都是译得非常草率，词义隐晦难懂，不易为一般人所接受；而且很少有人替佛经作批注，使得佛经几乎成为不可读的天书。他看到了这种病态，便努力于批注佛经，要用浅显的文句表达高深的学理。但当时老庄的思想非常流行，而且儒学又与佛学隔了一层，于是他便选择了老庄，用老庄的思想来介绍佛学的哲理。他的这一努力，不仅是开创，而且做得非常成功。所以他不仅在注经上，是中国佛学史上的第一人；而且在中印思想的融合上，是一位先声。

除了注经外，他并把所有东传的佛经，做了一个综合的目录，以确定每部佛经翻译的时间和译者。同时更制定了僧尼的戒律，成为佛门的宪章。以后无论南北的僧团，都是以他的戒律为日常生活的准则。

在这十几年的努力奋斗中，道安已确立了一生的功业，他的名气也传遍了整个东晋。当时有许多名士以重礼来聘请他去讲学，但他不屑于无聊的清谈，都一一婉拒了。有一次，一位文章人品都很高的名士习凿齿（著有《汉魏春秋》），专程到檀溪寺拜访道安。当习凿齿一进寺门，道安问谁时，凿齿便随口回答说："四海习凿齿。"道安听了，也不慌不忙地回应说："弥天释道安。"

他们两人的一问一答，却构成一副千古不朽的名联；非但在字面上，名词对名词，动词对动词，身份对身份，非常工整，而且含义深刻，别具匠心。习凿齿是个名士，但他非常不满当时的清谈，认为清谈家们只是斗嘴磨牙而已，所以感慨地说："四海习凿齿。"这话表面上虽然自我介绍为"遨游四海的习凿齿"，但实际上是讽刺当时四海之内的人们都习于凿齿的清谈。这讽刺是够幽默的了，而道安的回答更妙，他虽然自我介绍为"佛法弥天的和尚道安"，但这话实际的含义，是宣传佛教。认为当时烽火弥天，只有使佛法遍布，人们才能安居乐业。

这两句话，不仅是副妙对，而且是一代心声的素描。因为当时学术上充满了不务实际的清谈，社会上更苦于兵荒连年。清谈误国，早已引起一般学者的愤慨；而五胡十六国互相残杀，更使人们在兵荒马乱中亟求解脱。习凿齿和道安，虽然身份不同、立场不同，但他们的感慨、他们的用心是一致的。

此时，道安的名望，非但轰动东晋，而且传到前秦苻坚的耳中。苻坚在当时十六国中声势最盛，为了显示对道安的倾慕，不惜派兵十万，进攻襄阳，把道安和习凿齿等俘虏而去，优礼相待。

道安跟随苻坚到了长安后，除了对苻坚说法外，并展开大规模的译经。他组织了一个译场，由许多学者集体翻译。在他生命最后的七八年间，他一共翻译了二百多卷经书，这在一个兵荒马乱的时代里，的确不是一件简单的工作。所以后来的鸠摩罗什曾尊称他为"东方的圣人"。

四

我们常看见许多善男信女们，手中数着佛珠，口中念着"南无阿弥陀佛"。也许我们觉得好笑，但他们自有一番道理。他们是佛教中的一派，也就是在民间流行最普遍的净土宗。他们以为凭着这不断的念佛之诚可以使人心意集中，进入极乐的净土境界。而这念佛的办法，就是创自我们现在要谈的慧远——白莲社念佛会的创始人。

慧远，俗姓贾，雁门楼烦（今山西省原平市崞阳镇）人，生于东晋成帝咸和八年（333年）。因为当地兵祸连年，所以十三岁的时候，便和弟弟慧持跟随舅舅到洛阳游学。他从小便博通六经，尤其喜欢老庄。二十一岁那年，正好道安在太行山立寺，讲解佛经，一时声名远播。慧远这时尚未接受佛学的洗礼，他心里颇感奇怪，为什么君主那么器重道安？为什么人们如此醉心于佛学？难道佛学比老庄还要有趣味吗？为了解答心中的好奇，他便带着弟弟，不远千里，跑到太行山去向道安请教佛学。

这时慧远所有的学识都是儒道方面的，但道安在这方面足够折服慧远。因此道安在见面时，向他两兄弟讲解佛学，都是引用儒道的思想；这第一次的长谈，便说得慧远心服口服，不禁叹着说：“安公法师真是我们敬佩的老师，听了这次的佛学，再看儒道九流的学术，简直是一些秕糠罢了。”于是便和弟弟立刻落发为僧，拜道安为老师。

后来，太行山一带发生动乱，慧远兄弟便随着道安到处流徙。这时他们的经济来源断绝，过着非常艰苦的生活。在北方寒冷的冬天，他们两兄弟的床上却只有一条破旧的草席，一条薄薄的被单。虽然身处穷境，但他们仍然好学不倦，晚上没有灯火看书，就利用夕阳的余光，延长读书的时间。大家劝他说：“生活既然这样清苦，不应该再这样地勤劳。”他却回答说：“佛祖释迦，在山洞里静坐，每天只吃一麦一麻，居然忍耐了六年；何况我这种生活比起佛陀来，要舒服得多了。今天我们所以生活清苦，是战乱的原因，在战乱中，不知有多少人连这种生活都享受不到呢？因此今天我们唯有加倍努力研究，以弘扬佛法，消除战乱的原因，将来才有太平的日子好过。”

由于这样地刻苦、这样地好学，而且有这样的信心、这样的抱负，二十四岁的慧远，对佛学终于有了惊人的成就。

在某一次大规模的法会上，本来是由道安主讲的。不幸道安在临讲前突然病倒了，便吩咐慧远代讲《涅槃经》中关于实相那段的解释。涅槃中的实相是极奥妙的哲理，可是由一位二十四岁的青年，在这样隆重的法会上讲解，使得台下的听众们都以诧异眼光注视着他。

当他刚开始念完“无相之相，名为实相”八个字，台下便有人发问说："请问法师，既然是无相，为什么无相的相反而说是实相呢？"

慧远便解释说："实相就是万事万物的本体，万事万物的生灭就是相。没有了生灭就是无相，所以无相的相就是实相。"

可是慧远的解释仍然满足不了好奇的听众，虽然资质深的和尚已点头称是，但资质浅的和尚一直地追问下去。慧远知道这问题愈分析愈深奥，愈不易了解。这不是站在讲台上可以解决的问题，于是便灵机一动说：

"诸位可知道《庄子·齐物篇》中曾说：'其分也，成也；其成也，毁也。凡物无成与毁，复通为一。'这段话的意思就是说：分剖一块木头，制成一个器具。对木头来说，被砍割，当然是'分'；对器具来说，被制造，当然是'成'。但以物质的整体来说，不多也不少，我们便分不清是成是毁了。同理，分就是灭，成就是生。生灭虽然是一种现象的相，但这种现象只是我们主观上的看法；或认为木头砍碎了，或认为器具造成了。如果以客观来说，便没有生灭的现象。所以说没有生灭现象的相，才是万事万物的真实本体。"

慧远这段以老庄解佛的话，是那么的深入浅出，那么的干净利落，说得听众们哑口无言，深深佩服慧远的智解过人。道安听到了这事后，不禁赞叹着说："将来能够使佛法向东流传的，只有慧远一人了。"

不幸，接连的兵祸，一直追踪着他们，使这五百余位师徒到处流徙；有时穷得甚至以树皮果实充饥，但他们都任劳任怨地坚持下去。后来迁居到襄阳，情形才逐渐好转，可以自耕而食。在这定居后的十五年里，生活比较安定，慧远的佛学也进入上乘的阶段，而奠定了日后成为佛学大师的基础。

后来苻坚发兵十万，抢去了道安。慧远便带着师兄师弟，逃开苻坚的笼络，独当一面。自这时起，慧远便过着独立的传道生活。

他选中了风景秀丽的庐山，由江州刺史桓伊的资助，在东山上建造了一座历史上著名的东林寺。这和他同学慧永的庐山西林寺，正好相互辉映。就在这个寺中，度过了他最后的三十七年，这是他一生佛学发展的最高峰。

慧远在庐山，除了研读佛经外，并提倡禅法。他在寺中特别设置了一间禅室，供奉无量寿佛像，主张念佛。他不仅指导佛门子弟念佛，而且召集了名人学士一百二十三人，组织了一个白莲社，专门从事于念佛。这是中国念佛运动的创始，也是禅学在江南的第一声号角。当时白莲社的念佛不仅禅味很浓，而且境界也不俗。据说当时的名士谢灵运，虽然向慧远学佛，但因为他放浪形迹，颇有俗味，而不能入社。

由于慧远在庐山的弘法，轰动了整个江南，一般文人名士如陶渊明等，都不远千里而来和他相交。后来桓玄造反，路过庐山时，也曾慕名来拜望慧远；但桓玄只是对慧远一人的倾慕，对佛教却始终不甚尊敬，所以他篡位后，便下令"沙门应向王者跪拜"。慧远接到通知，便立刻写了三封信给桓玄，反复辩明佛门子弟是方外之人，与政治无关，不应向王者跪拜。慧远的敢作敢为，终于使桓玄打消了主意。后来桓玄又心血来潮，要削减全国和尚的人数，但对庐山不敢轻举妄动，在他的命令里，便公开地说："唯庐山为道德所居，不在搜简之列。"可见慧远和庐山的佛学在当时人们心目中的地位了。

慧远不仅冒着生命的危险保护佛教，同时也燃烧着整个生命去实践佛法。他的信念是始终不渝的，在这三十七年中，为了断绝俗务，他没有离开庐山一步。即使送客，也仅送到虎溪的岸边为止。所以庐山民间流传着一个故事：

据说陶渊明在彭泽做县长的时候，常去拜访慧远。有一次，他们谈得非常投机，后因公务在身，不能久留，慧远便送他出门。他们仍然边走边谈，直走到虎溪的时候，慧远便停下来了。

陶渊明说："再送我一程吧！我是国家的官吏，没有行动的自由；而你是方外之人，任意去留，不妨多送我一程，我们还可以一路上谈谈。"

慧远回答说："不行！不行！心不可纵，欲不可长。我的心本想多送你一程，我的欲望也想多听你的高论；可是前面就是虎溪，我只能在那儿止步了。"

陶渊明奇怪地问："难道连渡过虎溪都不行吗？"

"不行！我三十年来，就没有跨过虎溪一步。"

"难道这是戒律吗？"

"是的，正是我个人的戒条。"

"这样的戒条又有什么意义呢？"

慧远便引经据典地说："这不是意义的问题，儒家不是主张'勿以善小而不为，勿以恶小而为之'吗？凡事都必须从小处着手。在这无意义的事上，我如果能始终不渝，那么在有意义的事上，我更能贯彻始终了。"

慧远这番话，说得陶渊明频频点头。据说陶渊明回去后，感慨万千，觉得为了这五斗米的俸禄，必须向小吏折腰，而不能与高僧畅谈。他一气之下，便把县长的纱帽抛掉，写下了那首千古传诵的《归去来辞》。

这故事虽出于民间的传说，但慧远三十余年不越虎溪一步，却是事实。这种持戒的坚毅精神，真令人敬佩。直到他临死时，也是如此的一丝不苟。

他在八十三岁那年（416 年），也是他最后的一个八月初一，突然病倒了。情形非常严重，他的门徒和许多知名人士都围绕在他的身旁。当医生以豉酒做的药汤递给他饮的时候，他闻了一闻，便说：

"有酒气，是酒，我不能饮。"

他的门徒都跪下去说："这是药，不是酒，请老师服了这一杯吧！"

慧远呻吟地说："酒是五戒之一，我怎能破戒！"

医生无可奈何，想了想说："以米汁代豉酒好了！"

慧远仍然摇摇头。

"再不然，就用蜜汁加水好吧！"医生又说。

当时周围的人都一齐苦苦地劝他，最后他才呻吟了一会说："好吧！你们查一查戒律，看看是否能饮。"

戒律还没有翻到一半，慧远就在这感人的气氛下从容逝去。

古人说"蹈白刃易，从容就义难"。慧远这种从容就义，宁取死亡，绝不放松戒律的信守，夷险一节，死生一贯，实给人们树立了无上的典型。

五

由佛图澄师徒的故事中，我们可以看出佛法在初传时的三种形态和两个转变。

最先是佛图澄宗教式的传道，尽管他的神通带有浓厚的迷信色彩，但在佛教传播的早期，仍然是必要的。不过在佛教得到普遍信仰之后，却必须化迷信为正信，由佛理以启悟人生。所以有道安的第一个转变。

道安的转变，由宗教转向学术。他以老庄的玄旨，打开印度文化的宝藏，使中印文化的交流，不在信仰的表皮，而深入于思想的血脉。但文化的交流，不能仅限于经书的转译、知识的吸收；却必须在消化之后，产生新的血轮。而慧远的第二个转变，就代表了这种精神。

佛图澄和道安的思想，发展到慧远，才进入了高潮。他不仅是个佛学的思想家，而且是个实行家，在他手中，才真正发挥了佛学思想的活力。

他把宗教式的传道和学术化的注经加以改造、加以精制，铸成他的一个信念。

由于这个信念，使他到处流徙，不改其志；使他借夕阳的余光，精研不懈；使他谢绝王禄的俸养，而身处偏僻的庐山。也由于这个信念，使他为了真理，不向权贵低头；使他为了正义，慷慨陈词；使他为了戒律，三十七年，不越虎溪；使他气息奄奄时，仍然一丝不苟。

试想一条浅浅的虎溪，横亘在他前面，居然就像铜墙铁壁一样，这是为了什么？这是他的信念，这是他由信念所产生的力量。虽然这只是一个没有意义的戒律，但由于他个人信念的所在，对于他却具有非常的意义。如果他打破了这小小的戒律，就等于打破了一生的信念。

这个信念，是宗教的信仰，也是思想的活力。慧远之所以值得我们大书特书，就是由于他通过宗教的信仰，发挥了思想的活力。他伟大的精神在此，他思想的高峰也在此。

第十五章 译经弘法的大师——鸠摩罗什

（附：僧肇、道生）

一

道安被苻坚硬请至长安传道时，有一次他向苻坚提议说：

"西域龟兹国有一位了不起的法师，名叫鸠摩罗什。如果把他请来，让我们共同研究、讨论，这对于教义的阐扬将会有更大的裨益。"

苻坚接受了道安的提议，便派专使去迎接罗什；但是龟兹国王白纯，拒绝了苻坚的要求，硬是把罗什留着不放。这可触恼了苻坚，便下了一道命令，派骁骑将军吕光、陵江将军姜飞，统率大军进攻龟兹，硬索罗什。因为其间政局发生了许多变故，过了十几年，罗什才到达长安，那时苻坚和道安都已不在人世了。

这是哲学史上的一段憾事，假定这两位东西方的高僧能聚首一堂，共同译经、相互论辩，这对中国佛学思想上的发展，将别有一番天地呢！

不过罗什到长安时，道安的弟子慧远已在庐山开了一代的宗风。他们两人没见过面，但时有书信往返。当时他们被称为南北两派的领袖，北派佛教的中心在长安，南派佛教的中心在庐山。这南北两派的情趣却完全不同，在上篇慧远的故事中，可知南派都集中在一山，断绝红尘，力避权势，不敬王侯，持戒甚严。但北派完全相反，他们居住在大都会的长安，出入宫廷，享受俸禄，与权贵来往。这在当时，的确是一个有趣的对比。

现在我们要看看这些出入红尘的北派佛学家的动态。

二

鸠摩罗什的祖籍是天竺（印度），他生在龟兹（新疆），谈起罗什的身世，却有一个小小的故事。

他的父亲鸠摩罗炎，是天竺宰相的儿子，按照成规，他必须承继父亲的职位；但他觉得自己才力不够，应该到国外去观摩一番，以增进学识。他得到父亲的允许，首先到了龟兹国，在那儿娶了龟兹国王白纯的妹妹为妻，她就是罗什的母亲。

母亲生了罗什和提婆（罗什的弟弟）后，渐渐失去了少女时代那种欢乐的心情；生育的恐怖和青春的易逝，这种强烈的苦痛和微细的情绪，一直纠缠着她。有一天，她在深宫中闷得很，便乘车出外散散心，当车子经过荒野时，她突然看到坟墓间有一堆白骨，皮和肉都已腐烂，只剩下一副人形的骨架。她看到这幕凄惨的情景后，本已有阵阵涟漪的心中，仿佛投入了一块巨石似的，突然间，水花四溅，百感丛生。

她暗忖着：这些白骨的前身，不也是一个衣冠楚楚的人吗？不也是一些才子佳人吗？他们也曾有过美满的生活，也曾度过一些黄金的岁月；可是留春无计，到头来，仍然难免一死，逃不出"白骨埋荒外"的命运。现在的我，最后的结局，不正和他们一样吗？

想到这里，她心如刀割。觉得这个"我"，终究不是"我"的，唯有忘去了"我"，才能解脱这种煎心的苦恼，然而如何才能忘去"我"呢？唯一的办法就是舍弃"我"的所有，把一切的欲望和执着都抛弃了，这样"我"既空无所有，便没有"我"的烦恼了。于是她便决心出家为尼。

罗炎当然不同意她的做法，她便绝食抗议，一直绝食到第六天，都是滴水不进、粒米不食，眼看就要气息奄奄了。罗炎再也过意不去，便答应了她的要求。

这时罗什也已经七岁了，就随着母亲出家。

罗什由于母亲的遗传，早已有了佛学的慧根，他第一部阅读的就是《阿毗昙经》，这部经典的教义，是阐明佛法虽经万劫，却是常新的。他开始读这部经书时，每天熟诵一千偈，每一偈是三十二字，一千偈就有三万二千个字，据说他幼年时一共背诵了四百多万字，这真是一位惊人的天才。

在龟兹国，他母亲是皇亲国戚，人民因他母子两人舍弃了荣华而出家，非常感动，因此常赠送他们许多贵重的礼品。但他们觉得既然出家了，如果还收受这些礼物，这是不合理的；只是人民的好意又不能拒绝，唯一的方法就是远避。于是母子两人便离开了龟兹国，云游附近各小国。

在这次的云游中，小小的罗什，已成为国际间的名人了。许多国家都举行盛大的法会，恭请罗什去演讲。由下面一则故事中，就可看出罗什在当时的声望。

当时，温宿国（龟兹之北）有一个"怪论师"，思想敏锐，能言善辩，大家都对他存有几分畏敬的心理。有一天他正拿着一个大鼓，敲着说：

"有谁赢了我的辩论，我就砍下脑袋来谢罪。"

这时正好罗什母子路过，罗什就随便拿出两点义理来考问这个"怪论师"，使得怪论师瞠目不知所答，立刻倒身便拜，口里喊着说：

"师傅，尊姓大名，饶了弟子吧！"

罗什报过名后，这位"怪论师"重新又拜倒在地上，口中连连叫着：

"原来是罗什大师，无论如何请收我做弟子，否则我就永远不起来。"

这故事，不久便传遍了各地，甚至传到黄河流域以内的地区来。这时的罗什还只有二十岁呢!

在这次的云游中,对罗什思想最重要的影响,就是由小乘转变为大乘。

小乘和大乘是相对而言的,所谓"乘"就是乘船的"乘",意思是乘着佛法的船,渡到幸福的彼岸。小乘,就是乘着小船渡自己到彼岸;大乘就是乘着大船渡大家到彼岸。在释迦创教时,本没有大小乘之分;不过释迦传教,是因对象的根基不同,而用不同的方法:根基浅的,向他们解释人生是苦海,唯有舍弃尘世的一切,才能得到永恒的快乐;根基深的,向他们解释深奥的道理,证明人生虽是苦海,但这个苦海是自造的,唯有救世救人,把这个苦海变为乐土,才是人生解脱之道。释迦这种不同的传道方法,到了后来,便有大小乘之分。

罗什少时所研究的都是小乘的经典,这次云游时,遇到了莎车王子须利耶跋陀和参军王子须利耶苏摩两兄弟,他们都是以大乘佛法传道,尤其弟弟的功力最深,他的哥哥和全国有道之士,都以他为老师。罗什听了他的讲道后,不禁叹着说:"我以前专学小乘,不学大乘,简直是有眼不识黄金了。"于是转而专门研究大乘佛学,这一个转变的关键,使他在佛学思想上大放光彩,奠定了日后成为三论宗开山祖师的基础。

罗什由小乘转变到大乘后,曾发生一个有趣的故事。

有一次,他在演讲佛学时,他少时的一位老师蒲达多正好在场,但蒲达多是小乘的学者,因此对于罗什的理论有点格格不入，便问罗什说：

"你在大乘法中，究竟看到了一些什么妙处？"

罗什回答说："师傅！小乘法是狭义的、消极的，并不是佛法的紧要处；至于大乘法，博大精深，有法皆空，自度而兼度人，自救而又救世呢！"

蒲达多又说："你说一切皆空，实在太可怕了，为什么你要把过去所学的一概抛弃，要去学空呢？现在我讲一个故事给你听听吧！从前有个狂妄的人，他叫工匠织棉，要织得愈细愈好。那工匠已尽量织出最精细的棉丝来，但狂妄的主人仍然不满意，使得工匠大为生气，指着空中喊着说：'这就是极细微的棉丝了。'主人诧异地说：'为什么我看不见呢？'工匠回答说：'因为这是最精细的棉丝，连我这个最好的工匠都看不见，何况是你们。'主人听了，非常高兴，反而赏了工匠许多黄金。现在你口口声声说空，就和那位狂妄的主人一样，结果是什么东西都没有。"

罗什听了老师的故事后，便笑笑说：

"那个狂妄的主人，何尝懂得空的意义，他心中有粗细的分别，这是'有'；他要求有一个最细的棉丝，这也是'有'；最后他有了一个'空'的观念，这仍然是'有'。他未曾'空'过，又怎么能拿来作'空'的说明呢？"

罗什说了这段话后，蒲达多仍然似懂非懂，因为这是佛学中一个最奥妙的问题，"有"是肯定的说法，凡是肯定有佛法，肯定有因缘，肯定有涅槃（一种最高的理想境界），都是一种"有"。而"空"是否定的说法，非但否定了一切现象，否定了人心的欲望，同时也否定了佛法的不变性。这一否定，便使得整个佛法活了起来。举个例说：为善可以得善报，这是"有"的说法；但为善，却不可自以为善，同时更不可因为要得好报，才去为善，否则便失去了为善的真正意义。因此必须扫除心中为善得好报的观念，这一否定，便使我们达到一个更高的境界。小乘法拘泥于"有"，只是借天堂地狱，因果报应来劝人，其间仍然存有一个自利的观念；大乘法说明了"空"，使我们否定了自我的观念，而发挥菩萨慈悲的心肠。所以这个"空"，不是空无所有的空，不是等于零的空，而是包含了"有"的空。它的作用虽是否定，事实上却使我们的思想升华到一个更高的境界。"有"和"空"的作用正像锁和钥，"有"关闭了我们的心，使我们不会遭受外界的侵扰；"空"启发了我们的心，使我们超脱了这一切的困扰。这道理如果用儒家的话来说："有"是一种外在的礼法，而"空"是一种内在的德性了。

当时，蒲达多仅了解"有"的作用，后来和罗什经过好几次激烈的辩论，才懂得"空"的意义，不禁深佩大乘佛法境界的高超，而要虚心地向罗什学习了。他幽默地说：

"罗什是我大乘的老师，我是罗什小乘的老师。"

这一段小乘大乘的斗法和师生间虚心学习的态度，已传为佛学史上的佳话。

自此罗什的名声，大为远播，一直传遍华夏。因此道安才建议苻坚迎请他来华讲学。当时苻坚迎请心切，竟然派遣将军吕光率领七万大军，前往龟兹国强制接请。但正在这时，国内的局面发生巨变。淝水战役的结果，苻坚遇弑，前秦覆亡。吕光归途割据独立，在凉州（今甘肃省武威市）建立前凉。于是罗什便停留在凉国，前后做吕光父子的上宾达一十六年之久。直到公元 401 年 12 月才到长安，那已是后秦姚兴的时代了。

　　秦主姚兴对于罗什早已是向往多年了，接谈之下，大为敬佩愉快，乃全心支持罗什从事译经弘法的工作，把他安置在有名的西明阁和逍遥园中。并使沙门僧肇、僧叡等八百余人协助侍奉，来展开译经的大业。这一工作一直持续到他逝世。而他给后世带来的伟大贡献，便全部完成在这八九年间。

　　罗什不仅在译经弘法方面受到姚兴的尊崇，而在生活方面也受到无上的优待，这优待有时竟使得罗什受不了。谈到这点，也许是罗什"命中注定"的吧！远在吕光初遇罗什的时候，吕光见他年纪很轻，便一番好心要把龟兹国的公主许配给他。罗什表示这是出家人所不允许的，拒不接受，但这些武夫哪管这套，硬把罗什灌醉和公主一起锁在密室强迫成亲。现在来到长安，姚兴又以另一动机造成同样事实。姚兴由于对罗什钦佩到了极点，认为这样聪明颖悟的人，一旦死去，不留后代，实是人类的严重损失。于是也把他灌醉，选了女伎十人，强其收纳。这些过分的优待，若在一般人，自是艳福不浅；但对一个虔修佛法的高僧却是莫大的讽刺，因此罗什自己深感惭愧。每每在讲法时，向弟子们说："比如臭泥中生莲花，只要采莲花，却勿沾取臭泥。"不仅女色对于罗什是个污点，就是他所过的富比王侯的舒适生活，也未尝不是一个出世弘法者的盛德之累，这一切对罗什都不免是污泥，而非莲花。他的那株莲花是开在另一面的。那也就是他在长安这八九年间的成就。

在这段时间，他从事于大量的译经，一共译出三百多卷佛经，在我国佛经的翻译史上，除了唐代的玄奘外，就以他译得最多了。

他的一生功业，在于译经；而他的译经，在哲学史上代表了六种意义：

一、他是有系统介绍印度思想的第一人。

二、他是介绍大乘宗派经典的第一人。

三、他所译的《成实论》，是成实宗的圣经，所以后人奉他为成实宗的创始人。

四、他所译的《中论》《百论》和《十二门论》，这三部经典，是日后三论宗的基本教义，因此他又成为三论宗的创始人。

五、他所译经典的文字，非常华丽，成为中国文学上特有的一种文体。

六、他打开了"般若正见"和"顿悟法门"的先声。

这六种意义，任何一种都可使他成为历史人物；而他居然集于一身，他的重要性实无须笔者再饶舌了。

三

　　谈起罗什的弟子，真是多得惊人，据统计有三千人之多。其中僧肇、道生、道叡、道融，称为关内四圣，再加上道恒、昙影、慧观、慧严，又称为八宿上首。在这些弟子中，最有代表性，而能独树一帜的，要算僧肇和道生了。

　　罗什死后，门下分散，北方以僧肇为代表，南方以道生为代表。他们两人虽然同是罗什的门下，但思想的步伐和师傅完全不同。罗什的功力，在于直接介绍印度的思想，但僧肇和道生却借佛学以发挥老庄的思想。所以，在大家正热心于译经的时候，僧肇突然大呼"忘言"；在大家正专心于精进修行的时候，道生却突然高唱"顿悟"。这两位弟子的一唱一和，构成了佛学思想上的千古绝唱。

　　僧肇，京兆（今陕西省西安市）人，幼年时，家境清寒，以抄书为业，因而读了不少的经书。他喜欢研究老庄，但总觉得老子的道理虽然高深，还不够玄妙。后来读到《维摩诘经》时，大为感动，便决心出家，以宣扬佛法。

　　他二十岁左右，便名震关内。许多学者，不远千里而来和他辩论，但都失败而回。后来听说罗什是位佛学界的权威，便拜罗什为老师，在逍遥园中，帮助罗什详定经论，翻译经书。

他在三十一岁（414年），便逝世于长安。在人生的舞台上，是那样的短促，没有经过风浪和波折。可是他所写的四论，又称《肇论》，却成为千古的绝唱。

这四论就是：《般若无知论》《不真空论》《物不迁论》和《涅槃无名论》。

当他写了二千余言的《般若无知论》时，罗什看了不禁大为激赏，慧远读了叹着说："这是我从来也没有看见过的奇文。"

他在这篇论文中，把般若的作用喻为一面镜子，"般若"两字是梵文的音译，原义是智慧的意思。为什么智慧又是无知呢？因为真正的智慧，像一面镜子，世界上的形形色色，只要出现在镜子的前面，都会反映在镜中；然而镜子本身却空无所有，如果镜中已有固定某种的形象，它便不能再反映其他的形色了。圣人的智慧也是如此，他是无知的，又是无所不知，因为他的心是虚的；唯其虚的，才能容纳一切，这道理正和镜子的作用相同。

僧肇又在《涅槃无名论》中，强调涅槃只是一种玄妙的境界。如果人们的修养，达到最高的智慧，使他的心像镜子一样，那么他就进入了这种境界。这究竟是一种怎样的境界？却不是言语所能形容的。正像孔子的"仁"，也是一种境界，我们只知道"仁"是做人的最高理想，但要怎样才能成为"仁"，便无法下定义了。假如说孝是仁，难道义就不是仁吗？难道信就不是仁吗？因此举一就有漏万的危险。如果说一切德行的总和是仁，这种定义就等于没有定义。所以这种境界是不能形容的。

僧肇这种无知和无名的理论，是来自老庄的思想，老子说过"大智若愚"，庄子说过"至人之用心若镜"，老庄的思想处处在避免直接的、积极的追求；这正与佛学的"空"义相合，所以僧肇是把老庄的思想纳入佛学。

以老庄的思想来解佛，僧肇并不是第一人，因为道安和慧远都是这方面的能手；但僧肇值得我们大书特书的，不是在他的解释，而是在于他以老庄的思想，从事于佛学的革新工作。他在《涅槃无名论》中便特别强调忘言的意义，因为当时研究佛学的人，都在名词上翻来覆去，把真正的词义割裂得支离破碎；而有些名士更把佛学当作清谈的资料，所以僧肇提出了"忘言"，的确是对症的药方。可惜他死得太早，他的理论只能成为千古的绝唱，而无法推广开来成为一种运动。

僧肇的"忘言"，是对烦琐经义的革新工作；至于在思想上创造一种新境界的，却要推道生的"顿悟"了。

四

道生是僧肇的同学，俗姓魏，巨鹿（今河北省平乡县）人，生于东晋简文帝咸安二年（372 年）。他赋性聪悟，七岁时便随高僧法汰出家（法汰为道安的门下）。十四岁就能登坛讲法，辩倒许多高僧名士。法汰逝世后，他便到庐山向慧远大师学法。

在庐山的七年间，他钻研群经，对于佛学已有深彻的领悟。但慧远那套谨守戒律的苦修佛法，毕竟不能满足他的需要。他听说西域高僧罗什入关传道，便约慧叡、慧严等离开庐山，到长安向罗什求学。

道生是一个好学深思的思想家，对于罗什那种死守经义、长篇累牍的翻译，以及半僧半俗、形同公侯的生活，自然起了反感。因此在长安住了五年，又回到庐山去静居，这时他已是三十四岁了。

自这时开始，直到五十七岁，这二十三年间他的行踪颇不一定，有时在庐山，有时在霍山，有时又在长安；而他的心也一直在跳跃着，从这本经书跳到那本经书，从这个佛理跳到那个佛理；然而跳来跳去，始终没有跳进他所理想的境地。他既不满于庐山的苦修，又不满于罗什的译经。他觉得拘泥戒律，往往会窒息思想；专门译经，也只是纸上谈兵。这些都不是真正的解脱法门。

他沉思又沉思，他的心一直在波动着，正像在火炉上的一壶水，虽然内部因受热而一直在对流着，但水面仍然保持着平静，一旦内部的对流到了沸点，整个水面立刻滚动起来。道生在这五十六年间，虽然内心一直在跳跃着，思想一直在变动着，但他仍然保持了缄默，直到五十七岁那年，他的思想已发展到沸点，因此他再也不能缄默，他展开了思想的第一个浪潮。

在他这几十年来一直盘旋着的问题，就是佛法既然充塞了宇宙；那么山河大地中的每一个生灵，是否都有佛性？是否都会成佛？以传统的解释，认为一切都在佛性中，不过无生物没有灵知，只是依附的，而人是有灵知的，因此都有佛性。但有一个例外，就是那些"阐提之人"恶根太重，不信佛法，所以不能成佛。在这点上，道生便产生了怀疑，他认为"阐提"也是人，也是有灵知的，因此也有佛性，也照样可以成佛。他的结论是：人人都可以成佛。为了这个问题，他曾有一段辛酸的故事。

在他五十七岁那年的秋天，带着满腹的牢骚，从南京跑到虎丘山上，站在茅庵的前面，对着面前的一大堆石头，哭诉着他的遭遇。几十年来的积郁，几十年来的苦闷，一齐涌出了他的胸膛，尽管他是一个有修养的高僧，这时也不得不老泪纵横了，他对着石头，大声哭泣着说：

"你们这群顽石啊！替我评评理看，'阐提'也是人，也是有佛性的，他们当然会成佛。可是我因为说了这几句话，便被那些愚昧的和尚赶了出来。顽石啊！请告诉我，阐提之人是否都可以成佛。"

也许道生太激动了，泪眼中看到那些大小的顽石都在点头，便笑着说："顽石都赞成我的看法，我的话得到印证了。"

这段道生对石头的自言自语，就是佛教上有名的"生公说法，顽石点头"的故事。至于顽石是否点头？这只是一个传说，并不值得推敲；但我们有兴趣的是为什么道生说了一句"阐提之人都可成佛"，便遭排斥呢？这故事却不是那么的单纯了。

因为当时中国的许多高僧们，一味地推崇西方，死守着印度的教仪和戒律，而不顾中国的民情风俗。道生是位思想家，在他心中所沉思的，就是如何打破这种盲目崇外的风气和迷信的制度，以发挥中国的佛学精神。

那是在他被逐的前二年，有一次宋武帝刘裕，开了一个盛大的宴会，邀请京城里所有的和尚。由于宴会的迟延，过了正午才开饭。这时有一位高僧突然叫道：

"我们佛家从印度传来的规律是过午不食的，所以我们不能动筷。"

接着许多和尚都附和着放下了筷子。

宋武帝和大臣们也都放下了筷子，这是一个相当尴尬的局面。

这时的道生，已经忍不住了，恰好这时宋武帝大声说："你们看啊，日正当中，还没有过午呢？"

道生便乘机站了起来，招呼大家说：

"白日当空，还在正中呢，谁说过午？"便不顾一切，端起碗来就吃。

于是大家也都拿起了筷子，尴尬的局面总算打破了。但那些死守印度戒律的和尚却痛恨道生，由此种下了被排斥的后果。

　　还有一次也是为了印度戒律的问题，祇洹寺住持慧义、东安寺住持慧严、道场寺住持慧观都是主张在吃饭的时候，应该要遵守印度踞坐而食的方式。但这种方式是我国人所不习惯的，因此道生便主张：佛教既传入中国，便须适应中国的民情风俗，改为方坐而食。

　　于是道生和慧义、慧严、慧观等便发生了冲突，正好当时祇洹寺的施主是范泰，他却赞成道生的看法，便向宋文帝（刘义隆，刘裕之子）禀奏，希望文帝授意宰相，出来解决此一争执。

　　文帝便派司徒王弘和郑道子，陪同范泰等一班朝臣，到了祇洹寺，打算说服慧义。于是便展开了一场激烈的辩论：慧义认为佛教是印度传来的，印度便是佛教的祖国，因此一切的行事，必须以印度为准则；而范泰等却坚持以夏变夷的儒家学说，这样佛教才能在中国生根。这时旁边的慧观却激动地说：

　　"任凭你们要怎样坚持，我慧观个人决不改变方式，我相信佛门中任何一个和尚也不敢改变的。"

　　这话显然是针对道生说的，因此逼得道生提出抗议说："我也是个和尚，我便不敢苟同你们的方式，因为我从小便是方坐而食的。希望我们不要在这些小问题上劳动皇帝和大臣们，以后各行其是好了。"

这次辩论虽然没有结论，但道生和慧义等的破裂已无法弥补了，所以在某一次法会上，慧义等便事先安排好，要拆道生的台。

当道生提出"阐提之人，都可成佛"的见解时，慧义便嘘了一声，于是法会上泛起一阵吼声，有的叫着："道生离经叛道，擅改佛旨。"有的叫着："道生口口声声老庄孔孟，是佛门中的叛徒。"有的干脆叫着："把他赶出教门。"

就在这种暴动的情况下，道生忿忿地离开了南京，只得跑到虎丘山上，向石头说法。

虽然道生横遭排斥，不容于众；但他认为只要是真理所在，便义无反顾。三年后，从印度传来了一部《大涅槃经》，正载明了"阐提之人，都可成佛"。这使道生的见解终得到了印证，因此他到庐山东林寺讲法时，便轰动了全山，许多佛学高僧都拜倒在他的面前。这前后三年的遭遇是如此的不同。道生的伟大，就是在于他在这三年中始终坚持自己的见解，从恶劣的环境中，奋斗出光明来。

再隔两年（434 年）的冬天，他在庐山东林精舍，讲解《涅槃经》，正当快要讲毕时，突然手中的麈尾掉在地下，大家去看他时，这位一代的高僧，已坐在讲席上仙逝了。他的死讯轰动了京都，非但一般的名士高僧为他悲悼，就是以前赶走他的慧义等，也为他顿足地叹着：

"他的死，将是我们永远也无法弥补的憾事了。"

从道生的故事中，可知他在生命的最后几年，才产生一个突起的高潮，他的思想也同时达到了高峰。

　　他主张"阐提之人"都可成佛，与其说这理论是来自佛学，还不如说是来自儒家。因为在他提出这理论时，《大涅槃经》还未完全介绍到中国；在当时所翻译的经书中，没有这种说法，所以许多佛教徒一听到道生的理论，便大为惊讶，认为他是孔孟的信徒。事实上，道生的先知先觉，也正是由孔孟思想所启发的。他在庐山东林寺中讲解《大涅槃》时，便公开引证《中庸》上的"天命之谓性"和孟子性善的学说。所以道生的主张对当时佛教来说，虽然大胆，但在中国思想上却是一个老问题，因为"人人皆可以为尧舜"与"人人皆可以成佛"，在意义上毕竟是相去不远的。

　　不过在方法上却大不相同，因为他是运用一个最特出的方法来"顿悟"成佛的。

　　在这儿，我们必须分清"悟"和"顿悟"的不同。

　　在中国古代的思想和以前的佛学上，无论成圣或成佛，都是主张老牛破车似的修养方法：今天读它几句经书，明天敲它几下木鱼。但这只是做学问的功夫，而不是做思想的功夫。学问可以日积月累，但由学问变成思想，却必须靠悟。有许多人书读得不少，是个大学问家，但却毫无思想，最多只是一个图书馆罢了。而另有些人，书读得不多，却能在一两句中，了解所有人生的问题。思想的功夫，正像爬山，爬到最高峰，便能一览无余。所以古代的儒佛除了教人苦修外，也同时强调"悟"，一方面教人"知其一"，另一方面却教人"以三隅反"。"知其一"是做学问的功夫；而"以三隅反"，便是"悟"，便是做思想的功夫。所以孔子看到逝水，便能悟到"逝者如斯夫，不舍昼夜"的道理，便能悟出生命的真谛，悟出一个"仁"的境界。

所以悟是思想达到饱和状态，而豁然贯通的境界。

但道生提出的"顿悟"，却完全不同。它不是思想的功夫，而是扬弃思想的功夫。思想上的"悟"是一种推理作用，但"顿悟"是内在的精神作用。在詹姆斯（美国哲学家）的心理分析上，认为思想是一种流，永远在那儿流动着，但"顿悟"要斩断这支思想的流。究竟"顿悟"后是一种什么境界呢？那时我们的脑海中是一片空白，又似乎是万物原形毕露；我们的眼前似乎是万籁俱寂，又似乎是生机活泼。总之这种境界不仅须靠亲身体验，而且是"不可思议""不可说"的。

五

前篇我们谈到佛图澄师徒，这篇我们介绍鸠摩罗什师徒。在这中间有一个非常鲜明的对比。

佛图澄和罗什都是外来的高僧，一个着重在传教，一个着重在译经。虽然一个用口，一个用笔，但都是介绍印度的东西到中国，他们的任务是相同的。可是到了他们弟子的手中，面貌却完全不同，那已不是全副印度的装扮，而是中印的合璧。

道安以老庄注解佛经，僧肇以老庄发挥佛学，他们的路子是相同的，他们的地位也相等；他们所努力的是中印思想的交融，因此他们的功力也局限于这方面，而不能开展成为一个宗派。

由于道安的转变，到了慧远时，已开展为庐山学派，成为一代的宗风；再转变到道生，已发展为整个魏晋佛学思想的高峰了。

道生不只是罗什的弟子，而且也是慧远的门生。照一般情形来说，他思想的优点，该是兼容了罗什和慧远的思想。事实上却不然，他所受益的，不是得之于罗什和慧远的特点，而是同时扬弃了罗什和慧远的弱点。他最出色的地方，不在译经，不在戒律，不在印度思想的钻研，也不在于以老庄去解释佛经；而是在于批评印度思想，革新佛教的制度，以建立中国本位文化的新佛学。

可惜在魏晋时期，思想界太纷纭复杂了，这与春秋时期的生气蓬勃大不相同。春秋时期的思想是平地拔起，向各方发散；而魏晋的思想却是一个波浪的浪脚，虽然已荡开了第一个浪头，但要平地拔起，蔚成大观，却有待于以后的时代。所以尽管道安、慧远、僧肇、道生等，以及当时一般的佛学家，都是以老庄来释佛，但他们的努力，都是用老庄的学理来迎接佛学，把佛学老庄化，使国人易于接受而已。至于使佛学在中国的园地内开花结果，建立起中国自己的佛学，那还要等到后来隋唐时代的各位大师呢！

第十六章 沟通中印的圣僧——玄奘

一

魏晋时期所展开的佛学浪潮，到了隋唐时代便激起了一个空前未有的高潮。这时印度的思想，像万川争流似的倾入了中国的海洋，蔚成隋唐佛学全盛的壮观。

以前的佛学，无论译经也好，解经也好，都是支离破碎，杂说纷纭，没有严密的组织和系统。可是到了隋唐，经与经的联合，义与义的相结，而产生了十三个宗派。

这十三个宗派，后来由于兼并的结果只剩十宗。其中的俱舍宗和成实宗，是接近于小乘的教派，虽然成长于魏晋，但由于缺乏生力，所以一直没有进展，在中国佛学思想上的影响是微乎其微的。另外八宗，都是大乘教派，而且都是完成于唐代。其中的密宗，是加上一种神秘的外衣。律宗专重戒律和修持，用于佛教的僧徒。净土宗提倡念佛，适应于民间。三论宗虽然盛极一时，但后来融入天台宗，所以真正能够发挥佛学思想、最有力量的，只有四宗，就是法相宗、华严宗、天台宗和禅宗。

在这四派中，法相、华严和天台，是正统的佛学，称为"教下三宗"；而禅宗，不立文字，教外别传，是以前诸宗的反动，也是形成以后中国本位的佛学。

法相宗的创始人，就是妇孺皆知的《西游记》中的唐僧——玄奘大师。《西游记》虽是一本荒诞不经的神异小说，但事实上玄奘求经的故事，也是充满了传奇性的。现在我们撇开《西游记》中的假唐僧，来看看学术思想史上真正的唐玄奘。

二

玄奘，俗姓陈，名祎，河南偃师（今河南省洛阳市东）人，生于隋文帝仁寿二年（602 年）。他家是一个书香门第，祖父是北齐的国学博士，父亲做过隋朝的江陵县长，隋亡后，便弃官不做，隐居乡间。在家中，玄奘排行最末，二哥陈素，就是在洛阳出家的长捷法师。

玄奘幼时，便好学深思，不喜欢与其他小孩在一起玩，一个人独坐在那儿，做些奇异玄想。十岁的时候，父亲逝世，孤苦无依的他，便随哥哥长捷法师，住在洛阳的净土寺中。自这时起，他接受佛学的洗礼，也就在这几年中，他做了小沙弥，立志弘扬佛法。

这时，隋炀帝在江都被叛臣所杀，洛阳便成为战场，到处是烽火连天，到处是尸骨如山。加以兵灾之后必有凶年，到处是奔荒的难民，到处是待毙的饿殍，这使得净土寺中的玄奘兄弟再也无法静读了。于是被迫离开洛阳，跑到长安的庄严寺内。然而，长安并不长安，仍然是一片战火，一片饥声。接着他们又辗转逃到成都，在当时四川是天府之国，未曾遭受兵灾的波及，许多高僧都避难到这里，使成都变为佛学的中心。在这里他们本可以安心地研读佛经，但这时的玄奘理解力极强，求知欲更强，他觉得死守经义、拘于一派，是会妨碍真理的追求，必须到各地去访问名僧，开开眼界，于是他便离开了哥哥，云游四方，从四川出发，过三峡，经湖北、湖南、安徽、江苏、河北，又转回到河南。在这次的游历中，他见过许多佛学高僧，访过许多古庙大寺，也读过不少各派的经典。这时，他的眼界扩大了，他的佛学高深了，他的名望也增高了，所以有一位仆射官萧敬瑀曾经推介他做庄严寺的住持；虽然庄严寺是长安的大寺，住持又是一庙之长，但玄奘的志趣不在这方面，因此婉言谢绝了。在这几年的游历中，使他深深地觉得我国的佛经实在太少了，而且没有系统。尤其在翻译方面，有的是用六朝的骈文，虽然文章华丽，却失去了本义；有的是用深奥的字句，不能深入浅出，使读者难于接受；尤其那些译者都没有亲自去过印度，不懂梵文，都是由印度和尚念出经句，然后再翻成中文。所以当时翻译的经书，没有一部是完美的。至于对佛法的解释和发挥，更是千奇百怪。同一种佛理，却有不同的解释，有的专谈迷信，有的死守戒律，有的要忘言，有的唱顿悟。玄奘诧异地自问：难道佛法的本义也是如此的吗？谁知道？也许我们都在瞎子摸象呢？然而要如何看一看这头象的本来面目呢？唯一的办法，就是亲自跑到印度去研究。

谈起到印度，在当时真比上天还要难；靠着自己的两条腿，要爬过充满野兽的高山峻岭，要越过没有人迹的无垠沙漠，真是谈何容易！然而"我不入地狱，谁入地狱"，如果没有人发心冒这个险的话，这个问题永远得不到解答，何况前人如法显，也曾去过印度，难道他能去，我就畏难退缩不成？玄奘想到这里，便大声地发誓说：

"我玄奘应该舍命西行，求取佛法，来弘化中土。不仅大量译经，而且要解决今日佛法上的症结，替我国文化做一件神圣伟大的工作。"

玄奘下定了决心后，便积极准备去印度深造，但当时唐朝初建，四夷不靖，严格禁止人民出境。可是玄奘绝不因此改变初衷，他想尽种种方法来实现其夙愿；最后他不顾一切，利用一个非常冒险的机会而偷渡。

那是唐太宗贞观三年（629年），由于关东及河南、陇右沿边几州下了几次大霜，农作物被摧残，发生严重的灾害，政府便命令百姓疏散。玄奘就抓住这个机会，混在难民当中偷渡出关。

自此，玄奘便开始了他的冒险生涯。

他先到秦州（甘肃天水），转过凉州（甘肃武威），再到瓜州（甘肃瓜州）。当时瓜州是中国最西的一个城市了。在这段时期，他所担心的是后面的追兵，因为当政府知道他偷跑出关后，便下了一个通缉令，这张通缉令一直追踪着他，使得他夜行昼宿，不敢露面。自瓜州以后，他虽然不必担心后面的追兵，但却恐惧着前途的茫茫，因为他已面临着一片无垠的大沙漠。没有城市，没有人烟，没有绿洲，只有几堆白骨，把这空无所有的世界点缀得更沉寂。玄奘坦然地走入了这个世界，他当时的配备只有一匹瘦弱的识途老马，马背上吊着一袋水、一些干粮。就凭着这些，连一张地图、一个指南针都没有，而要通过一个看不见边，又不知方向的沙漠，这无异是白日的痴梦。然而对玄奘来说，这不是梦想，而是事实。因为他那永不磨灭的信心，就是地图，就是指南针，就凭着这颗信心，可以使梦想变为事实。

在沙漠中，他几次遇到飞沙走石，几次水尽粮绝，几次疲惫地倒了下去，然而他的心中很清楚，他唯一的生路就是挣扎，就是前进。因此他又振作精神，向前奔跑，经过了无数的风险，终于到达了西域的伊吾国。

玄奘在西域各小国中逗留了一段时期，这些小国都受到印度佛教的影响，因此对这位历尽艰辛、到印度求学的高僧，非常尊敬。国王们都亲自到城门欢迎玄奘，而且举行了盛大的宴会为玄奘洗尘。其中以高昌国王表现得最为激动。

高昌国王曲文泰是一位虔诚的佛教徒，他做太子时曾在长安、洛阳住过一段时期，因此对于大唐非常钦慕。这次玄奘去印度的计划中，本不预备经过高昌国的，但曲文泰却早已带了马匹及庄严的行列在路口等着玄奘，硬把玄奘吹吹打打地迎进城内。一耽就是十多天，玄奘急着要赶路，但国王却极力挽留他说："我国有很多僧众，请你住在这里领导他们如何？"当然玄奘无论如何不肯答应，国王便脸色一沉地说："如果你不肯留在这儿，我就把你送回长安。"玄奘仍然坚持着要离开高昌国，国王知道硬性的办法行不通，便用软手段，每天亲自欢宴玄奘，利用拖的方法，以打消玄奘求去的念头。这时的玄奘不知所措，只有以绝食的消极方式来抵抗，一绝就绝了四天，身体已是十分衰弱，国王再也过意不去，便答应让他去印度。但有一个条件，就是再延长一个月的住期，讲解佛经。一个月匆匆过去了，玄奘临走时，国王送了他许多马匹和法衣，以及旅途上的用费，并带着全国大臣和高僧们，一直欢送到十余里外，抱着玄奘大哭。这场面是够感人的了。

这时玄奘的名气早已传遍西域各国，大家都争着要看看这位中国的高僧，因此一拖再拖，使他在西域各国，足足逗留了一年多。在贞观四年（630年）的冬天，他才第一步跨进了印度的国境。

玄奘到了印度后，便首先去参拜各地圣迹，这儿毕竟是佛教的发源地，到处是释迦传道的遗迹，到处是庄严的宝塔和古庙。玄奘边走边访各地圣迹，最后他跑到释迦修道时的地方，站立在那株五丈多高的菩提树下，遥想千年前的圣哲，在这儿孤单地度过无数个寂寞的黄昏，无非是为了解脱人类的苦痛。玄奘想到这儿，一阵心酸，不禁号啕大哭起来，他哭"前不见古人，后不见来者"，他哭佛法到如今已逐渐的衰微。当时旁边围观的和尚们也都跟着他哭了起来。他就在这儿流连不舍，一直耽搁了九天，到第十天，才走向这次求法的目的地——那烂陀寺。

那烂陀寺的僧众听到玄奘来寺的消息，便选派了两百名和尚，带着一千多人的队伍，高高地抬着兰花幢盖，到村庄上，迎接这位不远千里而来的中国高僧，情形非常热烈。玄奘到了那烂陀寺后便向戒贤法师学习《瑜伽论》。当时戒贤大师已是一百零六岁的高龄，而且患有极严重的风湿病，时常筋骨剧痛，有如刀割，曾几次想自杀以求解脱，但为玄奘这种冒险求道的精神所感动，便提起精神忘记了自身的痛苦，不厌其烦地为玄奘解说佛经，达五年之久。

那烂陀寺是一间规模宏大的寺院，单单和尚就有一万多人，在这些僧徒中，玄奘享受最高级的待遇。他有一间清静的房舍，每天伙食配给有担步罗果子一百二十粒，槟榔二十粒，荳蔻二十个，龙脑香（樟脑）一两，米一升（米是摩谒陀特产，大如豆粒，当时只有高僧、贵族、国王才能享受这种大米）。

出门时，都是乘着象轿。能享受这种待遇的，全寺只有十人，但我们的玄奘享受到了。这与今日的留洋学生，替饭馆端菜、洗碟，岂可同日而语！

在那烂陀寺的五年期间，玄奘反复地听了无数遍戒贤大师的讲法，同时更努力研习各派佛学的经典，尤其连一千年前释迦时代的梵语，也加以精深研究。所以这虽然是短短的五年，但玄奘奠定了佛学的深广基础。

这时玄奘已是"四十不惑"之年了，他的求知欲仍然非常旺盛；于是他便离开那烂陀寺，周游全印度，去拜访各地的佛学名僧。从胜军居士那儿学习《唯识论》，解决了以前在《瑜伽论》中的许多问题，这时他的佛学思想已到达登峰造极的境界，所以五年后，再回到那烂陀寺，便开起讲筵来了。他的声名也红遍了全印度，当时各地的论师都特别赶来和他辩论，但都一一被他征服。全印度的人，都为这位留学华僧的辩才而惊奇、赞叹。

就在这备受尊崇的当儿，玄奘突然决心要回国了。那烂陀寺的僧众听到这消息后，都大为惊讶地说：

"玄奘法师，这里是佛陀的诞生地，在这里能够幸福地过一生，你为什么突然要回国呢？贵国都是异教徒，不重真理，人的度量也小，气候又寒冷，我看你还是长留在这儿好了。"

玄奘却正色地说："我中国不像你们所说的那样坏，我们的国家最注重仁义道德，而且有几千年高尚的文化。我们都是信奉大乘佛法的，我这次西来的目的，就是要把贵国的佛经带回中土，做更进一步的弘法。"

那烂陀寺的僧众都舍不得玄奘离去，因此苦苦挽留，这消息被戒贤大师知道了，便问玄奘为什么归心如箭。

玄奘回答说："师父！我知道这儿是佛法的发源地，所以我要到这儿求学，但我求学的目的，不是为了个人的幸福和才学，如果仅是为了这些，我就不会冒着生命的危险来了。现在我已在贵国学了不少东西，应该回国去传道，解救苦难中的同胞。如果我久留不归，非但对不起苦难的同胞，同时对自己更是一大讽刺。"

玄奘这段话说得戒贤大师频频点首，益发觉得玄奘的伟大。

在玄奘起程回国的前夕，曾举行过一次轰动印度的辩论会，这故事的本末是这样的：

当时印度有许多国家，其中以戒日王最有势力，他曾经邀请玄奘去戒日国和小乘佛教徒辩论，因此玄奘这次回国时预备到戒日国一行。正在此时，鸠摩罗王也派使者来邀请玄奘。戒贤法师因为玄奘有约在先，便婉言拒绝了鸠摩罗王的邀请。这可把鸠摩罗王激恼了，写了一封最后通牒说：

"我虽是个凡夫，不知真理，但我有意学习佛法，曾屡次派人来邀请你们的玄奘法师，但你都不让他去，好像有意使我堕入地狱！好吧，你不让他来也罢，我本来就不是一个好惹的人，我将要率领大军把那烂陀寺削为平地！"

戒贤大师接到这封威胁信后，便和玄奘商量，玄奘为了顾全那烂陀寺的安全，就先去拜访鸠摩罗王。这消息传到戒日王耳中，大为震怒，便派了一个使者要带回玄奘，鸠摩罗王也不客气地回了一封信说："你可砍我的头，但中国的高僧却不能让你带走。"

戒日王接到了信，不禁恼羞成怒，也派了个使者说："你说你的头可以给我，我现在就派这使者来要你的头。"

鸠摩罗王深知戒日王的厉害，便忍气吞声，率领二万象军、三万船只，送法师到恒河岸边，扎了一个临时行营，然后亲自去向戒日王谢罪。于是戒日王便带着满朝大臣，执着火炬，每走一步，击一下金鼓，声势浩大地来迎接玄奘。当时恒河两岸一片火光，一片人声，状况之热烈，真是空前未有。戒日王看见玄奘后，便立刻跪下去敬礼，并献上散花歌赞。

第二天，戒日王一方面把玄奘迎入王宫讲解佛经；一方面派出了无数使者，到印度各国去邀请佛学的名僧和学者，到曲女城大会。这一切就绪后，戒日王便陪同玄奘溯着恒河而上，到曲女城集合。在恒河的南边，有戒日王的大军数十万，北岸有鸠摩罗王的军队数万，河中有万艘军舰，都是专门欢送玄奘的，再加上击鼓吹螺，弹弦奏笛，真是历史上少见的壮观。

这次参加曲女城大会的观众，有十八国的国王，三千多名大小乘的僧徒，以及婆罗门和其他外道学者二千余人，再加上那烂陀寺派来的一千多位僧徒，共有七千多人，有的乘象、有的乘轿、有的步行，数十里外，冠盖相接，真是洋洋大观。

开会那天，会场中摆着宝座，戒日王陪同其他的国王及群臣百官，都跪在地下，口称弟子说："恭请玄奘大法师，登上宝座，弘扬大乘佛法。"

玄奘就在万目睽睽下登上了宝座，宣扬佛法，他的第一篇序论，就是那篇不朽的《真唯识量颂》。

玄奘讲完以后，戒日王就请那烂陀寺的明贤法师，向大家宣读一遍，并抄了一份，挂在会场的门口，上面写着："这篇论文，如果其中有一字没有道理，谁能够指摘攻破的，玄奘当斩首以谢。"

一连挂了十八天，竟然没有一个人敢来尝试。

曲女城大会以后，戒日王又在钵罗耶迦城，开了七十五天的无遮大会（就是布施大会），来为玄奘送行。参加这次大会的僧众和臣民，前后有五十多万人，其盛况可以想见一斑，中国的留学生在国外能受如此的尊崇，恐怕以玄奘为空前绝后的了。

接着玄奘便整装回国，这与十六年前偷渡西来时的单人匹马，完全不同。单以装载佛经的马匹来说，就有二十二匹之多。唐太宗接到了玄奘回国的奏表，非常高兴，便下令沿途小国护送玄奘回国。鄯善王做前导，莎车王做后卫，阵营煞是浩浩荡荡，关内所有的官吏人民都摆着香案，跪迎玄奘。这时已是唐贞观十九年（645 年）的事了。

玄奘到了长安后，除了写下（由他的弟子辩机法师笔述）那部十八万字的《大唐西域记》外，便是大规模地译经。

玄奘的译经是有计划的，他先规定好人选问题：有"证义"的人（监察所译是否正确），有"缀文"的人（商讨文体是否统一秀美），有"笔受"的人（笔记译写），有"书手"的人（担任誊写），这些人物都是由全国的高僧中挑选的，规模之大，在历史上要算首屈一指了。

玄奘自己除了每天礼佛讲道外，便是译写佛经。他在白天规定好翻译的时间和进度，没有译完的，便留在晚上补译，直到三更，稍微闭目休养一会，到了五更又起床，把梵文的佛经用朱笔圈过，做些准备工作，一到天亮便再开始翻译。

这种夜以继日、无休止的沉重工作，持续了二十年，总共译就了经和论七十四部，共一千三百三十八卷，其中还把中国的《老子》翻译成梵文，流传于印度。

由于玄奘自幼刻苦求学，到印度取经时又饱经风霜，积劳成疾，得了一种"冷病"（呼吸气管的毛病），再加上译经的辛苦，所以病态愈来愈重。可是他仍然支持着译完了《般若经》，接着又要译《大宝积经》，只译了数行时，便再也支持不住，而倒了下去，永远不再起来，这时他已是六十六岁的高龄了。

这一代的高僧，一半生涯在求经，一半生涯在译经，他有着游历家的多姿生活，有着宗教家的殉道精神，有着思想家的救世热情。他为了佛教，为了中国文化，为了世界人类，贡献了他的一生。如今已心安理得地离开了人世，他手中的笔掉落了，他的那颗心停止跳动了。但他在沙漠上印下的足迹，却永留在人类的记忆里；他一手翻译的千卷经书，也永留在中国文化的宝库内。

三

至于玄奘的思想，都表现于他所翻译的《成唯识论》中，这部书就是法相宗的宝典，所以玄奘被称为法相宗的开山祖师。

法相宗的教义，就是阐明"识"的道理，所以又称为"唯识"的哲学。不过法相宗所谓的"识"，不完全是指"认识"的识，而主要的是指所以产生认识作用的"心"。

外界一切现象的存在，是由于我们有"认识"的作用；而外界一切现象的变化，却是由于我们心的变化。譬如这儿有一本书，假定我们没有眼睛，便不知它的存在；假定我们不识字，它最多也只是白纸黑字的一堆废纸罢了。然而即使我们都有认识的作用，但我们心的感受不同，那么我们所理解的也有高低。所以同一本书，对于不同的读者，可以产生不同的影响，这完全是他们心境的差别。

佛学上的"唯识论"，有点类似西方哲学中的认识论和近代科学上的心理学。不过后两者所讨论的范围都限于物和心的交感，都属于"唯识论"中前五识和第六识的作用。而"唯识论"除了这前六识外，更进一步，去寻求一个自我人格的来源（第七识），在人格中发现一个物我的本体（第八识）。

"唯识论"中所谓的前五识，就是"眼（视觉）、耳（听觉）、鼻（嗅觉）、舌（味觉）、身（触觉）"等五识，这是人类身体上的五大感觉器官，我们对外界的认识都是以这五种感官为媒介，因为外界的一切都是物质的存在，它必须通过这五种感觉，才能传达到心中。这个心（唯识论中的心，包括脑神经及宇宙的心，此处指脑神经）就是第六识（也称为意识），如果没有这种心的认识作用，外界的现象虽然存在，但我们也无法感受到。所以把外界的存在变为内心的存在，这是前五识和第六识的功用。

但第六识除了接受外界的存在外，它还有自己的天地，就是精神的世界。举凡思想、情感、幻想等精神作用，都完全存在我们的第六识中。因为我们所看到的山河大地不是有情的，有情的是我们自己的心。蜡烛的燃烧，这是物质的现象，可是进入诗人的眼中，却是"蜡烛有心还惜别，替人垂泪到天明"。泰山和毫毛，大小相差悬殊，在庄子的眼中未尝不是如此，可是在他的心中，泰山却和毫毛同样大小了。这是由于心非但可以直接摄取外界的一切，而且可以改变一切的价值和意义。然而为什么有这种改变，这种改变的动力是什么呢？要解决这个问题，"唯识论"便提出了第七识。

第七识，是"末那识"，就是自我的精神意识。意识所以有差别的作用，就是因为意识中有一个自我的人格。每个个体都是不同的，每个生命都是相异的，这不同和相异都是由于"末那识"的作用。每个人的心中，都有一个"我"的过去、"我"的未来以及"我"之所以成为"我"的意识，他对一切的反应都是以这个"我"为中心。因此他所感受的山河大地，也是他所自创的。这个"我"的自我认识，就是"末那识"。

"唯识论"发展到第七识，仍然类似心理学和观念论，仍然徘徊在科学和哲学的园地。因为这时所注重的是在分析，是在万物的差别相；直到最后提出第八识，境界却完全不同了，因为这时已触及物我的根源，已进入了一个宗教的境界。

这一识叫作"阿赖耶识"，它是一个超越了时间和空间的大仓库，里面深藏着形形色色的种子，这些种子含有一切的特性，所以它是万物的根本，又是心灵的本体。同时它又不是固定不变的，好比人身的遗传因子一样，过去的一切作为，可以影响这些种子；而这些种子又形成了未来的世界。所以它是超越了时间和空间的。由于它有这种储藏种子的功能，又被称为"藏识"。

这个"阿赖耶识"，究竟如何作用的，为了方便起见，我们画一个简图说明如下。

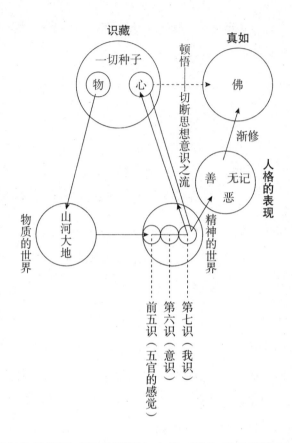

　　我们先从藏识（阿赖耶识）中的"物"的种子说起，它向外发展，便形成了"山河大地"的物质世界。这物质世界依靠五官，经过"意识"而达到"我识"，于是物质世界便与精神世界交流，而成为"我"的世界。最后这个世界又凝缩成心的种子，进入藏识中，在藏识中"心"和"物"的种子是相通的，于是接着又起了一个循环作用，所以在时间之流中，心和物不断地改变，也不断地交流。

至于如何开垦精神的园地，达到佛的境界呢？让我们再从藏识中的"心"的种子说起。它是包含了"善""恶"及"无记"三个因素（无记就是善恶的中性）。这三个因素，通过"我"识，所表现出来的就是"我"的人格。把善表现出来就是善人，把恶表现出来就是恶人。然而无论是善人、恶人，毕竟还是普通的人；可是佛是超诸善恶的，是一种真如的境界。因此我们要达到这种境界，必须使善恶因素完全消失，无所谓善，也无所谓恶，所以佛和藏识是绝缘的，必须否定了藏识，消灭这种产生万物的种子，才能达到佛的境界。

不过在这里，我们须认清法相宗的修持方法和道生及以后禅宗的"顿悟"完全不同。顿悟的方法是不须通过"我识"，而在藏识上突然转变这些种子，使我们升华到佛的境界。但唯识论的方法便不同了，唯识论是走的渐修途径。它告诉我们，先要在藏识中，滤去恶的因素，使我们在人格中表现出来的是善，然后再进一步，连善也扬弃了，而进入佛的境界。正因为这种由认识到成佛的修持功夫，所以唯识论的学说才不同于一般的认识论、心理学，而成其为高深修养的学问，而成其为一种宗教的哲学。

四

玄奘大师在佛学上的造就，固然精辟，然而我们对于他的认识，却不限于此；因为他不仅在佛学思想上是一座高峰，同时在整个中国文化上也是一颗光照万代的巨星。

在他以前，除了几位到国外求经的和尚外，都是印度的和尚到中国来传教，造成一般教徒崇外的心理。可是到了玄奘手中，这情势却转了一百八十度的大弯。印度的大乘传到中国，玄奘加以精深地研究，现在却回到印度去宣扬大乘佛法，使得印度的高僧名士钦服不已。此一转变，转变了整个的佛学思想史，因为自此以后，不再是印度僧徒到中国来传道，而是举世的人们都向中国学习大乘佛法了。到如今佛教发源地的印度，已没有了大乘佛教，而在中国却蔚为大观。这种全盘接收了外来文化，而又能出蓝胜蓝，实在是历史上少见的奇迹，而此一奇迹的转折点就是玄奘。

玄奘不仅在思想上作了这一转变的关键，在外交上更有惊人的成就；因为他的辩才无碍，博通中外，轰动了整个印度，使全印度的人们，由于对这位华僧的钦服，而认识了中国文化的伟大，所以戒日王听了玄奘的一席话后，便于贞观十五年（641 年），派使到长安朝贡，自愿称臣。这是中印外交关系的开始。想不到玄奘，以一个留学生的身份，却在不知不觉中，替我国完成了一次最漂亮的国民外交。

今天我们面对着这位千年前的圣哲，我们的心情是沉重的。在中国历史上有两次接受外来的文化：一次是魏晋时期，接受印度的文化；另一次就是今日的接受西方文化。在第一次时，玄奘是一个转变。玄奘所以有这种转变的力量，主要由于他不仅是求经，不仅是全盘印化而已，而是他本身已有很高的造诣，他在国内已是一个知名的佛学家，所以他那次到印度去深造。不是站在低一层的地位去接受，而是站在更高一层的境界去选择。他在菩提树下大哭印度佛教的衰微；他在曲女城大会中，一席宣言，震得全印度小乘的教徒哑口无言。由这些动人的故事中，可知玄奘不仅是达到出蓝胜蓝、炉火纯青的功夫，而且这次到印度深造，简直是向印度宣扬中国的大乘佛教呢！

但我们反省一下这次西化的成绩如何？从鸦片战争起到现在已经一百多年，即自五四运动介绍民主科学以来，也有近百年的历史了。今天我们所得到的都是西方文化的皮毛，正像道生时代那些崇外的僧徒一样，专门模仿那些不合中国文化的生活方式，而不能吸取思想的精华。说起来也许令人心酸、令人失望。可是我们仍然有一个梦想，梦想着有那么一天，西方的民主科学有如印度的小乘，而中国产生了一种大乘式的民主科学，反而到西方去弘扬，使西方学者都到中国来留学，学习这种奠基于人道精神上的民主和科学。这虽是一个今日的梦想，但在不久的将来何尝不会变成事实？因为我们深信，千年前有玄奘，千年后仍然还有玄奘。历史虽不能重演，但长江后浪推前浪，我们有充分的自信张大眼睛等待着这继起的浪头，把这个梦想实现于不久的将来。

第十七章 融会贯通的教宗——智颛

（附：法藏）

一

玄奘大师西游印度时，看到佛教的衰微，曾在菩提树下痛哭。玄奘的痛哭，并不只是心血来潮，触景生情，而是具有历史的意义。

自释迦灭度后，在印度流传的都是小乘教派，而且支离分裂，有二十部之多。到了佛历五世纪（相当于公元前1世纪），外道繁兴，益呈复杂。直到第六世纪末才有马鸣和尚，第七世纪有龙树提婆和尚，第九世纪有无著世亲和尚，第十一世纪有清辨护法和尚，第十二三世纪有戒贤智光和尚。在整个印度佛教史上，也只有寥寥几个大师。他们的努力，造成了佛学的高潮。这是印度佛学的黄金时代，可惜只有马鸣和尚到戒贤和尚的五百年间，未免太短促了。自戒贤和尚而后，一方面由于佛教徒们的专事空论，忘了修持；一方面由于婆罗门等外道的中兴与崛起，所以此后印度的佛教便一蹶不振。到了佛历十五世纪（相当于公元10世纪），佛教发源地的印度，已几乎没有佛教的气息了。

玄奘就学于戒贤论师，那时印度佛教犹如强弩之末，所以不禁悲痛佛学的衰微。在此后一千余年来，要谈佛学，只有求之于中国了。

我们再反观中国，佛学正如三春花发，满山满谷。译经的丰富，宗派的创立，已直追印度的佛学。但直到隋朝以前，中国佛学的高峰，还没有超过印度，因为我们所译的是印度的经典，我们所传的是印度的宗派。而要更进一步融会贯通的发展到巅峰，却有待于隋唐的各位大师。这时由天台宗和华严宗的判教，把原本繁复的佛学加以分析综合，组成了有系统的教理；再加上玄奘的大规模译经，使印度思想在中国园地上开出灿烂的花朵，才使中国的佛学波澜壮阔，奠定了这世代佛学思想的领导地位。

中国佛学的发展，在译经方面，玄奘是一个重镇；在佛理的开展方面，判教却是一个转折点。

什么叫作判教？简单地说就是把释迦一代说法的内容和方法，依照经典的深浅，加以时间上的划分，加以内容上的分析综合。虽然判教的分类缺少历史上充分的根据，但它是中国佛学史上的一种创见。因为此后，我们对印度佛学已不是笼统地接受，而是自觉地吸收，而是有条理、有系统地研究了。

二

为了方便起见，我们借图解的帮助，来看看天台、华严两宗判教的内容。先说天台宗的五时八教。

五时
- 华严时——这是释迦初期，为许多根基敏慧的菩萨所说的法，以《华严经》为主。
- 阿含时——十二年后，由于钝根的人不能领悟大乘的佛法，便改讲小乘的《阿含经》。
- 方等时——再八年，为了使大家不迷于小乘的自渡，改讲大小乘兼有的《楞伽经》等，并以大小乘的比较，以弹呵小乘，转向大乘。
- 般若时——再二十二年间，为一般人或误执大乘者，改讲《般若经》，使大家了解一切皆空，不可执着。
- 法华涅槃时——在最后八年间，改说《法华经》及《大涅槃经》，进入了佛法圆融的最高境界。

这"五时"的分法，说明了一个事实：告诉我们佛经为什么有浅有深，有小乘有大乘，这都是由于释迦的说法是随着对象不同，而有不同的态度、不同的内容。所以配合了"五时"，而有所谓"八教"的划分。

八教又分为化仪四教和化法四教。化仪四教就是顿教、渐教、秘密教和不定教。它们说明了释迦说法态度的不同：有时用"顿"的方法，使对方自证；有时用"渐"的方法，使对方由小乘而进入大乘。有时听众很多，便用"秘密"的方法，向对方直指，使听众彼此不知，而各有感悟；或用"不定"的方法，说渐、说顿，使对方有的闻小法而证大果，有的闻大法而证小果，虽然彼此同听，受益却各不相同。化法四教就是藏教、通教、别教和圆教。它们说明了释迦说法内容的不同：有时专说小乘的"藏教"；有时兼说大小二乘互通的"通教"，使钝根的人通藏教，使利根的人通"别""圆"两教；有时专对菩萨说异于其他各教的"别教"；有时却直接开示大乘至高境界的"圆教"。

到了华严宗，又有三时五教的判释。

所谓"三时"，乃是以日出、日升、日没来比喻释迦说法的次序："日出先照时"，先照高山，这是象征释迦成道时，先对大智大慧的人说法，相当于天台宗的华严时。"日升转照时"，遍照幽谷，这是象征释迦用诱掖的方法，向根基较浅的人说法，这是一种暂时的权变，相当于天台宗的阿含、方等、般若三时。"日没还照时"，再照高山，这是象征释迦最后的画龙点睛，直达胜境，相当于天台宗的法华涅槃时。由以上的分析，可知华严宗的三时，只是天台宗五时的简化。至于华严宗的所谓五教，图示如下。

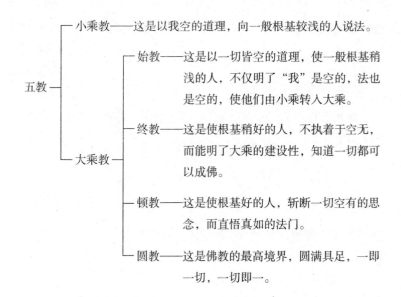

五教 ——┬— 小乘教——这是以我空的道理，向一般根基较浅的人说法。

└— 大乘教 ——┬— 始教——这是以一切皆空的道理，使一般根基稍浅的人，不仅明了"我"是空的，法也是空的，使他们由小乘转入大乘。

├— 终教——这是使根基稍好的人，不执着于空无，而能明了大乘的建设性，知道一切都可以成佛。

├— 顿教——这是使根基好的人，斩断一切空有的思念，而直悟真如的法门。

└— 圆教——这是佛教的最高境界，圆满具足，一即一切，一切即一。

在这里，我们可以看出天台、华严两宗，是如何巧妙地把整个复杂的经典加以分类、批判，使后代的学者都有规矩可循，都有脉络可寻。所以在佛学史上，一般都公认中国佛学的贡献，除了禅宗外，就是判教了。

三

天台宗的五时八教，华严宗的三时五教的判释，其创立者即是天台宗的智者大师智颛和华严宗的贤首国师法藏。他们也都是天台、华严两宗思想的完成者。

智颛，俗姓陈，生于梁武帝大同四年（538 年）。他的眼睛是双瞳子，家人都认为这是帝王之相，将来一定是伟人。事实上，他也真达到了伟大的境界，只是他的成就不在于世俗的功业，而在于佛法的光大。

他七岁时，便与佛教有缘，常跑到附近的一所大寺庙里去参拜佛像。寺中的和尚们觉得他具有慧根，常教他许多佛学的知识，这是他接受佛学的初期。

十七岁那年，由于陈霸先篡夺了梁朝的天下，南方很乱，他便在双亲的吩咐下，到陕州的母舅家避难。可是他到了北方后，并没有留在母舅家中，一个人偷偷地跑到了相州的果愿寺中，落发做了和尚，那时他还只有十八岁。

此后，他便过着托钵的僧徒生活，他在大苏山的寺院里一住就是八年，这是一段漫长而单调的岁月，唯一的工作和唯一的消遣，就是闭关读经。由于他生性敏悟，别人须花半年才读得完的经书，他只要二十天的工夫，便能背诵经句，而且融会贯通、推陈出新。所以在这段时间内，他已读通了不少重要的经典。加以大苏山的慧思禅师，为他讲解法华三昧，已播下了日后开展为天台宗理论的种子。

有一次，他在寺里做着"法华三昧"的功夫，刚做了三个晚上，读到《法华经》中的"心缘苦行，至是真精进"两句经文时，觉得自己确已领悟了，便闭上眼睛，希望再加以体会一番。这时他的眼前显出了一片新奇的景象。

他看到了释迦正在向大众说法，他奇怪地说："咦！那不是佛陀吗？"

他又看到慧思也在听法，不禁叫着："那不是慧思禅师吗？"

正在他说话的当儿，慧思走了进来，对着正在入神的智颛说："你入定了吗？你看见什么场面？"

他回答说："师傅，你也来了吗？这儿是印度的灵鹫峰，我们同听佛陀讲解《法华经》呢！现在我们要怎样回去啊！"

这时的他，不知道自己曾参与千年前的佛会，也不知道自己在跟千年后的慧思谈话，慧思知道他这种情况，便提醒他说："你此刻已在一千年后的大苏山了。"

这时的智颛，似乎从梦境中出来，望望寺院，望望慧思。慧思笑着说："要不是你亲自体验，你不会了解这种境界。要不是我做印证，便不能证实你已进入这种境界。这种把过去和现在融合在一起，就是所谓法华三昧的力量啊！"

这是一种怎样的境界？智颛能在静坐中，回到一千年前的时代，同时又能和一千年后的人对语。这有点像梦游，但这不是梦，而是一种心灵上的神通，佛教上称为"宿命通"。

智颛在二十八岁那年，便离开了大苏山，跑到了南京的瓦官寺中布道，一住又是整整八个年头。在这段时间，他已崭露头角，声名远播，极为社会人士所礼重。

后来他想停一下这种讲学生活，希望找一个幽静的地方去修行。他选中了浙江会稽的天台山，便和二十余位弟子，在天台山上结了一所茅庵，叫作修禅寺。在寺中，立志苦修，这是他建立天台宗的第一步。

他在天台山上，足足静居了十个年头。在这十年内，建立了他的思想体系，发展为一个宗派。因为这些理论都是他在天台山上参悟的，所以他开创的宗派，被称为天台宗。

这时的智颢非但佛学已发展到高峰，同时他的声名也传遍了大江南北。虽然他的赋性恬淡宁静，毫无半点名利心。但为了救世救人，使他又不得不入尘世与俗人周旋。

在至德元年（583年），陈后主刚即位时，便下了一道诏书，邀请智颢入京讲学。虽然智颢借故推辞，但陈后主对他向往已久，一次又一次的诏书，共达七次之多。在时君如此诚恳地请求下，智颢再也无从坚拒了。于是便离开了山清水秀的天台，走向十里红尘的金陵。

智颢在金陵一住又是好几年，眼看陈朝灭亡，隋朝代兴，他便乘此机会漫游大江南北。但隋炀帝杨广在做晋王时，便屡次要拜智颢为老师，迎请他到扬州来说法。他虽然婉谢，但杨广再三地邀请，他也无可奈何，只得提出了四个条件。大意是说他三十年来，只是为了弘扬佛法，才入红尘，将来年老时，希望能还归天台。这话正说出了一个佛学家的心愿，他们的奔波说法，并不是为了留名，他们的涉足红尘，也不是为了享受荣华，而是为了传道。等到他们精力衰微，再没有弘法的能力时，他们宁愿一个人在山林中寂寞地化去。因此他们生命的价值，正像一把火炬，从束薪变为灰烬，真正的生命力的表现，就在燃烧时的发热和发光。

智颉提出的条件，杨广满口答应。在迎接智颉的法会上，杨广特别当众宣布，奉他为智者，所以后世都称他为智者大师。

智颉之所以为当时统治阶层所钦佩，绝不是偶然的，请看下面的一则故事。

有一次，荆州总管宜阳公王绩，到了玉泉山精舍，去参拜智颉。当王绩拜见的时候，竟全身颤抖，满头大汗，出堂后，一面挥汗，一面说："我身经百战，愈战愈勇，从来没有怕过。可是今天一见到智者大师，却不禁愧汗淋漓。"

为什么这些身经百战的大将们，在一个手无缚鸡之力的和尚面前，却会满身大汗呢？因为一个佛教大师，并不只是一个头戴僧冠、身披袈裟的和尚，而是代表一种真理、一种精神。他的真理像一面明镜，彻照出对方深藏在心底的罪恶；他的精神像一把火炬，彻照出对方掩蔽已久的良知。难怪王绩要愧汗淋漓！即使千年后的今天，我们读到这些思想家的传记，遥想千年前的他们，为了救世救人，而忍受寂寞凄凉，独自在黑暗中挣扎，像黑夜里的一支蜡烛，只是为了要持续那点人性的光芒。再比照一下我们自己，我们也同样会愧汗淋漓的啊！

智颉，这一代的大师，除了留给我们宝贵的佛学思想，还留给我们许多动人的故事。直到隋文帝开皇十七年（597 年）他临死时，在天台山上，仍然从不间断地写作。他到了最后的残年，为什么仍然要如此的呕尽心血呢？他说："商客寄金，医去留医，吾虽不敏，狂子可悲！"

这话的意思是说：商人客死他乡，必定把剩下的资金寄回家中。医生临死时，也一定把秘方留给后代。我虽然天资愚钝，但眼看那些愚痴人们的可悲可怜，我也不忍心就此西去，而要尽我最后的一点精力，留点有益的东西给后人。

的确，我们受益于智颛的实在太多了，但最有意义的是他留给我们这几句话，他自己做到了这几句话，同时更开导后人，去实践这几句话。要不是拓荒者的胼手胝足，后人是不会坐享其成的；要不是前哲们把他们的智慧留给后代，我们能有今天的文化吗？这一切，都得归功于"医去留医"的精神。智颛的精神在此，佛学大师们的精神也都在此。

四

智颛虽然是天台宗的创教者和完成者，但以法统的继承来说，他的思想是传自慧思，而慧思又传自北齐的慧文。所以传统的说法，都以慧文为第一祖，慧思为第二祖，智颛为第三祖，接着一直传到中唐的湛然为第九祖。

慧文、慧思的学说，并无特出的地方，只是替智颛铺路，在智颛手中，才真正完成了天台宗的理论体系。

智颛是陈隋时代人，由于佛图澄和罗什师徒的传道及译经，使得当时的佛学蓬勃地发展开来，而经典的繁多和思想的复杂也是空前未有的。智颛处身在这种情况，以他过人的智慧，选取《法华经》为中心经典，来统一解释其他经典，更以圆融的思想来调和各派的学说。

在他的看法，认为这个现象的世间，可分为三大部分：就是国土世间（无情物世间）、众生世间（有情物世间）和五蕴世间（色、受、想、行、识为五蕴，即是物与心交感的世间）。由这三大部分，合组成现在的世间。而现在的世间中又有十种区别，就是：地狱、饿鬼、畜生、修罗、人间、天上、声闻、缘觉、菩萨、佛。这十种区别叫作十界。这十界虽然取名为"界"，其实是毫无外在的界限，只是十种境界罢了。这十种境界都是互通的，每种境界中都含有其他九种境界。譬如地狱界中，含有佛界的因子，只要"放下屠刀"，便可"立地成佛"，所以在地狱界中"地狱"只是当前的显性，而其他九界都是将来的隐性。同理佛界也是如此。如果一萌歹念，便立刻堕入地狱。所以这十界虽然境界不同，但它们的机会相等。因此十界以作用来说，便有百界。但这百界中，每一界都有十个"如是"。这十个"如是"就是指每界的形相、性质、因缘等作用。因此百界中有一千个"如是"，再加上刚才三大部分的区别，就成为三千世界。这三千世界就是现在世间中一切存在和变迁的因果。

然而这三千世界，并不是客观存在的，而是在于我们的心中；我们的每一念中，就包含了三千个世界的可能。变饿鬼或成菩萨，完全在于我心的改造。然而我们的心如何能使我们不做饿鬼，而为菩萨呢？这是因为我们一心有三观，这三观就是空观、假观、中观。所谓"观"就是一种智慧的透视。从"空观"，使我们打破物欲的迷执，了解一切皆空的道理；从"假观"，使我们打破差别的存在，知道一切现象都是暂时的和合；从"中观"，使我们在心中挖除无明的苦因（无明就是愚昧，是一切烦恼的根本），而达到解脱的目的。

　　许多佛学经典，有的从"空观"立论，就是"空谛"；有的从"假观"说法，就是"假谛"；有的从"中观"表现，就是"中谛"。但智颢不偏于任何一谛，把它们调和起来，达到三谛圆融的境界。

　　由一念三千，而一心三观，再进入三谛圆融。我们可以看出天台宗的思想间架。它是把一切的佛法，通过三观，而总汇于一心。这个心，只要一念，便可上穷佛界，下尽地狱，遍历一切世界。因此我们要改造世界，不必向外界动刀动斧，只要向自己的心内"观"一观就够了。这"观"是一种智慧的透视，是一种思想的解悟，更是一种实践的动力。天台宗的秘诀，就在于这一个"观"字了。

五

上面我们已看到天台宗的思想体系，接着我们再看看与天台宗遥相辉映的华严宗的思想体系。

华严宗的法藏，虽然是华严宗的完成者，但在法统上来说，杜顺是第一祖，智俨是第二祖，法藏是第三祖，澄观是第四祖，宗密是第五祖。

杜顺的地位，正和天台宗的慧文一样，他的生平也不大可考，因为包围着他的是许多荒诞的奇迹，据说病人疯人、坐在他的面前，立刻就病愈；聋者哑者和他对语，立刻就复原。当然这些都是不甚可信的。我们只知道他是陈隋时代长安人，曾为隋文帝所尊崇。他的弟子智俨的生平也不可详考，据说智俨十二岁就拜杜顺为老师，智俨的思想只是杜顺思想的延续罢了，他们师徒两人的思想也只是为法藏的开宗而铺路。

法藏的祖先是康居（即今新疆北部及中亚部分地区）人，所以他姓康，叫康藏。直到他祖父才归化中国。他在贞观十七年（643年），生于长安。比玄奘回到长安只早二年，他比玄奘小四十岁，然而他却参加过玄奘的译经工作，那时他最多只有二十岁左右，但已有独创的见解。对于玄奘所提倡的法相宗，深表不满，而愤然退出译场。试想玄奘在当时是何许人？不仅是中国的高僧、国宝，还是国际上的佛学权威。但小小年纪的法藏居然向玄奘提出质疑，而另辟蹊径，可见他思想的独创性了。

他离开译场后，便拜智俨为老师，从智俨那儿接受《华严经》的思想，奠定了华严宗的思想基础。

华严宗的主要经典就是《华严经》，这部经典不易领悟。有一次法藏为武则天皇帝讲解《新华严经》，当他讲到《华严经》中主要的思想时，则天皇帝茫然不知所云。于是法藏便指着宫门前的镇殿金狮子为比喻，用深入浅出的方法，点破了则天皇帝的迷津，这段说法就是著名的"金狮子章"，不仅代表了法藏的思想，也代表了华严宗的哲理。

法藏指着金狮子说：譬如金的质料是本体，狮子的形相是现象，但金狮子的形相是虚幻的、是变动的，真实存在的只是一堆金罢了。因为我们可以把同样的一堆金塑成猫狗老虎。这正如我们所看到的现象，尽管今日朱颜，他日成白发，但地、水、火、风等四大的本质却是不变的。这种现象就是"事"，这种本质就是"理"；所以"事法界"是变幻的，"理法界"却是不变的。

不过"事"虽然变幻无常，却是"理"的一种表现。没有金狮子的形相，我们根本不知有金狮子的存在；没有肉体的臭皮囊，我们也无从发挥人的精神。所以"理"和"事"虽然一真、一假，但却是相互依存，而且是一正一反，相辅相成的，所以这是一种"理事无碍"的法界。

华严宗的思想发挥到这一步，仍然是走着旧路，因为以上三个法界，不是拘泥于"理"的无、"事"的有，便是斤斤于"理"的真、"事"的假；最多只是说明"理事"的相互依存罢了，仍然不脱科学哲学的分析和综合的范围。直到他扬弃了这个"理"，闭口不谈这个"理"，而在事和事之间发现了别有洞天的玄虚幻境时，才真正冲破了科学哲学的樊篱，突然面临着宇宙的本体，进入了一种浑然一体的境界。

在科学和哲学的理解上，一就是一，二就是二，眼就是眼，鼻就是鼻，真如就是真如，现象就是现象。可是在这种宗教的境界中，一可以是一切，眼可以是鼻，而真如也可以是现象。把整个差别相同，一炉而熔成一体。再以金狮子为比喻，站在这种境界中看金狮子，我们根本不分什么是质料、什么是形相，只觉得是浑然一体的金狮子。正像面临着一片汪洋大海似的，我们只看到波浪起伏，而不分哪儿是水、哪儿是波，我们可以指着任何一个泡沫说那就是海。同样我们面对着金狮子，也可以指着它的毛发说，这是金狮子；也可以指着眼鼻说，这是金狮子。虽则毛发眼鼻是截然不同的，但在浑然一体中，却是相通的。这正如一张大网上，缀满了透明的珠子，每颗珠子中不仅反映了其他的珠子，而它本身也被其他珠子所反映。一颗珠子中有一切珠子的影子，而一切珠子中有某一颗珠子的影子。一即一切，一切即一，呈现了一幅五光十彩的奇观。每一颗珠子代表一个"事","事"与"事"间相收相放，相即相入，打成了一片，混成了一体，表现了一个宇宙的真心。

法藏借着金狮子为比喻，说了那么多抽象的道理，总括起来，也只有一个目的，劝我们唯有打破现象的差别，放弃心中的成见，才能与这个华严的宇宙融成一体。

六

玄奘的"唯识"，智颉的"一念"，法藏的"真心"，这个"识"、这个"念"、这个"心"之间，究竟有何不同呢？也许他们的经典各不相同，他们的立论各有偏重，他们的宗派互相批评；然而这个"识"、这个"念"、这个"心"，毕竟是同一个源流，同一个根本，而且他们所用的方法也复相同。因为他们都处身在一个动荡的时代，都面临着庞杂的思想，因此玄奘东西奔波地要唱"唯"，智颉苦口婆心地要观"一"，法藏大声疾呼地要求"真"。这"唯""一"和"真"都是在于拨开云雾见青天，化繁为简，直达本心。

我们都生存在这样一个大千世界中，在时间上，变幻无常；在空间中，形形色色。我们常常为时间所围，常常陷入空间的窠臼。我们不知宇宙的间架、人生的归宿，这就是一切苦痛的根源。

为了解脱这种无明的苦痛，我们的佛学家们纷纷提出了许多解答。在时间上，他们告诉我们，宇宙人生只是一个"识"的流转、一个"心"的作用，只要我们能证入这个"识"、把握这个"心"，我们就能贯通宇宙人生。在空间上，他们告诉我们，宇宙人生的间架是相互均衡的，是相通相同的；宇宙是一面大网，人生就是网上所缀的珠子，遥相辉映，形成了一个庄严的世界。

　　这些佛学家们，都是在异中求同，在变中求常，在深奥繁琐的哲学经典中，寻求简易的原理。所以玄奘要"唯"，智颛要"一"，法藏要"真"。但他们用来劝我们的话，却滔滔数十万言，有时不免说得过于深奥难懂。因此要真正做到求简求易的功夫，还得等待佛学思想上的另一个更大的高潮突起，那就是唐宋的禅宗了。

第十八章　一新佛法的天才——慧能

一

　　话，又让我们说回来，早在公元前 5 世纪，佛祖释迦在印度的灵山会上布道。有一次，他和以前的布道不同，他不言不语，只是拿着一朵花儿给大家看，当时在会的僧徒们，都面面相对，不懂佛祖的意思。这时座中有一位名叫摩诃迦叶的信徒，对佛祖会心地破颜一笑，于是佛祖便宣布说："我心中的正法和妙理，已经传给摩诃迦叶了。"究竟佛祖传给迦叶的是什么正法、什么妙理，当场的人都不知道，但迦叶的会心微笑，表明他已接受了佛祖的传法。这个充满了神秘性的说法，便是禅宗"以心传心"的最老故事。

　　所谓"以心传心"，就是俗语"心心相印"的原意。也就这样的，自迦叶开始，传给阿难为第二祖师，到马鸣为十二祖师，一直到第二十八代祖师菩提达摩，才传进了中土，来和中国人"心心相印"。

　　这二十八代的传法，当然不是都像佛祖一样的拿着一朵花来示意，但他们的传法确是很别致，他们并不把几部经书传给后代，也不说上几千万言的大道理。只是用简明的几句话，付嘱传法的弟子，这几句话就是所谓的"偈语"。如果对方不能会意，当然衣钵是不会传给他的。不过每一代祖师的"偈语"都不相同，因为这是"以心传心"，每位祖师都各有自己的会心境界，所以他们的偈语也都代表了自己特殊的风格。

由于这种传法的方式是如此的简单，而内容却如此的神秘，所以在印度的二十八代禅师都是一脉单传，事迹隐晦。直到达摩祖师把禅宗带到中土，以四卷《楞伽经》教人，此后，禅宗才有了明显的教义。他提倡"理入"和"行入"。所谓"理入"，就是要在理上悟到十方世界只是一颗绝对的真心，寂然清静，不生不灭，不增也不减；而我们的人心也好像是一粒晶莹的丹珠，朗然清澈，无影无像，无内也无外。所谓"行入"，就是修持，就是要在自己的身心上体验到天地与我同根，万物与我一体的境界，使宇宙的真心，与我们的人心合一。为了达到这种境界，便须隔绝外界的俗务，过着一种苦行静坐的生活。所以自他在梁武帝七年（508年），来到广州后，虽然被武帝迎到金陵。但他不愿与朝贵周旋，便渡江到了洛阳，在嵩山的少林寺内，面壁九年的静坐，终于找到了传法的弟子。此后，他便行迹隐秘，不可考究了。

他所传的弟子是慧可，就是中国禅宗的第二祖，慧可再传给三祖僧璨，直到四祖道信，都是照印度祖师的例子，不说法，不著书，只求把衣钵传给后人，自己便安心地圆寂。到了五祖弘忍，才开始授徒，门下有一千五百人之多，其中最有声望的神秀，却得不到他的衣钵，他的衣钵竟传给一个不识字的樵夫。这位樵夫，就是中国佛学史上鼎鼎有名的六祖慧能。

为什么不识字的慧能，居然赢得了禅宗的衣钵？为什么今天我们一谈到禅宗，都忘不了慧能的功业？这不是偶然的。这里面有个动人的故事，这故事不仅表现了慧能一生的奋斗精神，同时也启示了整个禅宗思想的蓬勃开展。

现在让我们先看看这个动人的故事。

二

那是在蕲州（今湖北省蕲春县）黄梅山的东禅寺里，五祖弘忍禅师正在那儿说法。虽然他的声名远播，收召了不少的门徒，但依照禅宗传法的公例，他是必须"以心传心"，把衣钵传给智慧最高的门徒，然而这种杰出的人才要如何去选拔呢？他正为这事而烦恼，因为这是非常严肃的问题，万一选人失当，不仅容易产生争端，而且会影响整个的宗风。

有一天，他想出了一个绝妙的方法。召集了山上所有的门徒，吩咐他们依照自己的见识，各作一首偈语，看看究竟谁悟了道，可以传承衣钵。

当时那些僧徒们都不敢写，因为他们自知不如神秀法师，那时神秀法师已是寺内的教师，他虽然很想表现一下，让师傅知道自己的程度；可是又生怕别人误会他是在争衣钵，又不好意思写。于是便想了一个法子，在更深人静的时候，偷偷地把写好的偈语贴在五祖堂前的厢壁上，那首偈语是：

身是菩提树，心如明镜台。

时时勤拂拭，莫使惹尘埃。

在这首偈语中，他认为我们的身体本来像菩提树一样充满了碧绿的生意，我们的心灵也像明镜台一样的洁净无疵；但我们还必须时时修持，时时洗炼，勿使我们的身心，遭受内界外界一切俗尘杂念的感染。第二天早晨，五祖看到了这首偈语后，觉得它的用意良好，可以劝勉僧徒们，时时修心养性，于是便吩咐僧徒们向它烧香、敬礼、习诵。事实上，五祖并不以为这首偈语已悟了道，所以在当天晚上，便把神秀喊进房内，告诉他这首偈语尚未达到禅理的最高境界。

虽然神秀的偈语，未得五祖心传，但它已轰动了全寺，大家都围着偈语，争相念诵。这时从磨坊中走来一位春米的小工，听到大家的念诵后，大不以为然，便立刻也作了一首；因为他不识字，只得请人代写，也贴在壁上，他的那首偈语是：

菩提本无树，明镜亦非台。

本来无一物，何处惹尘埃。

显然这首偈语的用意，是针对神秀的偈语而发的，他认为把身比作菩提树，把心比作明镜台，这样身心便是一个固定的实体，如果我们执着于这个实体，便永远也解脱不了。事实上，菩提树和明镜台，都只是一些元素的凑合，而没有它们固定不变的本性。我们的身心也是如此，只是一条常变的思想之流，如果我们的思想本身没有尘污的话，又哪儿另有一物使我们染上尘污呢？

这首偈语一贴出后，大家都争先恐后地围拢来看。想不到这位不识字的舂米小工，居然能写出如此出色的偈语，他们这样地叫闹着，便惊动了房内的五祖，当五祖看了这首偈语后，抑制住心中的惊喜，暗忖着：这的确是悟道之语，想不到来自一位舂米的小工，如果让别人知道，可能有许多人不满，会造成衣钵之争。于是他便故意拿起鞋子，把那首偈语擦掉，然后对大家说："这是胡言乱语，要它何用。"在场的僧徒们也都附和着，一哄而散了。

第二天晚上，五祖便把那位舂米的小工召进房内，秘密地传给他许多禅宗法门及作为信物的衣钵，并念了一首偈语给他。这首偈语是：

有情来下种，因地果还生。

无情亦无种，无性亦无生。

一切交代清楚以后，五祖最后又叮咛他说：

"从今天起，你就是中土的第六代祖师。本来我们是以心传心，这衣钵只是一种象征罢了。但不幸由这衣钵产生了许多争端，所以此后你再也不可传衣钵。现在你赶快离开这儿，等待时机成熟，再公开弘法，否则可能有人会抢你的衣钵。"

这就是五祖传法的故事，这位不识字的舂米小工，就是我们所要介绍的六祖慧能了。

慧能既然有如此的天分，为什么不读书？为什么要跑到东禅寺来做一名舂米的小工？显然的，他有一个并不美满的身世。

他生于唐太宗贞观十二年（638年），父亲名叫卢行瑫，原籍本是河北范阳（今北京房山一带）人，为唐朝的官员，后来迁居到广东的新州，便成了一个普通的百姓。

在慧能三岁时，父亲便一病而逝。他由母亲抚育，为了谋生，又从新州流迁到南海县。由于孤儿寡母，家境非常萧条，所以他无钱读书，也不识字，每天都到山上去砍柴，卖点钱来奉养母亲。

这样的生活，直到他二十四岁时，才有了转机。那是由于一个难得的机缘，他在买柴的顾客家中，听到有人在房内念着《金刚经》：

……应如是生清净心，不应住色生心，不应住声、香、味、触、法生心。应无所住，而生其心。

慧能虽然不识字，但这些经句在他超人的智慧上得到了印证。他觉得外界的一切是流转的，我们如果执着于五官所接触的外界，那么我们心便被外尘所转了。同样许多的经文规律都有它的时空性，如果我们盲目地遵从，便是囿于成见，因此我们的心，永远也得不到宁静，得不到解脱。

这些经句，在慧能心中起了如此的共鸣。一个念头突然从他脑中掠过。于是他便跨进了那人的房中，请教那是一部什么经书？从什么地方得来？并表示自己很想学习，只是因为老母需人奉养。那位善心的念经人，为他的真情所感动，告诉他那是一部《金刚经》，五祖弘忍禅师正在黄梅山的东禅寺讲解此经，如果慧能有志去学习的话，他自愿代为接济慧能的母亲。

于是就在这位善心人士的帮助下，慧能便跑到了东禅寺，由五祖弘忍的吩咐，在槽房内担任劈柴舂米的工作，一连做了八个月，终于因那首悟道的偈语，赢得了六祖的衣钵。

现在，让我们再回到刚才的那个故事。当慧能接了衣钵后，便立刻离开东禅寺，渡过九江驿，一直奔向南方。这时在东禅寺内，五祖便不再登坛，不再说法，也不宣布衣钵已得传人，只是估计着慧能的行程，希望他快点离开险境。过了几天，全寺的僧徒感觉情形有异，才发现衣钵已被这个不识字的小工带走了。于是有人提议夺回衣钵，立刻有几百人附和，便浩浩荡荡地奔下山去追赶慧能。

这时，慧能正日夜兼程。虽然在大庾岭上，曾被一位名叫陈惠明的和尚追上，但幸而因他法力高超，终于说服了陈惠明，由于陈惠明的帮助，暂时阻挡了后面的追兵。

不久，他到了曹溪，由于赢得当地人民的信仰，大家为他捐资重修曹溪的宝林寺，请他担任住持。他便在这儿说法讲经，约九个多月。不幸，又被东林寺的和尚得悉，赶来放火烧山，逼得他又仓促地离开了曹溪。

这时，他记起了在临别时五祖的吩咐，劝他不应急着弘法，必须等待时机成熟。于是他便跑到四会这个地方，隐藏在猎人堆里。他虽然和猎人生活在一起，但他不吃荤、不杀生，常常网开一面，放走野兽。在这种环境下，他居然隐藏了十五年之久，这真是一段漫长而艰辛的岁月。虽然这不是一个修持的环境，但他却无视于这一切，而能默默地涵养，使所得的心法至于充实而有光辉，这是他一生佛学思想的成熟期。所以当他离开了猎人队后，他已是从另一个姿态走入了人生。这时，他不再是一个不识字的舂米小工，而是一位智解过人的佛学家了。

首先，他回到了广州的法性寺，这时法性寺的住持印宗法师，在那儿设坛讲解《涅槃经》。正当大家坐好，等待印宗法师上坛的时候，突然一阵风把讲堂外面的那幅长幡吹得飘来飘去。一个和尚见了便说："外面有风在吹动啊！"

另一个和尚反驳说："谁说是风在吹动，分明是幡在飘动。"

于是两个和尚便展开了一番辩论，一个说："没有风，幡又怎么能动呢？所以是风动。"

另一个接着说："你看见动的本是幡，又不是风，怎能硬说是风动呢？"

这时，在旁边的慧能，再也忍不住了，便大声地对两位和尚说："你两人请听我说，既不是风动，也不是幡动，而是你们自己的心在动。"

慧能这番话，不仅说得两位和尚哑口无言，而且使得全场的听众都惊讶不已。因为这简单的一个"心动"，已托出了整个禅宗的境界。禅宗的思想旨趣，在于沟通人心的内外，把外界的"境"和我们的"心"打成一片，境就是心，心也就是境。没有境，我们的心空无一物；而没有心，外界的"境"也无从呈现。所以，境和心是一齐存在，一齐动的。正如风动和幡动，都是境在动；而这个动，和我们的心是同一个动。所以，我们可以概括地说是心动，而不必执着于境的现象，强加分析，说那是风动，那是幡动。

慧能揭出了这个"心动"，旨趣极高；当时在场的印宗法师，知道他非同凡响，一问之下，原来就是南下的六祖慧能。于是便立刻向听众宣布，请六祖登坛，接受全体和尚的顶礼膜拜。

接着慧能拿出了衣钵，放在佛殿上，举行了一个简单而隆重的仪式。在此以前，慧能还是一个没有落发的居士，现在经过印宗法师的授戒后，才成为正式的高僧。这时，他已是三十九岁了。

慧能在法性寺开了一年的讲座，又忆起了逃难时匆匆而别的曹溪宝林寺，于是便整装回到曹溪，重修宝林寺的庙舍。就在这儿，他设坛说法，开始授徒，声名远播，门下子弟有几千人之多；也就在这儿，他一共说法有三十七年之久，不仅完成了自己的思想，而且奠定了禅宗的发展基础。直到唐玄宗开元元年（713 年），才放下了他的重担，结束了传奇的一生，这时，他已是七十六岁的高龄了。

三

当慧能在南方开宗，以"本来无一物"的顿悟法门传心时，神秀也在北方弘法，以"时时勤拂拭"的渐修教义示人。他们的旨趣不同，禅风相反；但在当时，声势都很盛，都是南北两派的领袖，所以在佛学史上有"南顿""北渐"的称呼。

其实在慧能以前的祖师们，都是一脉单传，既无南北之分，也无顿渐之别；到了五祖弘忍，把衣钵授给慧能，使禅学法门南传后，才有了分歧，才有了慧能、神秀之间的争端。

这争端在慧能生时已很显然，他们夺衣钵，争正统，彼此的摩擦非常激烈。到了慧能死后，北派的声势，虽一度仍然很盛，但毕竟由于神秀的思想是墨守的，慧能的思想却是开创的；北派后继无人，南派却人才辈出。所以结果，不仅是慧能承接了禅宗的正统，而且此后禅宗的大系，都是由慧能思想所开展的。

慧能的门徒很多，最著名的菏泽的神会、青原的行思、南岳的怀让，由于他们三人的承先启后，终于造成了禅宗的鼎盛，他们的传承和开宗，有如下图所示。

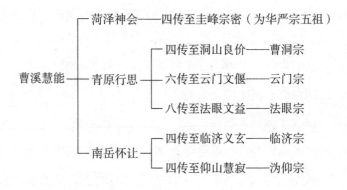

自慧能开始，直到这禅门五派的兴起，其间曾产生不少出色的禅师，如马祖道一、石头希迁、百丈怀海等禅师。他们一方面继承了慧能的思想；一方面更推进一步，不仅不为传统的经书所囿，达到"不立文字""当体即悟"的境界，同时更打开自由思想的天地，不为传统的派别所限，做到"教外别传""超祖越祖"的地步。他们都在禅学中注入了个人的思想精神，他们都各自开山授徒，传承心法。所以到了晚唐便形成了这五派风格不同的禅学，他们的不同，不是禅学精神的不同，而是传法态度的不同。如临济的机锋峻烈，曹洞的稳健绵密，沩仰的体用圆融，云门的简洁明快，法眼的中庸笃实。其中，尤以临济宗的风格最为独出，请看临济义玄禅师的一则故事。

临济义玄是临济宗的开派祖师，他是黄檗希运禅师的门生。在他未悟道时，有一次问黄檗禅师关于佛法的大旨，却挨了黄檗禅师的一棒。他一共问了三次，三次都被打，后来才悟了道。此后，他传道时，当门生问到佛法大旨，他便大喝一声。有一次，他对门徒说："我的一喝，有时像金刚王的宝剑，有时像踞地的狮子，有时像探竿的影草，有时却一喝不当作一喝用，请问你们如何能领会我的意思？"当时有位僧徒正想开口回答，临济禅师便大喝一声。

他这一喝，乃是为了要打破对方的成见，直震入对方的心灵。由于他惯用这种方法传道，他的门徒也都学习这种方法，于是临济宗便以"棒喝"闻名，这便形成了他们特殊的风格。

临济宗的风格如此，其他各宗也都有他们特殊的传统秘诀，在当日都旗鼓相当，盛极一时。

在这五派中，曹洞、临济、沩仰，起于晚唐；云门、法眼，起于五代。其中，云门盛于北宋，曹洞盛于南宋，临济宗则由于人才辈出，到北宋时分为杨歧、黄龙二派。到了南宋更盛，后来杨歧派进为禅宗的正统，直到元明时，仍然宗风很盛。那时，佛学上其他的宗派，自晚唐而后，都逐渐地衰微、中绝。唯独禅宗因这五派的兴起，不仅控制了唐代的思想，而且左右了唐宋以后整个佛学的发展趋势。

然而我们追问禅宗思想何以能压倒其他的宗派，成为中国佛学的正宗？何以能愈传愈盛，不仅是中国本土，而且传入了高丽，传入了日本，传入了今日的美国？这不是无因的，在慧能的思想中，我们可以找到这条线索。因为，是慧能亲手埋下了这颗禅宗发展的种子。

四

慧能所埋下的这颗禅宗发展的种子，就是"顿悟"的法门。

在中国以前的思想中，很少有顿悟的现象，孔老的思想虽然多半靠悟，但那只是一种渐悟，最多也只是一种直观。到了魏晋的道生和尚才提出"顿悟"两字，但道生的顿悟也只是文字上的描述，而无实证上的功夫。直到六祖慧能才正式提出顿悟的原理，运用顿悟的法门，用顿悟来传道，用顿悟来成佛，开创了禅宗的新法门和新境界。

然而究竟什么是顿悟法门？顿悟所得的又是怎样的境界呢？

在描画此一顿悟法门时，我们须先分清推理、渐悟和顿悟的不同。

所谓推理，就是从已知推求未知，以达到某一事一物的结论。在这种方法中，推理的过程往往比结论还重要。过程一错，结论全非。西方的哲学和科学便是以推理为骨干，所以它们的逻辑学最为发达。

渐悟却不同，它是靠经验的累积和人生的体验。固然有时也须借重推理，但它的重心不在推理过程，而在最后的结论。中国的哲学都偏重于这方面，如孔、老的"仁""道"，就是渐悟的结晶。它只告诉我们如何去实行，而不必问推理是否可能。

至于顿悟却不同，它是禅宗所独有的境界。它不但不借重推理，而且根本上要斩断推理的过程；它不但不像渐悟一样，把体验所得以示人，而且根本上打破这种执着。因为宇宙的真理，是超乎时空的，绝不是我们人为的知识和经验所能衡量、把握的。我们的心本来和宇宙的真心是相通的，我们肤浅的成见和错误的经验，却时时把它塞住了。因此我们必须用顿悟的方法，斩断这一切，才能直探真如。

禅门中有许多公案，而且学禅的人必须吃棒喝。这就是帮助"顿悟"的两个间接方法。当你向禅师问话时，他答非所问，便是公案。他用棒打你，或向你大喝一声，便是棒喝。这两种方法都是相同的，它们不直接替你寻解答、求结论，而是压迫你自己去实证、去求悟。下面是一个有名的故事。

有一次，百丈怀海禅师在马祖道一禅师身旁随行，突然有一群野鸭子飞过他们的头顶，马祖禅师问："这是什么？"

"野鸭子。"百丈禅师毫不思索地回答。

"它们到那儿去？"

"飞向那边去。"

马祖禅师捏住百丈禅师的鼻子，用力扭了一下问："当真飞向那边去了吗？"

百丈禅师被扭得大声叫痛，才发觉自己的存在，并没有随野鸭子一齐飞去，尽管外境变幻无常，而自性却不动不变，一无差别。想到这里，便不禁豁然大悟。

这是一段公案，也是一个棒喝，但它们都只是辅助顿悟的方法而已。真正的顿悟，乃是平地拔起，直上云霄，彻上彻下，毫无间隔。它所触及的，不是一个符号，一个形象，而是一种心境，一种生命的本体。

然而如果再追究下去，这个心境是什么？这个本体又是什么？这却不是文字言语所能描述的了。慧能自身有一则很好的故事，可以给予我们许多启示。

当慧能在大庾岭上被惠明追上的时候，慧能把衣钵放在石块上说："这衣钵是一种信物，岂是你用蛮力所能争夺的吗？"

惠明自知理屈，便回答说："我此来是为了求法，而不是为了衣钵。"

"你既然为求法而来，那么请屏息一切的思念，让我为你讲解。"慧能想了一会，接着便说："当你不想善，也不想恶，在一切思念都没有的时候，请问哪个是你自家的本来面目？"

惠明听了，豁然大悟，便进一步地问："在你刚才所说的密语密意外，是否还有其他的密旨呢？"

慧能笑笑说："告诉了你，就不再是密旨了。如果你能返观自身，密旨就在你自家的心中。"

惠明听了，大为感慨地说："我在黄梅学法，从来也不知道自己的本来面目，现在你给予我的指示，使我'如人饮水，冷暖自知'，真是受用不尽呢！"

从这个故事中，可知禅宗所追求的心境，所追求的本体，就是那个"不思善，不思恶"时，所呈现出来的"自家本来面目"。那是生命最原始的状态、最真实的流露。要想体验到这种境界，只有依靠顿悟的法门，悟入了这个冷暖自知的"自性"中，于是宇宙的一切展现在我们的眼前，正如饮水，冷暖的味道便完全呈现在我们的舌尖心上了。

五

这种顿悟的法门，不仅在禅宗的血脉内注入了新的元素，而且把中国的思想带入了一个新的高潮。

自魏晋以来，佛经源源地输入，佛理的琐细和文字的艰深，已到了积重难返的地步。而这一"顿悟"的呼声，不仅唤醒了那些沉迷在印度经典中的学者，使他们了解文字只是工具，佛法必须亲证；同时也唤起了中国思想的自觉，使他们体验到："心平何劳持戒，行直何用修禅，恩行亲养父母，义则上下相怜……听说依此修行，天堂只在目前。"（慧能偈语）所以随着"顿悟"而展开的禅宗运动，不仅是中国佛学的革新，而且是中国思想的新生。这一革新，使中国的佛学挣脱了印度思想的樊篱，表现了中国精神的特色。而此一新生，使中国的思想越过了人生实用的范围，走进了形而上的新天地。

这是"顿悟"法门在哲学上的直接影响。至于在文化上，它所影响的方面，却是更广、更大、更为微妙悠远。

在文学方面，唐代以前的诗赋，都是平铺直叙，落于形迹。可是经过了禅味的熏染，使得唐宋的诗词，表现出一种非常空灵的境界，如李白的："问余何事栖碧山，笑而不答心自闲；桃花流水窅然去，别有天地非人间。"

苏东坡的："横看成岭侧成峰，远近高低各不同；不识庐山真面目，只缘身在此山中。"

这些诗句中，都流露出无限的禅机。至于号称诗佛的王维，他那些"空山不见人，但闻人语响""古木无人径，深山何处钟"的诗句，更是空山绝响，不落形迹。

在艺术方面，唐代以前的绘画，都是偏重于人物，如晋的顾恺之、梁的张僧繇等。唐代以后的绘画，却都以山水见长，如唐代的王维、李思训、吴道子等。这里面固然包含着浓厚的道家思想，但这一转变，正是来自禅宗的影响。试看山水画中所表现的，无处不是充满禅机，虽只淡淡的几笔，里面却是千里江山，气势奔腾。真令人分不清是图画，还是禅境。

文学和艺术是人生的表现，所以在人生态度方面，禅宗的影响更是深刻。

在隋唐以前，支配我们生活态度的，只有两大潮流：一是儒家的思想，一是道家的思想。前者是积极的、用世的；后者是消极的、超逸的。他们一进、一退，都执着于一边，很难调和起来。可是经过禅宗思想的回荡之后，儒、道二家便在禅宗思想的空灵处结合了起来。使我们的思想与生活打成一片，既保有奋斗的精神，却不走极端；又对人生有深刻的洞见，却不冷酷而是圆融的、和谐的、性灵的。

这一切的影响，是禅宗的；这一切的建树，是禅宗的。而禅宗之所以有此影响，有此建树，却必须归功于我们的六祖慧能了。

第十九章　卫道承统的文豪——韩愈

（附：李翱）

一

佛学经禅宗这一转变，已达到了中古思潮的高峰。这时，不仅在思想上，进入了中国文化的园地，深入于诗人文士的血脉中；而且在宗教方面，普遍盛行于民间，影响了整个社会的风俗习尚。这时，不仅是文人好禅，百姓信佛；就是那些君主们也都醉心于参禅拜佛。使得有唐一代成为佛教的国度，盛唐以后变为禅宗的天下。

然而正当这个上下醉心、一致风从的时候，佛学却在中国文化上遇到了新的困难，产生了新的问题。

由于文人的好禅，都把功夫用在静思方面，而忽略了社会的事功。尽管他们的心性，达到朗然清澈、纯洁无疵的境界；然而空谈心性，止水不波，对于经国济民的事业，总欠了几分热情。

由于百姓的信佛，都把精神寄托于来生，而忽略了现世的努力。尽管佛化的生活，冲淡了许多痛苦的执着；但一般人不了解佛法真义，在人生的旅途上稍受挫折，便躲藏在寺庙内，隔绝红尘，逃避现实。这不仅表现了个人意志的薄弱，而且削弱了社会生命的动力。

尤其君主们醉心于参禅拜佛，更使当时的政治完全瘫痪。因为君主不仅是一国精神的象征，而且掌握了一国的生机。如果一国的君主，"不问苍生问鬼神"，整天地吃斋念佛、不理朝政，或抛弃王冠、遁入空门，结果自然导致了民生的疾苦、社会的瓦解和内忧外患的频来。

然而这问题的产生，固然是由于一般人的盲目迷信，但问题的困难所在却在于人生解脱和社会事功的不易调和。这困难不仅在中国如此，在佛教发源地的印度早已如此。试看伟大如释迦牟尼，也救不了印度的贫穷与衰弱，使得今日的印度，仍然只是个没落的宗教古国。这主要的原因，乃是由于佛教思想偏于出世，而不易用世；偏于解脱痛苦，而不易创造文明。这正如一剂大黄，只能当作泻药来洗清我们内心的污垢，却不能当作补药来延年益寿。

印度的衰弱，便是把泻药当作补药，过分地依赖宗教，结果却染了宗教的毒。而当时的中国，家家拜佛，户户烧香，也几乎重演了这个危机。

这在佛法初传的魏晋，早就有人觉察到这个危机可怕，而提出警世的呼声。

先是一些有见识的大臣们，不满于君主的奉佛太过，上疏直谏。例如在梁武帝大兴寺庙，三度舍身时，便有郭祖深、荀济等人的痛切陈言。他们直斥佛教的流弊，不仅落发出家，破坏心身，而且不养妻子、不事君亲，入家破家、入国破国，贻患无穷。他们的词锋虽然犀利，但都是针对君主而发；并且所触及的仅是实际的政务，未能把握思想的要点。所以他们虽然大声疾呼，收效却很微弱。

接着起来响应的，便是道士顾欢、陈仲卿等人的《夷夏论》，他们站在道教的立场排斥佛教，认为佛教信的是胡神，读的是胡经，所以必须禁止。他们的理由虽贫乏，但在当时的声势却很盛，他们甚至借政治的力量，以摧毁佛教。如唐武宗的灭佛，就是完全听信道士赵归真的话，这次的排佛发生于武宗会昌时（854年），一共拆去寺庙四千六百所，僧尼住宅四万所，没收良田数千万顷，解散奴婢十五万人，僧尼归俗二十六万零五百人。这对于佛教来说，虽是一个很重的打击，然而正同其他三次灭佛一样（另三次为北魏太武帝、北周武帝和后周世宗时），只是一种高压的政策，并没有彻底解决问题。尤其到了禅宗思想普遍地展开以后，那已不仅是一个单纯的社会制度、土地、税务的问题，而是一个深入于文化各方面的思想的问题。

这个思想的问题，是复杂的、是有机的，而且是有利也有弊的。因此我们不能加以绝对地控制、绝对地排斥，而必须寻出它发展的线索以及所以产生流弊的原因，再用另一种更为完善的思想来加以代替、加以消融。当时有几位儒生，正潜心于这个问题，他们发现佛学之所以能风靡一代，乃是由于自魏晋以来，儒门淡薄，失去了掌握思潮的力量；而佛学之所以产生流弊，乃是佛门空寂，不能适应中国道统的需要。因此唯有复兴儒学，才能使佛学不攻自破。

最先有这个觉醒的儒生，就是号称文中子的王通。

他是隋朝人（生于公元 584 年，死于 617 年），是河汾的大儒。他续《诗》、续《礼》、续《书》和赞《易》，另外又模仿《春秋》而作《元经》，模仿《论语》而作《中说》，俨然以继承孔子的伟业自任。他的用心，乃在于宣扬儒教，以对抗佛教。虽然他的方向很正确，奈何他三十四岁便逝世了，因此他对于孔子思想的发挥仅限于经书的模仿，而当时佛学思想正方兴未艾，所以他的努力并没有达到他的目的。

但王通所点燃的儒学复兴的圣火，却一直传承下去，直到百年后的韩愈，终于打开了排佛运动的大道，开创了一代的儒风。

二

提起韩愈，我们对他都不陌生。因为至今，我们仍然朗诵着他的文章，吟咏着他的诗篇。他那千锤百炼的字句，落拓豪放的气概，一直紧扣着我们的心弦。我们都一致地称赞他是文章之雄，是"文起八代之衰"的文豪。

然而当大家都为他的才气和盛名所倾倒时，又有谁了解他那千锤百炼的字句，乃是一血一泪的结晶；他那落拓豪放的气概中，有着深沉的叹息。他的盛名，只是他死后的哀荣。包围着他生前的，却是一连串的穷愁，一连串的忧怨。

请看他在《进学解》一文中的自描：

"他嘴中不断地吟咏六艺的文章，手里不停地翻阅百家的书籍。研读之勤，非但白天用功，晚上还要点着油灯继续苦读。经年累月，没有一天例外。他自问这样的辛勤为了什么呢？无非为了发扬儒学，排斥佛老。他写的文章，直追古人；做事又是知礼守法，合乎中道。这总够得上一个标准的儒者。可是他既得不到上司的信任，又得不到朋友的赞助；而且一开口，就得罪了别人，横遭贬逐。命运作弄他，好像是势不两立的仇人。屡次的失败，使他频受穷困的压迫。冬天，儿子哭着喊冷；丰年，妻子却啼着叫饿；而他自己又逐渐年老，头发掉了，牙齿落了，却仍然一事无成。"

韩愈的这段自艾自诉，一点也不过分。因为他身世的凄凉，真个是一字一泪，诉不完的辛酸，诉不完的幽怨。

他是河南南阳人，生于唐大历三年（768 年）。三岁时，便死了父亲，跟着哥哥韩会贬到岭南。韩会死后，全家又流寓到江南。孤儿寡嫂，历尽沧桑，极尽凄凉。他在《祭十二郎文》

中，便对他已死的侄儿诉苦说："我上面有三个哥哥，都不幸早死，承传先人血脉的，在孙一辈的只有你，在儿一辈的只有我。两代各剩下一人，真是形单影只。"读了这篇文章的人，没有不对他身世的凄苦，一洒同情之泪的。

由于环境的恶劣，使他一直生活在颠沛流离中。然而他并不屈服于环境，而放弃求学上进的机会。在这些孤单穷困的日子里，虽然没有名师指导，没有良友切磋，但他埋首经书好学不倦。终于凭着刻苦自修的毅力，读通了诸子百家。

由于他的刻苦向学，由于他的忠厚笃实，使他很顺利地考取进士，一直做到了监察御史。可是也由于他的刚正不阿，"不平则鸣"，使他在宦途上，一直遭受到无数的挫折、无数的风波。

先是他在做监察御史时，喜欢批评是非，因此触怒了德宗皇帝，把他贬逐到广东阳山县。这是他在宦途的初次受挫。

后来他在阳山县的政绩很好，把当地治理得有条不紊，为人们所交口称誉。于是朝廷又把他调回来做国子博士，接着一连升了几次官，可是他仍然是直言直谏，得罪了许多人。结果又被降为国子博士，这是他在宦途的再度受挫。

然而这些挫折，只是一些小小的风波。还有一次更大的风波，卷进了韩愈坎坷的一生，几乎把他卷入了绝望的旋涡。

那正是在他做刑部侍郎时（819年），宪宗命令中使杜英奇带领宫臣三十人，拿着香花，去迎接凤翔法门寺内的释迦文佛的一节指骨，由光顺门进宫，放在宫内祭拜三天，然后再送进寺庙。由于皇上这般郑重其事，官吏百姓们更是奔波施舍，整个京城都轰动了，有些人甚至为了这事弄得废业破产。韩愈看到这种举国疯狂，只是为了一节腐骨，便大为不满。不禁牢骚又发，大胆地向宪宗奏了一张《论佛骨表》。

当宪宗看了这张论佛骨的疏谏后，不禁勃然大怒，要判他死罪。这时宰相裴度，极力替韩愈求情，恳求从宽处理，但宪宗却不悦地说：

"韩愈说我信佛太过，还情有可原，但他说东汉君主奉佛以来，都是短命的，这便太荒唐无礼了。他做臣子的，居然敢这样放肆，实在不该宽赦。"

这时，朝野的人士听到宪宗的话，都为韩愈的性命捏一把冷汗。后来总算靠大家为他请命，宪宗特别开恩，才贬他到潮州去做刺史。

那时，他已是五十多岁，离他的去世，只有四五年。由于他以前的勤读不倦，用脑过度，加以一生的不得志，穷愁潦倒；所以年未四十已经"视茫茫，而发苍苍，而齿牙动摇"，现在再加上这次的打击，险些惨遭不测，更使他的壮志消磨殆尽。尤其潮州在广东省的沿海边境，在当时还是一片凄凉的蛮荒之地，旅途的跋涉，使他几次面临绝境。他走到蓝关时，曾写了一首诗给他的侄孙韩湘说：

一封朝奏九重天，夕贬潮阳路八千。

欲为圣明除弊事，肯将衰朽惜残年。

云横秦岭家何在，雪拥蓝关马不前。

知汝远来应有意，好收吾骨瘴江边。

这首诗真是一字一泪，凄切千古，完全托出了当日韩愈心中的痛苦和绝望。

但韩愈在潮州任内，治绩很好，所以后来又被召回做国子祭酒，接着转任兵部侍郎。那时不幸田弘正被杀，乱兵拥立王廷凑，穆宗便派韩愈去宣抚。大家都替韩愈担心，因为乱兵不守王法，随时都有兵变发生。他的好友元稹，也认为韩愈此去有性命之忧，深表惋惜。这时穆宗也颇为后悔，不该派韩愈去担任这个危险的工作；但命令已下，又不好收回，只得劝韩愈小心行事。

韩愈自从经过潮州的贬逐，早已把生死置之度外，所以当王廷凑带着武装兵士，充满杀气，夹道相迎时，他非但毫无惧色，而且直斥他们是反贼，速向朝廷悔罪。韩愈的话义正辞严，声色俱厉，终于感召了这些乱臣贼子，解除了当地的兵祸。穆宗听到了这消息，非常高兴，便转任韩愈为吏部侍郎。

在韩愈凄苦的身世中，这几年总算是得君行道的时候；但不幸"死"又跟踪着他，这最后的一次风波，终于使他平静地躺下去，不再为"不平"而鸣了。

韩愈生前，所遭遇的风波，使他饱经忧患，而这些风波到了他死后，却形成了两股排山倒海的怒潮，使他一生的凄苦和忧患，都变作身后的殊荣和不朽的凯歌。

这第一个怒潮，就是他所积极展开的古文运动。

在六朝骈俪文盛行的当时，他为了提倡古文，不知遭受了多少的咒骂和阻难；然而他却不灰心、不气馁，非但不断地尝试创作，而且从事口头的宣传。他的好友张籍曾劝他不必"嚣嚣为多言之徒"，他却反驳说："要教化当代，不如以口来宣传；要传之来世，不如著书立说。"

这话，正说出了他提倡古文运动的动机。

因为文章是用来传道的，所以它必须载道，必须言之有物。那些六朝的骈俪文都是在辞章上雕琢，都是言之无物的，所以他要反对，要恢复三代两汉以前的古文。

他这"文以载道"的呼声，虽然在生前经过许多挫折，但死后，由欧阳修等人的一致响应，终于造成了古文运动的怒潮，转变了整个文坛的机运。所以他在文学史上的地位，不仅是位大文豪，而且是"文起八代之衰"的宗师，古文八大家的领袖。

然而韩愈在文学上的造就，只是他为众人所熟知的一面；事实上，他自己并不以做文豪为光荣，他一生的苦患和奋斗，都是为了完成另外的一面。那就是他大声疾呼的一个民族自救思潮——排佛运动，这一思潮、这一运动的展开，把韩愈带进了另一个天地，而奠定了他在哲学史上的地位。

三

要了解这方面的韩愈，请先看他对佛教所下的战书，就是那篇引得宪宗大怒，使他险遭杀身之祸的《论佛骨表》。

在《论佛骨表》中，他认为佛教是夷狄的宗教，我国上古没有佛教，所以国家都很太平。但自汉代输入佛教后，反而乱亡相继。宋、齐、梁、陈等君主信佛愈虔诚，国运也愈短促。梁武帝在位四十八年，三次要出家做和尚，连国家的大祭也不用牺牛，每天只吃一餐素食，他的信佛不能不算虔诚，可是结果却被侯景所迫，饿死于台城，国家也随着灭亡了。难道我们还要再蹈梁武帝的覆辙吗？

原来佛教的义理虽然高超玄妙，但本质上是出世的；不仅无补于经国济民，并且推而至极，势将取消人们的伦常社会。因此纵有精妙绝伦的玄言，却是孟子所要辟放的邪说淫辞而已。如让它继续发展下去，那势必要为患无穷了！有社会责任感的人们，怎能袖手坐视？而要杜绝此一逆流，走上人生的正轨，则唯有重振那明人伦、重世道的传统儒教（教，是教化，不是宗教）。因此韩愈便毅然踏着孟子的脚步，扛起儒家的大旗，向释老二家挑战。

佛教叫人们明心见性，道教叫人们虚无清净，这虽然是极高妙的境界，但结果却只落到自我的解脱，而无补于人伦社会。纵使大乘之义在于弘法济世，但那也只是在追求同登彼岸，向往于出世；至于世间的一切，仍然是被否定、被取消了。所以韩愈说他们："今也欲治其心，而外天下国家，灭其天常。子焉而不父其父，臣焉而不君其君，民焉而不事其事。"但儒家的教训则不然。儒家要人们修身，但这修身不是只求自我的超脱。它一方面固然是自我的修养，同时也就是助人淑世的功夫。甚至在有些人的内心来讲，其所以敦品励学，就为的是救人救世。把这种精神，具体的用文字传流下来，就是《大学》中告诉我们的修身、齐家、治国、平天下的一套教训。在这种教训下，并非不讲心性的修养，但目的不在清净寂灭，却是韩愈所说的："古之所谓正心而诚意者将以有为也。""为"什么？为的是"修身"。"修身"为的是什么？为的是齐家、治国、平天下。

这修齐治平的教训，虽是孔门传下来的，却不是孔子一人的发明。它代表着中国历来一致向往的最高理想——"内圣外王"。在一般民族中，多半把"内圣"和"外王"分别对待。从事内圣功夫的贤者，不管外王事业；为众造福的英雄，却很少能希圣希贤，真好像是道不同而不相为谋了。但中国人则自古便有一种信念，要把二者冶于一炉。因为"人"是由社会而生成，与人群相共处的。一个真正完美伟大的人格，只有在济世立群中才能铸成；同时如能真正济世立群，导天下国家于正路，也唯有求之于道德和智慧。而这"内圣"与"外王"的结合，正是中国人一贯追求的理想。古代圣王自尧舜以降，虽然每代有其不同的规格与功业，但在这一点上都是一脉相承，毫无二致的。正是所谓："尧以是传之舜，舜以是传之禹，禹以是传之汤，汤以是传之文、武、周公，文、武、周公传之孔子，孔子传之孟轲。"这里的"传"并不是真的一手交给一手，如接力赛的传棒一样，而是指在尧、舜、禹、汤、文、武、周公、孔、孟之间，有一个薪尽火传、百变不离其宗的共通精神。这一精神如果单从中国的历史来看，当然不容易看到，正所谓"不识庐山真面目，只缘身在此山中"；但是如与其他文化相比时，便立刻昭然若揭了。因此韩愈才在排佛（印度文化的产品）之余，敏锐地感到这一传统精神的存在。而这一内圣外王、修己以安人的传统精神，正是中国所赖以立的国魂。唯有抬出这种精神，才是有效地排佛；唯有发扬这种精神，才足以消弭佛教的弊患，而使社会走上群伦共处的理想境界。韩愈所以大声疾呼地崇儒而排佛，原因就在于此。

　　韩愈这一呼声，在佛教思想风靡的当代，的确是一记空谷绝响，使得哲学思潮上产生了一个巨大的回响。孟子的辟距杨墨，董仲舒的罢黜百家，都在韩愈身上复活了。而儒家的思想，也由于这一呼声，从几百年的沉睡中惊醒，从低潮转向了高潮。

四

排佛的呼声并不始自韩愈，可惜以前都没有发生真正的效果；因此使这呼声深入人心，蔚成一个历史的浪潮，却无疑地要推韩愈。以前的排佛为什么失败，而韩愈为什么能走向成功呢？问题很简单，就在于有没有把握着要点。须知思想的问题只有以思想来解决，不是凭情感和威权所能解决的。具体地说，佛教所以能如火如荼地发展，是因为提出了身心性命的问题，并拥有压倒优势的理论武器，使人们在思想上不能不向往，不能不折服。纵使诉诸民族情感（《夷夏论》）、施以政治压力（灭佛运动），使人不得不如此，但那只是敢怒而不敢言罢了。在他们的内心深处，仍然有一个身心性命的问题亟待解决；仍然感到佛教的哲理微妙，而衷心地景服。所谓"心病还须心药医"，这是没有办法的事。而韩愈的呼声所以能掀动继起的浪潮，收到大效，就是由于走对了路子。他不是一味地消极指责和排斥，而是在于能积极地抬出修齐治平的儒家思想来对抗，这正是以心药治心病的路子。不过这个药，路子虽对，却只是半剂，它对于佛教的新问题、新武器，并未能有所交代。如果仅是如此，韩愈的排佛便不会发生大作用的。幸好他有一个学生李翱出来，撷取佛学精华，武装起儒家的理论，本着儒家立场，来解答佛教提出的问题。至此才把缺略的半剂妙药配好，而开拓出一条健全、正确的排佛崇儒的大路。

李翱，字习之，赵郡（今河北省赵县境）人，他虽然是韩愈的学生，但思想上的造就，所以能出蓝胜蓝，超过韩愈，主要的原因乃是他兼通佛学。

他生平常和高僧往来，在郎州做刺史的时候，曾和药山惟俨禅师相交甚密，因此对禅宗最有研究。据说有一次他向药山请教"道"是什么？药山却回答说："云在青天，水在瓶。"这句偈语所表达的"道"，乃是一个也动也静的如如本体，显然是禅宗的境界，而不是儒家的道统。但李翱对于这句偈语，却非常醉心，曾咀嚼终日，爱而不舍。可见他思想的富于禅理和玄味了。

尽管李翱从韩愈那儿承接了排佛的思想、儒家的道统，但他生在一个禅宗独盛的时代，他所交接的都是禅宗的朋友，因此使他的血脉内不得不流动着禅宗的血液，使他的排佛运动不得不采取另一个态度。

他的态度，不像韩愈一样只是站在儒家道统，将佛学加以打消；而是借道于禅宗的方法，归结于儒家的道统，使禅宗的思想消失于无形。

首先他采用禅宗的思想，提倡灭情复性说。他认为我们的情是一种执着，是一种痛苦的原因。唯有把这个情种连根拔除，才能回复此心的清净，才能返归本性的自然。然而要如何拔除这个情种？他不采取禅宗"寂灭"的方法，把整个思想之流斩断，以达到不生不灭的境界。他主张儒家"诚则明"的理论，从诚意正心做起，然后再动，便不为情欲所蔽，而能无往而不自得了。

他这理论，可以归结为两句话，就是"静则禅，动则儒"。这在排佛运动上，似乎趋于折衷，转向柔和，而事实上却是更有效地推进一步。因为儒佛之争，始终在于人生解脱与社会事功的不易调和。韩愈虽然看到了问题，但他排佛的态度，却激烈得弃佛学思想而不顾。这在当时的情势是行不通的，所以他一生满遭挫折。但李翱比较镇静，他一面吸收佛学的精华，一面强调儒家的道统。在表面上是一种调和，实际上却是借调和以扬弃佛学的流弊，增加儒学的血轮。这在排佛运动上是一条新路，而在中国思想的流变上，却是一股新潮。

此后的儒家，一方面承袭了韩愈的道统思想，一方面依循着李翱所开辟的新路，生活在"静则禅，动则儒"的境界中，他们把人生解脱和社会事功调和了起来，就成为宋明的理学。

虽然韩愈和李翱的思想本身都不够伟大，不值得我们大书特书，但他们的地位非常重要，因为他们在隋唐思想的演变上是两个关键。这正像急流中的两块石柱，虽然它们本身的面积不大，但由于它们地位的紧要，终于转变了整条河流的水势。而这个转变成的新流，就是宋明理学家所走的道路。他们全都是吸取佛学精华，造成儒家的理论（李翱），而又抬出儒家来排佛（韩愈）。至于标榜"道统"，倡导《学庸》(《大学》《中庸》)，推崇孟子，更是跟着韩、李的脚步迈进了。因此尽管此后产生了无数的哲人，蔚成宋明理学的盛事；可是开源导流的功劳，却必须归给这两位排佛运动的大儒——韩愈和李翱。

第二十章　民胞物与的哲人——张载

（附：邵雍、周敦颐）

一

在中国思潮的流变上，有两个思想统一的时代：一个是独尊儒学的汉朝，另一个就是此刻我们所要面临的宋代了。

宋代的思想，虽然和汉朝一样，以儒家为正统，但实际上却融和了儒、道、佛三家思想的大流，而成为一种和先秦儒学有异的新儒学，成为一种和道、佛不同的宋明理学。

此一融合的过程，最先发端于唐朝的韩愈和李翱。号角一响，到了宋初，便普遍地展开。当时，有胡瑗、孙复、范仲淹、欧阳修、司马光等儒生首夺先声，虽然他们在思想上的建树不多，但他们身为教授、大臣，对于卫护学术，奖掖后进，却大有功劳。所以在他们的努力弘扬下，便有"北宋五子"的兴起，这是宋代理学的第一个浪潮。

这"北宋五子"，就是邵康节、周濂溪、张横渠、程明道、程伊川五人。他们的年龄最大与最小之间，相差只有二十二岁，所以都是同一时期的人物，而且都彼此见过面，问过学。但前三子生于真宗时，二程生于仁宗时，而且二程的父亲是康节、濂溪的讲友，是横渠的表兄，所以在辈分上讲，二程是后一辈。

这同一时代的两辈，在思想的风格，及对后世的影响上却完全不同，也就由于这点不同，我们可以在他们的身上找出理学发展的线索。

现在就让我们先迎接这前一辈的三子。

二

在"三子"中，年岁最大的是邵康节。

邵康节，名雍，字尧夫，范阳（今北京，大兴等县境）人。生于宋真宗大中祥符四年（1011），卒于神宗熙宁十年（1077）。

他从小便有大志，认为先王的丰功伟业是可以力学而至的，所以早年住在苏门山的百源时，便非常刻苦勤学。后来为了增广见识，又周游四方，曾涉过淮水、汉水，经过齐、鲁、宋、郑的故城。在这次游历中，不仅遍观名山大川，而且结识了不少师友。尤其从北海的李挺之那儿，承接了先天象数之学，更奠定了他一生学说的基础。

此后，他便定居在洛阳附近。那时，当代的名士学者，如富弼、司马光、吕公著以及横渠和二程兄弟等都在洛阳，所以他们便成了朋友，共同商量学问，感情甚为和洽。

他在洛阳附近一直住了三十多年，虽然家境不太宽裕，但他毫不在乎，颇得颜回之乐，自称安乐先生，称他的居室为安乐窝。每天，他在安乐窝内，酌酒三四杯，饮得有点飘飘然时，便吟吟诗。他有一首诗，正写出了这种洒脱的情怀：

斟有浅深存变理，饮无多少系经纶。

莫道山翁拙于用，也能康济自家身。

像这样的淡泊宁静，悠然自得，当然是不适于从政的。所以他就沉醉于这种逍遥的境界中，度过他的一生。

在他临终时，横渠和伊川都来探望。伊川曾要求他留下几句遗言，但他却默默无言，把两只手放在面前。伊川不了解他的意思，一再请示，他才吃力地回答说："我们面前的路必须宽大，窄了连自己都不易立足，还能领导别人去走吗？"

这最后的几句遗言，正说出了他的精神气魄。显然，他绝不是一个拘于小我的隐士，而是另有一番伟大的抱负。以前二程兄弟随着父亲去拜访他，在饮酒谈天时，他说出了生平学术思想的大要。第二天，明道遇见朋友便说："我昨天和康节先生交游，听他的议论，真可谓空前未有的豪杰，但可惜他没有用来救世。"那位朋友问明道究竟谈些什么，明道却回答说："都是内圣外王之道。"

究竟他和明道谈些什么"内圣外王之道"？我们不得而知，

但我们可以从他的巨著《皇极经世》一书中看出一些端倪。

《皇极经世》一书，乃是根据易学，用数理构出天人变化的图案，成为一个极完整的形而上的系统。在这个系统中，一方面从原理上说明宇宙演化的基本形式，乃是由太极、阴阳、八卦，再重重衍生而为万物；一方面从功用上说明自然和人事间的交互影响，这影响便决定了历史的治乱，王朝的兴替。所以康节的"内圣外王之道"，也是一个天人的关系，也是奠基于他的象数之学。

这个象数之学，不仅是他学术思想的中心，而且是他在哲学史上最特殊的贡献。因为他虽然用易理解释宇宙人生，用易理发挥"内圣外王之道"，但这个易理的先天象数图，却传自道家，所以它是融合了儒道两家思想的一门新学问。

这个先天象数图，据史传上的记载，来自华山的道士陈抟（字图南），他从吕洞宾那儿得到河上公的无极图，从麻衣道者那儿得到先天图。他把这两张图传给种放，种放又传给穆修。穆修把先天图传给李挺之，便成为康节的先天象数图。穆修又把无极图，传给周濂溪，濂溪再参照寿涯禅师的《先天地之偈》，而融成了著名的太极图。

康节的先天象数学，极为烦琐，道家的气味甚浓。在理学上，常被视作别派，且承传无人，而变为绝学。但濂溪的《太极图说》，却简明扼要，直接影响了理学的发展。

周濂溪，名敦颐，字茂叔，道州营道（今湖南省永州县境）

人，生于宋真宗天禧元年（1017年），卒于神宗熙宁六年（1073年）。

他和康节的最大不同，乃是接受了禅宗的影响。他曾这样地自描说："我这颗妙心，由黄龙山的慧南禅师所开导，由庐山的佛印禅师所启发，至于对易理方面，如没有东林寺常聪禅师的点破迷津，我便不能豁然贯通了。"

由于他受了禅宗的影响，所以生活上表现得非常淡泊宁静。他在庐山的莲花峰下，曾造了一所濂溪书堂，屋前的草木，都爬满了门窗。有人问他为什么不加以修剪，他却笑笑回答说："这些草木与我自家的心意一样。"

他的心意怎样？无非是恬淡自然罢了。唯其恬淡自然，所以才与世无求，人品高洁。世间的东西唯有莲花最能代表这种特性，因此他生平最喜欢的就是莲花。他曾写过一篇脍炙人口的《爱莲说》，写出了他人格的光风霁月，写出了他胸怀的出尘拔俗。

然而他不像康节一样，是个隐士，也不如游定夫（二程学生）所说，是个"穷禅客"。他虽高洁自赏，但精神却是入世的。他曾从政二十余年，由县长，直做到各州的判官。他曾不顾自身的安危，批评严刑酷法，为死囚请命；也曾冒着生命的危险，深入毒瘴地带，替无辜者伸冤。由于他如此为真理而奔波，为正义而执言，所以赢得了满朝文武的推崇，这是他"兼善天下"的儒者风范。

正同他的人格一样，一方面有着佛老的心境，一方面有着儒家的热情；他的思想也是如此，一方面潜心于佛老，一方面表现出来的却是浅显平实的儒学。

他的那本《通书》共有四十篇，泛论为学、伦理、政治与文学。以"诚"为本，以阴阳为道，去贯通整个"修齐治平"的学问，这是纯粹的儒家思想、儒学工夫。

然而他表现得最为特出，最有影响力的，却是那篇二百余字的《太极图说》。

虽然这张太极图，据说是出于道教的无极图，但濂溪的《太极图说》，却把这张图表加以新的解释，使它由道教的图表，经佛学的洗炼，以达到儒学的归结。这是濂溪的苦心孤诣，也是他最为杰出的地方。

他在《太极图说》中，第一句话便标出"无极而太极"的过程，虽然这句话曾引起了朱子和陆象山之间的激辩，但这只是套用了道家的思想，描写一种由"无"到"有"的宇宙生成状态，并无特殊的地方。接着他从阳动、阴静、动静交替，五行相生，而万物始成的道理，以说明宇宙开展的过程，仍然未脱易理的范围。最后，他强调"主静"，以"立人极"。主静是佛老的工夫，人极却是儒家的理想。这一个归结，把"无极而太极"，归结到内圣外王的"人极"，已奠下了理学发展的基础。此后的理学家们，都循着这个路线，在修身方面，以"静"为主；在事功方面，却直奔儒家的理想。所以这篇短短的《太极图说》，对于理学的发展，可说是一篇小小的序言。

然而濂溪的思想，虽然比康节简明平实，近于儒家，但他们都同样带有浓厚的道家色彩。他们之间的同异，都只是象征了一个转变，从佛老转向儒家。而他们最大的贡献，也只是把道学带入儒学。所以他们对理学的发展来说，都是间接的工夫，至于直接把儒家的精神从正面发挥出来的，却要首推民胞物与的哲人——张载了。

三

张载，字子厚，先世住在大梁（今河南开封），后来因父亲死于宦途，家中都是妇人孺子，没有能力回大梁，便侨居在陕西凤翔的横渠镇，所以后人都尊称他为横渠先生。他生于宋真宗天禧四年（1020 年），逝于神宗熙宁十年（1077 年），比康节小九岁，比濂溪小三岁。

他从小便超群拔俗，才气纵横，尤其喜欢谈兵。十八岁那年，便立志投笔从戎，要聚众取回洮西的失地。当他上书给范仲淹，诉说心中的抱负和壮志时，仲淹却赏识他的才华，知道他是一块大器，便带着怜才的口吻责备他说："儒生自有名教可乐，何必谈兵？"并送给他一本《中庸》，劝他仔细地研读。起初他不过泛泛浏览了一遍，后来渐渐觉得书中自有至理，于是愈读愈有兴趣，便抛了从军的念头，立志学道，这是他从谈兵走向求道的一个转变。

他先醉心于佛老，据说曾和濂溪同出于东林寺常聪和尚的门下，后来才转而探求六经。那时虽然他颇有声望，已在京师讲解《易经》，而且从学的人非常多，但毕竟和康节、濂溪一样，是以佛老去解释《易经》。有一天晚上，当二程兄弟来访，谈论起《易经》时发现自己不如二程兄弟。于是第二天，便对学生宣布说："最近我遇到二程兄弟，他们深通易学，我不如他们，以后你们可以拜他们为老师。"只从这件小事，便可看到他光风霁月的人格了。此后，他便放下了佛老的书籍，专门研究儒家的经典，这是他从佛老回到儒家的一个转变。

这一转变，虽然使他超出了康节、濂溪的范围，直趋儒家的道统，但在他一生的学术事功上，还只是一个前奏。因为这时他没有担任实际的政务，仍然只是在书本中摸索。他深深地觉得儒家的精神，不在于玄谈，而在于实践，所以在他三十七岁那年，中了进士，做了云岩县的县长时，便立志把儒家的理想实践出来。

他认为儒家的理想，寄托于宗法制度的伦理社会。但要建设这个社会，必须改良风气，注重孝悌。所以他施政的第一个目标，便是"敦本善俗"。他特别强调敬老事长，每逢佳节，他都预备了许多酒席，邀请乡中的父老，亲自劝酒，以做示范。

当他把云岩县治理得井井有条时，又被调升为崇文院的校书。那时宰相王安石正推行新政，希望他加入新党，但他却拒绝说："你如果与我为善，我怎能不尽力，但要牵引我，为你们新党服务，恕我不能效劳了。"因此王安石对他非常不满，故意派他到浙东去治狱。横渠深知当朝都是新党的势力，自己不能施展抱负，于是便借病辞职，回到终南山去隐居，从事于思想的著述。这是他由仕而隐的一个转折。

然而在此后的一段隐居生活中，他并没有沉湎于山水，他并不是一个"独善其身"的隐士。"隐"只是他生活境界中的一个波折，而不是一个空虚的结束。

他虽然退出了劳形的案牍，却投向劳神的书桌。每天，他都把自己关在书房内，桌上摊满了书简，每个角落都放着纸笔。他端正地坐在桌前，一动也不动，但脑中却一直在沸腾着，沸腾着救世的脑汁。一有心得，便立刻记下来。有时在深夜里，躺在床上，突然发现了新的见解，便立刻起床，点着油灯，拼命地书写。他的那部《正蒙》，就是在这种日以继夜的苦思中写出的。由于这样的刻苦治学，忘了保健身体，终于使他染上了肺病。

为了救世救人，他除了牺牲健康外，也舍弃了物质的享受，他几乎都是过着饔飧不继的生活，每天仅以粗菜淡饭糊口。但他对四周的贫民却非常同情，不因自己的贫穷，而忘掉旁人的痛苦。无奈自己家境如此，当然无法帮助别人，只有坐在桌前对着白饭，嗟叹终日。他并不是为自己的贫穷而感伤，却是惭愧自己不能赈济别人。这时，他在现实中接触到一个问题，就是贫富不均。

他深深地觉得社会上如果贫富不均，政治上便无法教养生息，所谓"内圣外王"之道，也只是空谈罢了。前儒们过于偏重学理，而忽略了物质的建设，这正是儒家理想始终无法实现的原因。针对这点，他在晚年时，曾和朋友们设法买了一方田地，划为数井，以尝试先王的制度，希望能实现"仁政必自经界始"的理想。虽然在这个计划还未实现时，他已病逝了，但他时时以恢复先王的制度自任，时时不忘儒家理想的实践，正表现出他是一位成色十足的儒家。

四

在横渠临终的前一年秋天，曾做了一个异梦，自感年命有限，便搜集以前的论文，装订成册，交给门人说："这书是我历年来苦思的心血，其中所论的都是圣人的旨趣，只是一些纲要原则。要触类旁通，还得靠你们自己的努力。"

这部书就是他的代表作——《正蒙》。

在《正蒙》中，他以"太和"两字代替"太极"，说明宇宙的本体原是一个大和谐。在和谐中有动静的变化，这变化的因子就是"气"。"气"散开来充满了空空洞洞的太虚（空间），合起来便化为形形色色的万物。这一气的循环，就构成了宇宙的生成和变化。而"人"，本来具有天地和谐的性，可是由于这个气的作用，便有"气质的性"，便有趋恶的可能。这是《正蒙》一书的大旨，虽然已摆脱了道家太极图的束缚，但仍然带有佛老的玄味。不过其中有一个核心，却完全是儒家的精华，就是那两篇不朽的《东铭》《西铭》。

有一次，他在书室的东窗上写了一篇铭言，叫作《砭愚》；又在西窗上写了一篇，叫作《订顽》。后来伊川觉得这两个名词不太妥当，便劝他改名，就成为今日的《东铭》和《西铭》。

这两篇铭言，虽然同在《正蒙》一书中，是同一时期的作品，但《西铭》远较《东铭》为纯粹博大。《东铭》所论的只是修养工夫，而《西铭》却托出了一个"仁"的境界，这境界也就是《正蒙》全书所揭示出的天地和谐的本体。

在横渠看来，宇宙万物都是天地所生。我们若放眼而观，则天就是父，地就是母，我们的躯体性能就正是天父地母之所赋与。在这种情形下，不仅人类都和我是一胞所生，就连万物也和我是相与的伴侣，所谓"民吾同胞，物吾与也"。大家既是同根而生，当然休戚相关，彼此友爱。而那些鳏寡孤独的人，就好比我们颠连无告的弟兄，而应该特别照顾。富贵福泽是天地给我的优遇，贫贱忧戚是父母给我的锻炼。存，是我的顺事；没，是我的宁息。这种无忧无惧、万物一体的情怀，直把那"仁"的精神发挥得淋漓尽致，生动无遗。这也正是《西铭》

受人千古推崇的道理。因此伊川才认为《西铭》所论，都是仁的本体，非常纯粹，是秦汉以来儒家所未曾有过的境界。而明道更直截了当地认为：只要完全做到《西铭》所说的，就是一个标准的圣人了。二程的评语，正说出了横渠的精神，因为他的思想境界，就是仁的表现；他日夜所追求的，就是要做一个当代的圣人。

然而要如何才能达到这种境界呢？他告诉我们第一步工夫，就是"变化气质"。

因为人本来是与天同一个和谐的，只是因为气质使人与天隔了一层。但气质，并非全恶，而是有善有恶。所以变化气质，就是要去恶为善。至于变化的工夫却必须外内兼顾，一方面要知礼，一方面要虚心。知礼是儒家的学说，虚心是佛老的思想。在这儿，横渠显然是带有佛老的色彩。

不过仅仅变化气质，仍然是消极的工夫，要达到仁的境界，还必须直奔圣人的理想。他认为秦汉以来学者最大的毛病，就是"知人而不知天，只求做贤人，而不求做圣人"。所以他告诫学生最重要的一句话就是："学必如圣人而后已。"

因此为了鼓舞大家做圣人，他托出了一个圣人的理想，当作我们为学求道的最高鹄的。大家都知道求学，但"学"是什么，所求的又是什么，却很少有人能够彻底了解。大家只不过随俗循例地抱着书本来研读而已。不错，书是古圣先贤留下来的，但那终归只是因时因地而记录的一点迹象而已。至于圣人的那种精神怀抱，和其经纶天下的工夫，却是无法载之于书本、形之于文字的。而这种至高无上的大学问竟因承袭乏人，而不能传承下来，所传下来的只是言辞的诠释、章句的解说而已。这哪里是第一等学问？因此今天立志求学者，不能一味地抱着书本啃，而应该透过书本的启示来探求圣哲的真意，使往圣不传之学得以传承发扬。这往圣的不传之学究竟怎样？我们虽不能具体指出，但其性质必为一种尊天立人、善群救世的内圣外王之学，却是毫无疑义的。

所谓天是指宇宙，宇宙本是无始无终的自然事实，没有任何意义之可言。但有了我们"人"之后，我们就要使这没有意义的变成有意义。我们要以我们的"存在"庄严（注："庄严"二字此处作动词用）宇宙的价值。我们要使人类的精神发扬光大为宇宙创造灵明的"心"。这并不是我们多事，故为玄虚，须知我们人本和宇宙同源同体，一般人虽为躯壳所限，无此感觉，但在圣贤境界的人却无不感到"万物皆备于我"，与天地自然息息相通。因此宇宙之事正是我们分内之事，又怎可不自奋勉，以尽其推进发扬的责任？

再就"人"本身来说，我们鸡鸣而起，辛勤到晚，都为的是些什么？过眼的富贵云烟，人海的争名夺利，固不是人生的真谛；而尽忠尽孝，为学作工，其意义究竟又在哪里？这一切必须有个总寄托，然后我们才活得下去，而人生才有意义。我们有志于圣道的，就应该找出这个意义之所在，来领导人生，鼓舞群伦，使大家的辛勤奋斗，心安理得地奔向一个尽美尽善的方向，所谓安身立命者是。

然而人终究是血肉之躯、有生之伦，不能光讲价值意义，而不顾实际的生活乐利，尤其社会人群的集体幸福更是仁者之所怀。因此孔子也讲足食足兵，而要庶之富之。这当然是我们要努力的目标，实际上这种目标也并不难于达到。家给人足、承平安乐的时代，历史上曾不断出现。问题在于治乱相承，兴亡交替，永远循环不休，更何况治少乱多，祸甚于福。人民幸逢治世还好，不幸而生在乱世，那就惨不忍睹了。这岂是仁者所能安？我们若还有理性，便不能听任这样盲目的循环下去，我们必须要谋个一劳永逸之计，要使得一旦太平，便永不再有动乱，然后人民才能确保千秋万世的幸福，而人间才有理想的乐土。

上面这些问题才是我们为学所要真正追求的目标。这些问题虽千言万语，内容多端，但归结其旨趣就是横渠那有名的四句偈，所谓：

为天地立心，
为生民立命，
为往圣继绝学，
为万世开太平。

只有这些才是人世间的大学问，而为古今一切希圣希贤的人们所当追求的正确目标，岂能如俗儒之徒诵章句，专务翰藻呢！

五

在宋代理学的发展上，有濂、洛、关、闽四派。洛学和闽学，是指以后洛阳的二程兄弟，和闽中的朱熹。而濂学和关学，就是指濂溪的周敦颐，和关中的张载。

所以在这北宋的前三子中，除了康节不得其传，成为绝学外，濂溪和横渠在理学的发展上，都是举足轻重的人物。

濂溪虽然比康节较为儒家化，但他的太极图，毕竟带有浓厚的道家色彩，所以二程兄弟不太满意，终身未尝提及太极图。至于横渠却不同，尽管他有时也兼用了佛老的方法，但他的为学宗旨，和思想的气魄，却完全是儒家的本色。

他的为学宗旨，乃是"以易为宗，以中庸为的，以礼为体，以孔孟为极"。

"易"是儒家的形上思想，"中庸"是儒家的修养工夫，这两门学问都是理学的灵魂。但横渠最得力的还是在于"礼"。他的《西铭》，便是依据《礼运·大同章》而发挥的。他用礼去节制气质的性，使恶的气质，变为善的气质，这正调和了孟子的性善和荀子的性恶。所以朱子和他的门人一致认为横渠的学说一兴，诸子所遭遇的问题便迎刃而解了。这是横渠为往圣继绝学的苦心。至于他最后以"孔孟为极"，更写出了他以儒家为道统的精神。这是他所以超过康节、濂溪的所在，也是他为万世所敬仰的地方。

唯可惜的是，他缺少几位有气魄的弟子，虽然有吕大忠三兄弟曾在他门下学礼，范育、潘拯等人，是关学的中坚，但他们都没有把握横渠的精神，所以关学只是一度盛于关中，而无法普遍地展开。

然而这只是学派的传授，至于思想的影响上，却是光芒万丈。他的那篇短短的《西铭》，不仅为所有理学家所激赏，尤其二程兄弟特别倾心，拿《西铭》去开导自己的学生。由此一端，可见横渠的思想已接枝到洛学中去开花结果了。

第二十一章 承先启后的宗师——程颢、程颐

一

韩愈在排佛、排老时，曾这样慨叹过：

"究竟我所标榜的是什么道呢？我所标榜的不是佛老的道，而是儒家的道。这个道由尧传给舜，舜传给禹，禹传给汤，汤传给文武周公，文武周公传给孔子，孔子传给孟子，可是直到孟子死了以后，便没有传承的人了。"

韩愈的这番慨叹，终于过了三百余年以后，才得到了回音，得到了答复。这时有位哲人朱熹，在《大学》及《中庸》二篇的章句序中，曾这样写着：

> ……及孟子没而其传泯焉。则其书虽存，而知者鲜矣。……于是河南程氏两夫子出，而有以接乎孟氏之传。
> ……故程夫子兄弟者出……以续夫千载不传之绪。

那就是说：这尧舜禹汤文武周公孔子一脉相传的道统，到

孟子死后便中断了。圣经贤传虽仍存在，而大家所知道者仅字面的意思，至于所含蕴的真正精神，却早已无人了解，而至于沦亡。直到河南程氏两夫子出来，才能洞明旨要，承接心传，使千载不传的道统得以恢复，并根据儒家的传统精神来对抗老释两家的学说。这里所说的"程氏两夫子"，就是我们所要讨论的洛阳二程兄弟——程颢与程颐了。

上面朱子的话虽是出于推崇，但对二程来说，却是名副其实，并非溢美。我们很清楚地看出这条发展线索，自韩愈高标道统以后，经康节、濂溪、横渠等人的逐渐儒家化，到了二程兄弟才爬上高峰，集其大成。此后儒家才真正从低潮回到高潮，才真正恢复了思想上的领导地位。朱子的由衷推崇，不过是这旋乾转坤之功业的忠实记载而已。他们二位真是当之而无愧呢！

二

然而失传了一千多年来的道统，所以能为二程兄弟继承，并非偶然的，而是有历史的因素、教育的背景。

历史的演变，有个久乱思治的公例。自唐末以来，国势日衰，藩镇朋兴，使得短短的五代史中，充满了悍将骄兵、宦官盗贼。所以宋代诸帝，鉴于以往的得失，便极力崇尚文治，鼓励学术，使得有宋一代，虽然武功不振，国势衰弱，但文化方面却有极高的成就。不论诗词艺术，还是文玩匠作，无不达于高妙的境界；而学术思想的研究，尤其盛况空前。

这风气自宋初开国以来，便逐渐地展开，到了二程兄弟，已是花叶扶疏了。

当时，在上有范仲淹、欧阳修等大臣的倡导，在下有胡瑗、孙复等名儒的传播。尤其二程兄弟，一方面接受胡瑗的指导，一方面又因父亲的介绍，认识了康节、濂溪、横渠等大儒，亲炙高风，受益无尽，这些都是培养二程思想的温床。

在这里，还有一个非常重要的因素，我们不能忽略，那就是二程母亲的家教。

她是一位喜欢读书，而且博通古今的女性。她对二程的教导非常严厉，凡是二程有过错时，她非但不加以庇护，而且毫不掩饰地予以指责。她认为："孩子们所以不肖的原因，就是由于母亲喜欢掩饰他们的过错，使父亲不知道啊！"因此当二程和别的小孩们争吵时，她从不加以袒护，认为"我正怕他们不能委屈，而不怕他们不会刚强"。当二程争着要吃零食时，她便教训说："年纪幼时，就争着要满足欲望，长大了以后怎么办？"这话看似平凡，却包含着很深的道理：假如从小就养成了贪婪的性格，长大后一定要花费很多的精力去追逐舒适与享乐。而一旦遇到困苦时，也势必不知不觉地畏缩不前，知难而退。试问这样的习性又怎能成学立业？反之欲念寡浅，不贪享受的人，却较能面对苦难，鼓勇前进。更何况寡欲的人，心静而智慧增，意专而耕耘勤呢？因此古今圣贤无不教人克节欲念。而程母的教训正吻合这种旨趣，使二程在幼年就培养了进德修业的良好基础。这对于二程一生的思想行为影响非常之大，我们把她与孟母前后媲美，实不为过分。

由于二程兄弟长育在这种浓郁的学术气氛中，生活在这种良好的教育环境里，所以很自然的会培养出卓越的思想和人格；再加以他们天赋的才分，过人的努力，便走上北宋学术的巅峰，而负起了上承道统的使命。

三

程颢，字伯淳，号明道。河南洛阳人，生于仁宗明道元年（1032 年），逝于神宗元丰八年（1085 年）。他的弟弟伊川，名颐，字正叔，比他小一岁，逝于徽宗大观元年（1107 年），却比他多活了二十二年。

他们两兄弟，由于生长在书香门第，所以不仅资质过人，而且从小就接受诗书的教育。明道在九岁时便会吟诗，曾写过一首诗，其中两句是："中心如自固，外物岂能迁。"这已不是泛泛之作，而是充满了道学的思想。

当他们十五六岁时，父亲程珦便带他们去拜识濂溪。那时科举非常盛行，许多学子都热心于辞章，但二程却觉得诗赋小道乃雕虫小技，不足以有为，便立志学道。

由于濂溪喜欢研究佛老，所以他们也随着研究佛老，那时正好康节也在洛阳，更帮助他们走向佛老。但当他们遍读佛老的经典后，总觉得无以安身立命，于是又重新研究六经。这时横渠正在京师讲《易》，在互相切磋讨论之后，终于使他们认清：儒家的学说，才是立己立人的正道。自此以后，他们才一步步地走向儒家的道统。

这时，二程都已是二十四五岁的青年了。在他们相继中了进士以后，便各自奔向前程。

先是伊川到太学去读书，那时正值胡瑗在太学当教授。胡瑗出了一个"颜子所好何学论"的题目，看到伊川的答卷，不禁大为激赏，便立刻把伊川召入，收他为弟子，赐他一个学职。在太学中，他的学问超群拔俗，连同学吕希哲，也自愿拜他为老师。

在此后三十余年中，伊川一直醉心于学术，并未涉足于政治。尽管许多学者大臣们极力推荐他，可是他都一一谢辞了。但说起来也真凑巧，就在伊川沉默的三十年中，却是明道一生的高峰。因为在伊川学成用世时，明道却早已谢世了。

正当伊川游太学时，明道却在鄠县、上元县等地方做主簿。他虽然是个思想家，但绝不是只会空思冥想，而不能身体力行的书呆子。当他办起政务来，不仅有条不紊，积极有为，而且对于陋习的改革是大刀阔斧的。他为了增加收获，曾亲自带领人民，抢修堤岸；为了破除迷信，曾不顾群情的反对，消灭人民祭拜的偶像；为了提高知识水平，曾设立学舍，亲自教读。他认为官无大小，即使一个小小的主簿，也能有利于人民。所以，他在书房内贴着"视民如伤"四字，时时警惕，时时反省，希望尽他最大的可能，为人民谋福利。

由于他如此勤于政务、大公无私，所以很快便从主簿、县令，一直做到监察御史。神宗非常赏识他，常召他讨论许多经国的大务。但他屡次进言，从来没有提到功利两字。这种态度正和当时王安石的新法不能兼容，所以不久又被调到外县去任职。直到哲宗即位，要再起用他为宗正丞时，不幸他已燃尽生命的热力，与世长辞了。

明道去世时大家都为他惋惜，伊川也带着极度悲痛的心情，为他的哥哥写了一篇墓表序，其中大意是：

"周公死了以后，圣人之道于是不行；孟子死了以后，圣人之学因而失传。所以百世以来没有善政，千载以来没有真儒……而明道先生于一千四百年以后的今天，从遗经中得到了千世不传的道学，希望用这个不传之学去拯救众生。但苍天无情，却使哲人早逝……"

当伊川写了这篇情辞恳挚的墓表序后，心中不禁大为激动，深感必须负起哥哥未完成的任务，于是便改变了以前不愿用世的态度，立刻上书给太皇太后说：

"陛下选臣于草野之中，只是因为臣读圣人书，听圣人道，臣岂敢不用所学的，以辅助圣明？自忖圣人之学，早已不传，而臣侥幸从遗经中得到不传的道学，因此不自量力，以身传道……"

这话说出了他的以身许国，写出了他的以道统自任，也说出了他生命的高峰。就从这时开始，他三十余年来所提炼的学问，才真正放出了彩色的光芒。

然而他没有像哥哥一样担任实际的政务，他是从另一角度来宣扬道学：他是当朝天子的老师。

有一次，他准备为哲宗讲解《颜子之乐》一章，这题目他在太学时曾做过，现在演讲起来，当然得心应手。不过颜子之乐，是"一箪食、一瓢饮，在陋巷，人不堪其忧，回也不改其乐"。这是描写颜子不为物质的穷困所拘，而能安贫乐道的心境。然而这与君主又有什么关系？当时满朝的文武，如吕公著、范尧夫等人，都觉得这一章根本没有人君的事情可谈，不知伊川如何发挥，于是大家便好奇地争着去旁听。

伊川先把章句解释清楚以后，便接着发挥说："像颜回一样住在陋巷的人，只要他心存仁义，便不会被贫贱所苦；像君主一样备受尊荣的人，如果不肯学道，一定会被富贵所腐化。同时，像颜回这样有才干的人，反而被鲁君所忽略，困于陋巷，不能发展他的抱负；而像季氏这样无能的人，反而富于周公，成为国家的害虫。可见鲁君的不能用才，这正是我们的前车之鉴。"

伊川这段话，不仅说出了一个安贫乐道的人生观，而且说出了儒家"选贤与能"的政治观。同时，像颜回这样的天才，如果不能用世，也只有生于陋巷，死于陋巷，与木石同朽，究竟对世道人心又有何补？所以在这里伊川又强调了儒家用世的精神。这三方面，正是理学家们所追求的理想，已被伊川简单的几句话说尽，所以当时满朝的文武，都"于我心有戚戚焉"，不禁深佩伊川智见的过人。

不过伊川生性严肃，直谏无忌，得罪了不少人。尤其当时苏东坡在翰林也非常有声望，许多文人与东坡共游，文人们喜欢无拘无束，浪漫不羁，因此常讥笑伊川迂腐，于是两派门人互相排斥，便分成洛（伊川）、蜀（东坡）两党。

在某一次的党争中，他不幸被贬到四川涪州。正在渡汉江时，突然风浪大作，船中的人们都吓得哭声连天，只有伊川一人，正襟危坐，若无其事。直到船抵岸后，同行的人都好奇地问伊川在生命攸关时，为什么毫无惧色。伊川却回答说："我只是心存诚敬罢了。"这时他已是六十五岁的高龄，他的心性修养也达到了炉火纯青的境界。所以后来徽宗即位，再召他回来时，他虽然在边境吃了好几年的苦，但气色精神却愈来愈好，大家问他原因，他却笑笑说："这是我为学的功劳啊！"

然而伊川回来后，正是党祸最盛的时候。伊川聚徒讲学，却被范致虚等诬为邪说惑众，到处逮捕伊川的学生。伊川也自知情势不妙，便劝他的学生说："你们只要细心观察，细心体会，照着所学的去身体力行就好了，不一定要到我这儿来求学。"所以在他去世的时候，送丧的只有四人，颇为萧条、落寞。

在明道去世时，伊川曾替他写墓表序，可是当伊川自己逝世时，却没有人敢提起他。但这也是他早已预料到的事，所以生前曾对他的学生说："我以前替明道先生写行状，我的思想与明道相同，以后如有人要了解我，请看那篇文章好了。"

虽然伊川所追求的和明道相同，他们可以合用一张墓表序，但他们两人的气质和个性却绝然的不同。

明道德性宽宏，气象万千，有光风霁月的胸怀；而伊川气质刚毅，精思入神，有峭壁孤峰的严峻。

这种不同，表现在待人上，明道是一团和气，所以朱公掞来问学，回去后便对人说："我在春风中，坐了一个月。"而伊川却相反，有一次伊川坐着闭目养神，他的弟子游定夫和杨龟山立侍在旁，一直不敢向他告辞。过了好久，伊川张眼一看，两位弟子还是毕恭毕敬地站着，便说："夜深了，你们回去吧！"这时两位弟子才敢退出，而门前的雪已积到一尺多深了。

因此学生们都喜欢接近明道。有一次二程在旅途中投宿一庙，明道走右廊，伊川走左廊，随从的学生们都跟着明道。到了法堂后，伊川便叹着对明道说："待人方面，我实在不如你啊！"明道也深感到伊川的过于严谨，曾对人说："他日使人尊师重道，我弟弟可以做到。但要接引后学，造就人才，我比弟弟要高明了。"

这种不同，表现在政治上，伊川是严峻不阿，议论褒贬，毫无顾忌。有一次，哲宗无意折断一条柳枝，伊川看见了，便正色说："春天正是草木萌生的季节，绝不可无故加以摧残。"对于君主，伊川已是如此直谏无忌，何况其他的朝臣！所以大家都畏惧他三分，而有洛蜀的党争，而有被贬涪州的命运。可是明道却相反，他一团和气，热情感人，所以神宗与明道谈论时，常常忘了午饭，而且临别时，还再三叮咛说："你可常来找我，我很喜欢和你谈谈。"至于同他政见不合的王安石，虽然曾遭受他的批评，但对他仍然是非常尊敬。这都是由于他赋性中和，使人感服。

四

虽然一般的说法，都把二程合在一起，称为洛学。其实他们两人气质和个性既属不同，学术思想也有很大的差别。这差别，不仅存在于他们之间的对比中，而且影响了以后思潮的流变。

明道由于个性的宽和，气度的远大，表现在思想上的，也是浑然一体的境界，这境界就是他所强调的"仁"。

这个"仁"的名词，虽然来自孔子，但孔子不谈天、不谈本体，只谈人事；而明道却扩大了这个"仁"的范围，贯通了宇宙本体与天人关系。

明道这个"仁"，放在宇宙本体中，就是"乾元一气"。这一气，相当于濂溪的"太极"，横渠的"太和"，这是说明宇宙的变化，虽然有阴阳、有动静，但它的根本，却是一种生生不息的生机。

这生机，对万物来说，正像树枒间所冒出的一点绿绿的生意；对人身来说，就是本于自然的"性"，就是感应灵明的"心"。所以这个"生"、这个"性"，和这个"心"都是相通的。因为它们同是一种生机，同是一种仁的境界。

但"生"和"性"比较抽象，不易把握，因此明道喜欢从"心"的作用去描写"仁"，去了解"仁"。他引用医书上的一句话"手足痿痹为不仁"，认为这句话中的"不仁"，描写得最恰当，因为麻木就是不仁。我们的心不能感受手足的刺激，固然是不仁；而我们的心不能辨别是非善恶，不能产生"民胞物与"的情怀，不能体会天人之间的作用，更是不仁。所以他认为一个仁者，不仅感觉灵明，生机茂然，而且与万物同心，与天地同体。

明道的思想，特别强调这个"仁"和这个"心"。所以他认为学者最重要的工夫，就是先从心中去"识仁"。唯有先把握这点萌然的生意，唯有先了解这种天人的关系，然后所探求的学问才有根源，所追求的真理才有价值。不过他所谓的"识"，不是文字上的认识，而是一种心灵上的体悟。在这里他显然借用了佛学静观的方法。他曾说："静后见万物皆有春意。"春意就是生意，唯有在静观中，才能看出万物的生机，才能悟入生命的真谛，也才能识透仁的本体。

然而静观只是一种心态，而不是实践的修养工夫。因此为了把握体悟的所得，明道又补充了另一个方法，就是以"诚敬存之"。"诚"是对内意识的集中，"敬"是对外精神的贯注。经过了这番"诚敬"的工夫以后，心中所体悟的是仁，扩充出来也是仁，所以他说："满腔子是恻隐之心，这恻隐之心，就是仁的起点，把这恻隐之心，扩充开来，就是仁的境界了。"

达到了这种境界，我们的心，便"廓然而大公，物来而顺应"，便有天地与我为一，"万物皆备于我"的乐趣了。

所以明道的思想，从"识仁"开始，直到"廓然而大公"的境界，彻头彻尾是一个仁学，一个心学。

五

至于伊川却和明道不同，由于他气质的谨严，思想的细密，所以他特别注重"理"的分析，"理"的研究。

在伊川眼中的宇宙，不是混然一体的境界，不是"乾元一气"的运行，而是万象森然的世界，而是"理气二元"的作用。在这个宇宙中，万物的形状、万象的变迁都是由于气化生成。这个"气"，与濂溪的"阴阳"、横渠的"气质"相似，只是说明天地交感而万物化生的过程，并没有什么特出的地方。至于"气"之所以能变化，万象之所以"物尔如此"，都有一个不变不易的"理"。这个"理"却是伊川独创的见解，依据这个见解，所以他特别强调要"穷理"。

他认为一物有一物的理，一事有一事的理。如火的热、水的寒，以及一草一木的成长，这是物的理；至于是非、善恶，以及待人接物的道理，这是事的理。这些理，无处不在，无时不在。只要有"物"便有理，只要有"事"便有理。我们如果能今天分析一物，明天研究一事，虽然起先只能得到个特殊的理，但久而久之，便能融会贯通。于是宇宙间的一切道理，便都在我们的心中了。到那时，我们便不须一事一物地去研究、去分析，因为"一物之理，即万物之理"，我们只要知一理，便能应万理；同时"一人之心，即天地之心"，我们只要体悟此心，便能贯通天地之心了。

伊川这种"穷理"的方法，显然偏于经验的分析，这与明道的存养体悟不同。伊川曾说出他治学的两个纲领是："涵养须用敬，进学则在致知。"他把明道的思想都放在第一句话中，因为明道的"识仁"是涵养，"诚敬"就是用敬。不过伊川对"敬"的解释，却和明道略有不同，明道的"敬"在于"诚"，是一种"敬以直内"的态度。而伊川的"敬"，在于"主一"，是一种"主一无适"的精神。伊川曾有一段妙喻：

他认为我们的心对于外物的引诱，正像站在破屋中御盗一样。如果中心把握不定，东面一盗还未逐出，西面又来一盗。而前后左右，更是防不胜防，这都是因为四面空疏，强盗易入。又如空瓶放在水中，水便容易进入，如果先装满了水，水便不能再进入。所以中心如有主，便不为外物所转了。

然而要如何才能中心有主，才能"主一无适"呢？伊川认为单靠"诚敬"的工夫仍然是不够的，因为那只是心性的修养，而没有经验事实上的依据。唯有知得透彻，才能把握得定，所以他除了"诚敬"外，又特别提出"致知"的学说。

但致知的方法是格物，而格物的精神，却是"穷理"。因此伊川的思想，归结起来，仍然是"穷理"两字。虽然明道也曾谈到致知在格物，格物在穷理，但明道只是把致知放在诚敬工夫后面，看作次一等的事。而伊川却把进学和涵养并列，把致知和用敬看作同样重要的两套工夫。所以伊川比明道更进一步地注意到求知的问题。虽然在《大学》中已有致知格物的思想，但把致知格物归结于"穷理"，而加以理论的根据、系统的说明，对后世产生影响的，却创始于伊川。

六

由上面看来，二程兄弟虽然时代背景相同，生活环境相同，教育师承相同，甚至年龄也只差一岁，但是他们的性情与学问却完全不同，这真是一个有趣的对比。唯物史观的学者们强调"存在决定意识"，认为在相同的条件下产生相同的思想，假如看到了这两位同源而异趣的兄弟，不知做何解释？

这种同源而异趣的情形，不仅表现在他们的性情与学问上，妙的是连他们在历史上所负的使命，也有着类似的情形，那也就是说：二程在"承先"方面是一致的，他们同是扭转佛老的狂流，挽回了儒家千年来的颓势，而上承孔孟的精神，发扬了中国传统的教化。正如朱子所说的："河南程氏两夫子出，而有以接乎孟氏之传。"在这方面，他们两人的成就是相同的，但是在"启后"方面，却不仅相异，甚至形成了互相对抗的局面。

明道虽然比伊川大一岁，却早逝了二十二年，在这不算太短的二十二年中，伊川不仅吸收、融会、补充了明道的思想，而且连明道的得意门生，也被拔河似的拉了过来。例如程门弟子中，最著声望的有四人，称为程门四先生，其中除了和靖（尹焞）单独向伊川问学外，上蔡（谢良佐）、龟山（杨时）、荐山

（游酢）等三人，都是兼师二程，或先学于明道，后来才追随伊川的。所以伊川的门下，兼容并包，人才辈出。

再者，明道的思想比较凌空、比较圆融，必须中智以上的人才能把握。而伊川的思想，却具体落实，容易吸收、容易发挥。所以最先开展出来的是伊川的学说，它由弟子们的发扬光大，四传而到朱子手中，遂集理学的大成，自此以后，直到明代中叶，可以说都是伊川思想的天下。

至于明道的思想，虽然一时后继无人，幸而"德不孤，必有邻"，终于在象山的身上，找到了回声。不过象山个人固然和朱子旗鼓相当，但在当时的声势上，却为朱子所夺。这要等到程朱学说产生了流弊，逐渐衰落，才有王阳明的兴起，和明道、象山，隔代唱和，而有心学之盛。所以自明代中叶开始，此后的天下，又为明道思想所左右。

总观以上两股思潮的趋势，一盛一衰，一起一落，互为消长，而形成了对抗的局面。这正说明了二程夫子在"启后"方面的各有千秋。

然而他们的影响不同，非但不会产生相斥的作用，却是相辅相成。"长江后浪推前浪"，合起来看，正是波涛迭起，源远而流长。他们虽然学说的细节不同，但都是根据《大学》《中庸》，来替圣人立说；都是继承了周公孔子以来的道统，而使这个道统，开展下去，共同支配了以后八百年来的思想流变。

所以他们无论在相同或相异方面，在承先或启后方面，都有特殊的贡献。在中国历史上，甚至在世界历史上，他们真可谓一对最光荣、最精彩的兄弟哲学家。

第二十二章　弘道立学的泰斗——朱熹

一

　　小程夫子死后，仅仅二十年，宋朝的天下，已由北宋一变而为南宋。随着徽钦二帝的被掳，淮水、大散关以北的地方，都进入了金人的版图，所剩下的只有南方一半的山河，过着偏安的生活。这时，学士大夫们都随着政府南迁，而洛学也由杨龟山等人，带过长江黄河，到南方来避难了。

　　杨龟山（即杨时，南剑人），是二程兄弟的门人，深得洛学的真传，自他南渡后，便把学说传给罗豫章（即罗从彦，南剑人），豫章又传给李延平（即李桐，南剑人），而延平就是朱子的老师。所以洛学经龟山师徒的辗转相传，终于传给了我们的理学大师——朱子。

　　洛学传到朱子手中，已不再是二程的洛学了。因为朱子的思想兼容并包，规模宏大。他不仅吸收二程的学说，同时也综合了各家思想。二程只是奠定北宋理学的基础，而朱子却是集有宋一代理学的大成。

　　然而朱子的重要性不仅如此，尤在于他继二程以后，把握了儒家的道统，产生承先启后的作用。他的学生黄榦曾这样赞美他：

"道的正统，必须待人而后能传，自周朝以来，能够传道的不过几人，但有成就的也只是一二人罢了。在孔子以后，曾子、子思维系住道的微绪，到了孟子才切实地加以发扬。在孟子以后，周、程、张子为道而开路，到了朱子才彻底地加以光大。"

黄榦这段话，并无溢美。朱子一生，在整个思想的流变上，正是扮演了这样一个重要的角色。

二

朱子，名熹，字元晦，别号晦翁，徽州婺源（今安徽省婺源县）人，生于宋高宗建炎四年（1130年）。他的父亲名松，是罗豫章的学生，曾做过司勋吏部郎。后因不满秦桧的和议政策，便忿然辞职，隐居在福建尤溪城外毓秀峰下的郑氏草堂，这儿就是朱子诞生的地方。由于地属福建，所以他后来开创的学派又称为闽学。

朱子从小就资质过人，喜欢思考。当别的小孩在游戏时，他却一个人静坐在沙上，用手指画成一个个的八卦图形。当塾师教他读《孝经》时，他只看了一遍，便能贯通书中的大意，而且还在书上题着："不若是，非人也。"由此可见，他从小便有哲学的头脑，便有圣人的抱负。

在他十四岁时，曾遵从父亲的遗嘱，去拜籍溪的胡宪（原仲）、白水的刘勉之（致中）、屏山的刘子翚（彦冲）为老师。这三位老师都是二程的再传弟子。刘勉之最擅长于易学，除了把易学传授给他外，连带把女儿也许配给他。可惜这两位刘老师都很早便逝世了，因此他单独向胡宪问学最久，胡宪教他研究《春秋》。

然而胡宪的《春秋》，并不能满足他追求真理的热情。所以这时，他又遍读佛老的书籍，但总摸不出一条路子来，内心非常痛苦。

直到二十四岁时，因为求道心切，便步行到数百里远的地方，去拜父亲的同学李延平为老师。延平是个淡于名利的思想家，他隐居苦学了四十年，每天静坐，以体验人生喜怒哀乐未发前的气象。他把洛学加以消化，从体验中实践出来。所以朱子见到延平后，便叹着说："自我拜见李老师以来，做学问才脚踏实地，才知以前研究佛老的学说都是错误的。"而延平见到朱子以后，更是对他夸赞备至，认为他禀性过人，勤于力行，读书能从细微处钻研，能从源头处体会，自罗豫章老师以来，从未见过他这样出色的人才。于是名师得高徒，相得益彰，这是朱子思想发展的起点。自此，他抛开了佛老空疏的理论，承袭了二程的洛学，奠定了一生学说的基础。

早在朱子十九岁时，便考中进士，作了泉州同安县的主簿，此后十余年来，他一面留心治绩，一面埋首经书，生活上并无多大波折。直到三十三岁，升为文学博士。那时，孝宗即位不久，正值金兵猖狂南侵，满朝文武都不知所措，因此孝宗便下诏，鼓励直言。于是血气方刚的朱子就接连奏上了两篇文章，首先他申明君主必先格物致知，心存义理，然后才能安邦治国，最后他强调，当时与金议和的政策是错误的。他痛切地说："先君的血海深仇，是不共戴天的，今天我们唯一的生路，就是抗战到底。不战便不能复仇，不守便不能制胜。"这是何等慷慨激昂的话！他这种痛恶和议的见解，正和他父亲不满于秦桧的和议一样。可是当朝的宰相汤思敬也和秦桧一样，是个胆怯的鼠辈，只图苟安于一时，自然不肯采纳他的提议。于是他便带着悲愤的心情，离开了软弱无能的朝廷，隐居在家中，专心于读书写作。

在这十几年的家居生活中，他一方面著书立说，教授生徒；一方面结识许多学者，共同讨论学问。当时和他讲学切磋，感情最好的，要推张南轩（即张栻）和吕东莱（即吕祖谦）。南轩是湘学派的中坚人物，东莱是浙学派的开山祖师。他们都是当代最知名的学者。朱子不仅和东莱一起讲学，合编过一部《近思录》，而且由东莱的介绍，认识了陆象山。象山是当时心学派的领袖，由于彼此的意见不合，曾在鹅湖寺开过一次辩论会。但双方都坚持自己的观点，所以始终没有得到结论。这时，朱子已是四十七岁的中年了，无论在声望和学术上，都已名高一代。

再过了三年，孝宗又请他去治理南康军（"军"是宋朝的行政区域单位，并不是军队，南康军即后来的南康府，在江西省境）。当地时常发生旱灾，他除了积极防灾、救灾外，也注意发展教育。他曾去考察白鹿洞书院的遗址，该院址在江西省庐山的五老峰下，南唐时曾在此建学，名庐山国学。他觉得此地环境很好，应重兴书院来培植人才。于是便在此订定学规，邀请四方有名的学者来讲学，即使与他见解相反的象山，也在被邀请之列。

朱子在教育上的努力，虽然建树很多，但在政治上的奋斗却频遭波折。尤其在此后的二十余年，风浪更大。主要的原因，乃是由于他的爱国心切，疾恶如仇，为当朝所不容。

先是在白鹿洞书院创立的第二年，当地发生大旱，人民流离失所，而政府却置诸不问。他便上疏，向孝宗慷慨陈词，指出治国的首务在于爱民，而爱民的根本，全赖君主能正心术，立纪纲，亲贤臣，远小人。而现在君主被小人所包围，宰相和谏议大夫又都失职，使得全国的命运危在旦夕。但君主仍然蒙在鼓里，而不自知。朱子这篇措辞激烈的文章，可说骂遍了朝中的文武大臣，连孝宗也包括在内，所以孝宗看了，不禁勃然大怒，便听信宰相赵雄的话，把他贬到江西常平等地。

由于他治绩很好，孝宗又转而信任他。但朝中的许多小人们，却视他为眼中钉，曾多方设计陷害他。如监察御史陈贾、侍郎林栗等，便故意排斥朱子所传的"程学"是伪学，企图从根本上打倒朱子的学派。虽然并没有达到目的，但孝宗这人耳根很软，没有定见，使得朱子或贬，或升，始终没有得志。

后来孝宗禅位给光宗，光宗禅位给宁宗，这时朱子已是六十六岁的高龄了。但他仍然热情如昔，看不惯韩侂胄的跋扈，上书直谏。不料宁宗非但没有采纳他的意见，反而听信韩侂胄的谗言，使朱子被免而归。于是反对派便乘这个机会，指责朱学是伪学，横加禁止。甚至有些小人诬陷朱子聚徒结党，有窃国之嫌，应斩首以示众。这样由伪学一变而成为叛党，想不到党祸的激烈，居然到了这种程度。其实朱子和反对派所争执的，只有一个问题，就是反对派在外交上主和，而朱子却极端反对和议。

朱学被诬一变而为叛党，这是从学术问题一变而为政治问题，情况显然很严重。当时许多跟从朱子问学的人，都生怕遭到连累，纷纷离开他。有的隐避山林，有的过门而不入；有的却狎游市肆，表明自己并非道学；有的甚至转入反对派，来诬陷朱子。

这次的打击，对朱子来说，的确是空前的。但他并不因此而灰心、而失意。相反的，却镇静如故，仍然每天与亲信的门生讲学不辍。他的大弟子蔡元定（别号西山），因党祸被贬道州，在临行前曾来话别。但师徒两人仅谈论一些学术上的问题，对于被贬逐的事却一句未提，而且也毫无怨尤和恐惧的表示。因为这时，他们已把个人的生死置之度外。所以朱子在写给朋友的信中曾说："我一身的利害，算不了什么，我所深忧的是：秦始皇焚书坑儒的暴政，将要殃及我们的学术了。"

这时，朱子已是六十九岁，已是他生命的最后两年。由于平日用功过度，身体衰弱，而且又患了严重的眼疾，所以不能阅读，也不能写作。但他并没有放松下来，仍然把他最后的一点精力用在讲学上。就在他逝世前的两天，看到许多学生来探望，便勉强支持起来，带着重病，为学生们详细分析濂溪的太极图，和横渠的《西铭》。这是他最后的一次讲学，第二天，便安然而逝了。

当时，反对派声言：如果四方的伪徒聚合，送葬伪师的话，将以谋乱罪处罚。尽管反对派如此威胁，由于朱子精神的感召，远来送葬的，仍然有一千多人，可见朱子的感人之深了。

三

朱子的一生，在政治上虽然由于情感的激昂而频遭波折。但在学术上，他的深思明辨，身体力行，却使他成为道统的继承者。他一方面潜心于写作，留给我们一部博大的文化遗产；一方面综合各家学说，开创了新的思想方法。同时，更努力于文教，建书院、订学规，奠定了此后七百年来的教育思潮。

朱子作品的博大，的确是前无古人的，然而那绝不是粗制滥造的多产，而是配合了写作的辛勤，和态度的谨严。

他曾这样说过："以前我用心良苦，思考一个道理，往往像过独木桥一样，相去虽在毫厘之间，但一失足，便有粉身碎骨的危险。"由于他对每一个小小的问题，都郑重其事，不肯轻易放过，所以他孜孜苦读，未曾一刻放松。即使卧病时，大家劝他好好休养，而他却一见晨光，便立即起床，不停地阅读，不停地写作。有时甚至为了一个问题，而推敲整夜，忘了睡眠。他的一位朋友曾屡次劝他，少写作，多休养，而他的回答总是："在世间，吃了饭后，全不做些子事，无道理。"

这样的苦读，使他博览群书，举凡天文地理、儒墨道释、以及诗词歌赋，他都有精心的研究。因此他的著作，不仅博大，而且精深。现在先把他的作品，作一个列表，来观摩一下：

他的诗词散文，共有一百卷，平时讲学的语类有一百四十卷，注释的书有：《周易本义》《周易启蒙》《诗集传》《仪礼经传通解》《大学中庸章句或问》《论语孟子集注》《太极图说解》《通书解》《西铭解》《楚辞集注》《韩文考异》等。编纂的书有：《论孟集义》《孟子指要》《中庸辑略》《宋名臣言行录》《近思录》《程氏遗书》《伊洛渊源录》《小学书》《资治通鉴纲目》等。

以上所列各书，都是流行于世，特别著名的。至于其他的著作尚多，无法一一罗列。不过仅凭这些著作，已可看出朱子学问的渊博，精力的过人了。

在这些著作中，最能代表朱子思想精神的，是由《大学》《中庸》《论语》《孟子》合成的《四书集注》。他注这本书前，曾写过三十四卷的《论孟集义》，及《大学中庸章句或问》等书，作为集注的准备工作。集注中的每一章、每一句，都经过他的左右思量，前后推敲。而且稍有不妥，便重新再写，由这样一点一滴的辛苦而集成的。因此无论在章句的解释，思想的阐发方面，都有严密的组织，特殊的创见。真可说每个句读上，都点滴着朱子的心血。

这部集注不是以文字疏解文字，而是以思想发挥思想。他不仅是把个人的心血注入了本书，而且是把整个儒家的理想写了进去。所以这部集注对后世的影响，几乎是空前的。宋以后的科举，都以此书为范本。批注中的每一句话，每一个词，都成为士子作文所依据的旨趣。其受推崇的情形，由此可见一斑。而朱子在近代思想上的影响力，就凭这本书，再也没有第二人敢望其项背了。

四

由朱子的作品看来，他从《周易》《论语》《孟子》，一直注到太极图、《通书》和《西铭》。这正表示他上承先秦的儒学，而下集北宋的理学。可见他的兴趣是多方面的，思想是折衷的。因此在他学说上表现得最为独出的，也就是这种富有调和综合的色彩。

虽然他承接二程的洛学，但二程终生不谈濂溪的《太极图说》，而他对《太极图说》却有偏爱。他就是以太极为中心，画出了整个思想的间架。

在太极以上是无极，这是引用濂溪"无极而太极"的说法。不过在朱子的体系中，无极不是另一个比太极更高的境界，而是一个形容词。形容太极的本体，是无声无臭、无方无体。但它虽然无形迹可寻，却在宇宙间，又是无处不有、无时不在的。所以从无来看，是无极；对有而言，却是太极。

在太极以下是理和气，这是兼采伊川"理气二元"的说法。不过朱子更进一步说明太极和理气的关系。他认为"太极只是一个理，太极只是天地万物之理"，所以"人人有一太极，物物有一太极"。但为了表明高下起见，特别称这个天地万物最高的理为太极，而称这人人物物各具的太极为理。用"月印万川"的譬喻来说明，月是太极，而万川中的月影，就是理。

然而太极是无声无臭、无方无体的，因此理也只是个净洁空阔的世界而已，又怎能产生作用，变化万物呢？于是朱子便抬出一个"气"字，认为能动的是这个气。气动而生阳，气静而生阴，由阴阳二气交感，便产生了宇宙万物。所以朱子用"无极"来说明"太极"的本质，而用"理气"来说明"太极"的作用。

当这个太极，由理气的作用而发动后，便直接影响了心，从理发出的是人心。在这里朱子兼采横渠的"气质"说，认为由气的变化，而产生了善恶。得人心之正者是天理，得人心之偏者是人欲。天理是性的本然，人欲是情的泛滥。天理胜人欲，就是圣人；而人欲灭天理，就是凡人。这两者始终在我们的心中升沉，所以朱子一再地强调说："圣人千言万语，只是教人存天理，灭人欲"而已。

朱子的学说，由"无极而太极"开始，综合了濂溪、横渠和二程的理论，构成了他的思想体系。这体系一直发展到存天理、灭人欲，便由宇宙归结到人事，而引出了居敬穷理的学说。这一学说的引出，正是朱子毕生思想精神的所在。

他认为人心所以有人欲，主要的原因有二：一是心性的修养不够切实，为外物所诱，而流于人欲；一是对事理的了解不够透彻，为外物所惑，而失去天理。因此要灭人欲，必须先从内心的居敬做起；要存天理，必须先穷透天地万物的理。这居敬和穷理，就是他修身治学的两大功夫。

居敬，相当于伊川的用敬和明道的诚敬，也就是孟子的存心养性。在这方面，朱子只是发挥前人的学说，只是加以身体力行罢了，并无独特的创见，而他最精彩的还是穷理的学说。

虽然伊川曾说过："进学则在致知"，也曾强调过穷理，但伊川只是把穷理当作致知的方法。至于理如何能穷，知如何能致，却未曾说明。但朱子不仅把这个穷理的方法奠以哲学的基础，而且与他整个思想体系衔接了起来。

首先，他把心和物分开，心是一个灵明的能知作用，而物都有一个可知的理。于是一个能知，一个可知，便构成了知识的可能条件。但这仅是可能，因为心只是一个能知的作用，它必须格物而穷理。认识了这个理以后，能知才变为已知，否则外物的理有未穷时，我们的心也只是永远的能知而已。

因此我们必须今天格一物，穷一理；明天格一物，穷一理。理穷得愈多，心中的已知也愈多。已知愈多，心愈灵明，而能知的作用也愈大。于是久而久之，一旦心中的能知作用达到某种程度后，对于外物的"表里精粗"，便无所不知。而我心的本体，也朗然清澈，无所不明了。

朱子这段理论，就是根据《大学》中的"格物致知"而引申发挥的。前哲们都把注意力集中在"诚意正心"上，很少谈到"格物致知"。但朱子却把"诚意正心"和"格物致知"分成了两截，前者是居敬的工夫，属于道德的修养；后者是穷理的工夫，属于知识的探讨。他认为在目的上，虽然居敬为重；可是在次序上，却以穷理为先。因为理穷了以后，心自然能明。所以在求道的方法上，他却把重心偏于知识的探讨，而特别强调穷理的学说。

朱子的思想，发展到这里，已是一个十足的唯理主义。不仅太极是一个理，"理气"中有理，人心中有理，事物中有理，甚之"诚意正心"也是一个理，所以他的思想彻头彻尾是一个理字。这正是他集各家大成，辛苦构搭起来的一套完整的理学体系。

五

朱子不仅埋首经书，去发掘圣贤的义理；不仅挥笔疾书，去写下自己的思想；而且身体力行，要把圣贤的学说、自己的理想实践出来。他在庐山所建立的白鹿洞书院，便是这种实践精神的具体表现。

在他以前，也曾有许多的书院，也曾有许多的学规。但特别提出教育宗旨，作为书院精神、书院理想的，却以他为第一人。

他在白鹿洞书院的教条中，首先列出五教之目是："父子有亲，君臣有义，夫妇有别，长幼有序，朋友有信"，并在旁边注明："尧舜使契为司徒，敬敷五教，即此是也。"这正揭示出他祖述尧舜以来儒家传统的教育理想。

其次，他申明为学之序是："博学之，审问之，慎思之，明辨之，笃行之"，这是孔子治学的五个纲领。他认为前四者，就是穷理的方法，至于最后的笃行，乃是依据修身、处世、接物的原则以实践。所以接着他说明：

修身之要在于："言忠信、行笃敬、惩忿窒欲、迁善改过。"

处世之要在于："正其谊不谋其利，明其道不计其功。"

接物之要在于："己所不欲，勿施于人；行有不得，反求诸己。"

这就是白鹿洞书院的教育宗旨。虽只短短几十字，但朱子已把整个儒家道统精神都写了进去。所以当时不仅其他许多书院，采取这个教条，而且连宋代的太学，也以它来训示诸生。这影响，一直到明代的顾宪成，在他的《东林会约》中曾这样叹着："朱子白鹿洞书院的教条，实在是至善至美的了！读书人要为圣为贤，岂能越得出这个范围！我们在东林书院所学的，也只是讲明它的道理，而加以实行罢了。"

朱子白鹿洞书院的教育宗旨，所以对后代能产生如此深长的影响，并不是书院本身培植了多少登科的人才，而是这一宗旨维系了一个道统的精神。尽管教育的制度，每代都有变迁，而这一个精神，却是历万世而不变的。

六

对于朱子，我们可以从许多方面来称颂他。因为他每一方面的影响，在中国文化上，都是举足轻重的。

他的《四书集注》，成为中国思想的圣经；他的穷理学说，成为宋明理学的灵魂；他的白鹿洞书院教条，成为此后七百年来教育思潮的滥觞。

不仅如此，在他逝世后的一百多年，他的思想精神，更远渡重洋，进入了日本后醍醐天皇（日本第九十六代天皇）的宫廷，由玄惠和尚的讲解，支持了当时的勤王运动。接着四百年以后，由山崎闇斋等的传播，直接影响了后来日本的明治维新。

在这些方面，都足见他对后代影响的既深且广。而他之所以有这样伟大的影响，主要是由于他富有特殊的综合力和创造力。他不仅以二程的思想为经，以濂溪、横渠的见解作纬，织成了庞大的理学体系，而且上追孔孟，旁及佛老，完成了儒家的新思想、新方法。

由于他这种综合创造的能力，有人曾把他比之于西哲的康德（近代德国哲学家）。虽然他和康德，在哲学内容与方法上不可相提并论，但在类型上却很相似，尤其在思想流变的地位上，他们的影响，更是东西如一。没有康德，西方近代的哲学必须改观；同样，没有朱子，宋元明清几百年来的思想便没有重心。

所以一般人都这样公认：在中国思想史上，体系之大，影响之广，能直追孔子的，只有朱子一人而已。

第二十三章　宇宙一心的大儒——陆象山

一

理学，由北宋五子的添柴加薪，再经朱子的发扬光大，终于高潮突起而睥睨一代。在当时，这些理学家们都以继承儒家的道统自任，都自认为得到千世不传的道学。他们的声势，不仅支配士林，而且左右人心。

然而正在理学风靡一代的时候，另有一位冷眼旁观的思想家，却大不以为然，他在写给亲友的信中，便这样指出："故道之不明，天下虽有美材厚德，而不能以自成自达。困于闻见之支离，穷年卒岁，而无所至止。"

这里所指的，就是程朱。他认为当代理学的毛病，就在过于繁琐。什么太极之上又有无极，气之中又分清浊。同是一个心，却有人心、道心；同是一种理，却有本然、气质。这样一重重地添加，一层层地分析，本来是一个极简单的问题，却被他们割裂得支离破碎，失去了重心。这都是由于他们没有抓住学问的血脉，没有了解孔孟的真精神。

尤其站在道统的立场，这位词锋激烈的思想家，更沉痛地指出，自孟子以来，异端邪说仍然猖狂不已。先是道教的误人，后是佛教的误世，而汉唐的儒生们，又都埋首于注疏，毫无生气。至于到了近代，偏安江南，国弱民贫，朝廷上都是些汲汲于利禄的小人；而儒生们却仍然沉迷在故纸堆里，既不能消灭异端，又无法重振民族气节。读书人沦落至此，岂不令人痛心！

面临着这样一个世局人心，为了喊醒儒生们沉醉了千年的迷梦，为了真正地发扬道统，我们这位热情的思想家便不得不高树心学的旗帜，踏着孟子的步伐，去"正人心，息邪说"了。

这位思想家，就是我们现在要讲的心学大师——陆象山。

二

陆象山，名九渊，字子静，抚州金溪（江西省金溪县）人，生于高宗绍兴九年（1139 年），比朱子小九岁。

他家是书香门第，弟兄六人，以他排行最小。他的四兄九韶（字子美，号梭山），和五兄九龄（字子寿，号复斋），都是当代有名的学者。

陆九韶，个性脱俗，终生不仕，曾在梭山讲学，所以大家都称他为梭山居士。他和朱子是朋友，曾为了不满濂溪的《太极图说》，与朱子有过激烈的辩论。

陆九龄，少有大志，学识渊博，在太学读书时，已有声名。后来任桂阳军学教授，更是名重一时。他曾和象山参加过鹅湖寺的会谈。

象山生长在这样一个充满书卷气的环境中，自然受两位哥哥的朝夕熏陶。所以陆门的心学，是从九韶开端，九龄继之，而由象山集大成的。

陆门一家，除了二哥九叙外，都是书生，因此家境并不康裕。幸而九叙善于经商，才维持了一家的生活，使兄弟们能够安心地读书。所以当象山三岁时，失去了母亲后，便完全靠二哥二嫂抚养成人。

象山从小就喜欢玄想。四岁的时候，便问父亲天地的边际是什么？他父亲笑而不答，使得他整日沉思，而忘了吃饭，忘了睡眠。他时常一个人跑到林下，洒扫一番，然后坐下来沉思。他所沉思的问题，直到九年以后，才得到了解答。

那是在他十三岁的时候，读到"宇宙"两字。书中的批注是："四方上下曰宇，往古来今曰宙。"至此他才恍然大悟，原来宇宙包括了无穷的空间、无穷的时间，而人就存在于这个无穷之中，和宇宙同永恒。所以他便立刻写着："宇宙内事，乃己分内事；己分内事，乃宇宙内事。"但宇宙和我究竟如何能同永恒，如何能沟通呢？他想了一想，觉得同永恒的是这个不易的理，而沟通的是这个不变的心。所以后来便补充写着："宇宙即吾心，吾心即宇宙。东海有圣人出焉，此心同也，此理同也；西海有圣人出焉，此心同也，此理同也；南海北海有圣人出焉，此心同也，此理同也。千百世之下，有圣人出焉，此心同也，此理同也。"他把整个宇宙的理，纳入了心中；又把所有的心，归纳为同一种作用。他这种惊人的创见和简易的手法，已奠定了日后整个心学发展的基础。

虽然象山喜欢沉思，但他的气魄大，情感激烈，颇有英雄的本色。他在十六岁时，读到魏晋六朝的历史，便咬牙切齿，痛恨夷狄的侵华。又听长辈们常谈到靖康二帝被掳的故事，每每奋勇而起，剪短指甲，去学习射箭骑马，希望能效命沙场。虽然他在这方面并没有达到做英雄的志愿，但他那种磊落豪放的气魄，却使他做了一个思想界的大丈夫。

不过象山并没有立刻在思想界上崭露头角。在此后将近二十年的漫长岁月里，他只是默默地读书，静静地体会。直到三十四岁，参加礼部考试时，才一跃而成为思想界最红的人物。

那次考试正好吕东莱是考官。东莱虽然和他相知而不相识，但在几千份卷子中，一读到他的文章，便拍手赞叹，认为只有江西的陆象山，才写得出这样回肠动魄的文字，可见东莱对他心仪已久。所以自他中了进士后，两人便成为最好的朋友。

以前，他在八岁时，听到别人提起伊川的话，便怀疑地问："为什么伊川的话，不像孔孟的呢？"这问题，经过了他二十余年来的研究与体会，终于找到了答案。这答案很简单，就是伊川的向外致知，没有把握住孔孟的心传。他认为昔日伊川的致知如此，今日朱子的穷理也是如此。这种向外求理，忘了本心，就是当代理学一派的毛病。因此为了纠正理学的错误，他便甘冒不韪，揭出了心学的旗帜。

这一破空的呼声，在当时的确震动了整个思想界。四方的学者都好奇地来向他请教，从早到晚，川流不息，使他忙于应付，几乎四十多天没有好好地睡过。

由于他批评理学，自然与朱子的思想发生了摩擦。因此由东莱的介绍，曾在鹅湖寺和朱子辩论过。虽然并没有得到结论，但朱子对他的气魄却非常赞叹。所以在鹅湖寺会谈后的六年，当他漫游南康时，朱子便请他到白鹿洞书院讲学。

他到白鹿洞书院发表了一篇极有名的演讲，题目是"君子喻于义，小人喻于利"。这本是《论语》中的一章，象山特别把它提出来加以强调。他认为君子和小人的分别，就在于义利两字。如果念念不忘救世救人，便是君子。相反的，斤斤于个人的名利得失，便是小人。而今日一般学士大夫，只读书，不问国事，便是为了利；至于一手拿着圣贤的书，而一心却在高官厚禄的人，更是为了利。这些都是十足的小人。

象山这番话，完全继承了孟子"义利之辨"和董仲舒"正其谊，不谋其利"的精神。当他那次演讲时，天气虽然还是很冷，但听众却感动得不禁汗下。也许是他那股庄严的气魄，和有力的字句，紧扣着听者的心弦，使得有些人甚至感愧得淌下了泪水。当时朱子也在场，一直挥着扇子，觉得象山这番话的确深中士大夫的病痛，也正是白鹿洞书院的教育宗旨。于是朱子便把这次演讲的精义刻在石上，作为学生们的座右铭。

就在白鹿洞演讲的那年，吕东莱病逝了。象山痛失好友，非常感伤。当时稍有名望的学者也都相继过世，只剩下这两位心学和理学的大师，孤单地站在两个高峰上，遥遥相对。

这时，象山还只有四十三岁，正是充满了活力的年龄。在此后的几年中，他做过国学的教授，敕令的删定官，以及崇道观的主管。这是他一生中，在政治上比较活跃的时期。然而也只有短短的五年时光，他便厌倦了政治生涯，而辞职回家，去读书讲学。

他在贵溪西南的应天山上，建筑了一间精舍，作为读书讲学的地方。因为该山形状似象，所以后来改名为象山，他也自称为象山翁。

四方的学者都不远千里而来向他问学，他们各自在山上筑庐居住，于是应天山上便平添了许多学舍。象山另辟出一间方丈作为教室，每天早晨在精舍中鸣鼓，学生们便纷纷而来，每堂课总有数十百人。他在那儿一共讲学五年，统计学生的名单，已有数千人之多。

后来光宗登位，诏象山治理湖北荆门军。当时荆门是一个军事的要冲，是古代的战场。如果荆门能巩固，便可以屏障四邻的地方。虽然以前曾屡次提议在这里建筑城池，但估计所费太贵，都没有动工。这次象山不顾一切，亲自召集义勇，督促他们兴建。由于他的精神感召，不到二十天，整个城池便建筑完毕，而所费仅占以前估计的四十分之一。可见象山办事的魄力了。

在荆门，象山发挥了政治才能，他一方面筑城池，修武备；一方面开学堂，讲义理。他不仅注意学校的教育，同时更注意官吏及民众的教育。所以他在荆门仅仅一年多的时间，便把当地治理得民风向善，狱无刑事，然而这已耗尽了他最后的一点元气。

由于他小时身体便很衰弱，曾患过咯血的毛病。再加以在荆门彻夜为民办事，所以第二年冬天，便病倒了。他自知死期不远，却毫无惧色。在临终那天，仍然同平日一样，和僚属们谈论政务后，便回到卧室去休息。那时，外面正飘着大雪，他慢慢地燃了一炷香，洗过澡，换了一套新衣，然后端正地静坐着。家人们拿药给他喝，他把药放在一边，从此便不再说话了。一代心学大师，终于在五十四岁时，停止了心跳。

三

象山的心学，是针对当代的理学而发的。在他一生中，对于朱子的学说，曾做过两次正面的批评，一次是鹅湖寺的会谈，一次是关于濂溪太极图的辩论。

在鹅湖寺的会谈中，除了辩论的双方外，还有一位重要的人物，就是吕东莱。他是象山的好朋友，又是朱子的老同学。但他的思想却在朱陆的夹缝里，不偏于任何一方。他为了调和两家的学说，便在淳熙二年（1175 年）四月，邀请象山、九龄和朱子等人，相会于江西铅山县的鹅湖寺。所以鹅湖会谈，可说是他一手促成的。

当象山和九龄接到了东莱的请帖后，九龄便对象山说："东莱邀请朱子和我们相会，就是为了学术异同的问题，我们应该先做一番准备。"于是兄弟二人便先讨论一番，彼此交换了意见。第二天早晨，九龄便写了一首诗：

孩提知爱长知钦，古圣相传只此心。

大抵有基方筑室，未闻无址忽成岑。

留情传注翻榛塞，着意精微转陆沉。

珍重友朋勤切琢，须知至乐在于今。

这首诗的紧要处，就在第五第六两句，写出了他不满程朱学派穷理致知的过于繁琐。象山非常称赞这首诗，但觉得第二句稍有不妥。因为人类的知爱知钦，并不是由古圣相传的，而是人心本然的。所以他在途中，便和了一首：

墟墓兴哀宗庙钦，斯人千古不磨心。

涓流积至沧溟水，拳石崇成太华岑。

易简工夫终久大，支离事业竟浮沉。

欲知自下升高处，真伪先须辩古今。

　　象山这首诗最激烈的地方，也是在第五第六两句。他很明显的指出自己的心学是易简的、远大的，而朱子的理学却是支离的、浅薄的。

　　到了鹅湖寺会见朱子后，九龄先提出他的诗。当他读到第四句时，朱子便含蓄地对东莱说："九龄早已跑上子静的船中了。"言下之意，就是指九龄已完全是象山一条阵线的人物。这时象山也接着提出他在途中所写的诗，朱子听毕，知道象山在讽刺自己学说的支离，脸色不禁大变。

　　一宿无话，第二天，他们便各自提出准备好的论点，互相辩驳。朱子认为做学问，应先博览，然后求精求深，变简变易，才不致流于空疏。但象山兄弟却强调做学问，先要明本心，识大体，否则泛然去览，便将流于琐碎。朱子以为二陆教人实在过于简单，但二陆却以为朱子教人未免过于支离。由于彼此各执己见，所以当时并没有得到结论。

　　三年后，朱子也和了一首诗，寄给二陆：

德义风流夙所钦，别离三载更关心。

偶扶藜杖出寒谷，又枉篮舆度远岑。

旧学商量加邃密，新知培养转深沉。

却愁说到无言处，不信人间有古今。

这首诗的重心在最后两句，朱子的意思似乎暗指象山的简易工夫，做得太简单，便要像禅宗一样的不立文字，怀疑一切了。可见朱子始终没有被象山说服。

不过在这次的会谈中，象山对朱子的批评，只是限于思想的方法，只是一个治学功夫的问题。至于真正触及思想本身的，却是在十年以后，关于濂溪太极图的辩论。

先是象山的哥哥九韶，曾和朱子在书信上辩论过这个问题。由于朱子坚持自己的看法，结果却不了了之。后来象山在应天山讲学时，又遇到了这个问题，便特别写信去和朱子作了一番激烈的笔战。

象山批评朱子的重点，就在"无极"两字。他认为太极既然是至高至上的理，便不应在太极之上又加了无极两字。如果要形容太极是无方无体的话，尽可在太极之下加以其他的说明，绝不能在太极之上又别立一种境界。何况无极两字不仅在字义上有语病，而且在濂溪的《通书》，以及儒家的所有经典中都没有这两字。可见《太极图说》非但不是濂溪的作品，而且根本上就是道家的东西。象山这番话，表面上，似乎讨论的是濂溪的《太极图说》，而事实上，却句句敲进了朱子的骨髓。

因为朱子的思想体系，是从《太极图说》中印证来的，象山指斥《太极图说》是道家的东西，就无异批评朱子的学说不是儒家的正统了。

然而象山之所以这样批评，并非门户之见，意气用事，而是有他思想上的依据，因为朱子的"无极"和"理气"，是把世界分割成两个：一个是形而上的，一个是形而下的。前者超时空，后者能变化。但象山却强调形上形下只是一个世界，都在时空之中，都能产生变化。所以象山批评朱子的"无极而太极"，就是要把两个世界揉成一个。而这个所揉成的世界，就是象山整个心学的体系。

四

那么，象山究竟怎样把朱子的两个世界揉成一个呢？

首先，他大刀阔斧地把朱子的太极和理气揉碎，捏成了一个理。这个理，是形而上的阴阳，又是形而下的刚柔；是动的能量，又是静的法则。所以天地由它而动，圣人依它而行。它充满了宇宙，是无处不有，无时不在的。显然象山的这个理，上穷太极，下括理气，是彻头彻尾的"理一元"论。这样说来，岂不是象山也在大谈其理学，而且比朱子谈得更为彻底吗？

事实不然，在象山的体系中，只是承认宇宙为这个理所充塞、所弥漫，而不是宇宙间充满了百种千般的理。所以他反对朱子把心和物分成两截，把理存于事物，而把心看作一种能知的作用。他认为这个理，不是离心而独立，不是存于事物之中，而是充满于人心，散布于万物的。固然从万物来看，各有自身的理，但从人心来看，只有一个理。所以充塞宇宙的是这个理，充满人心的也就是这个理。

接着，象山便用理为桥梁，沟通了宇宙和人心。因为宇宙只是一理，而此理本具于人心，所以"宇宙即吾心"；同时，人心只是此理，而此理充塞宇宙，所以"吾心即宇宙"。至此，象山已把朱子的理气和人心合一，已把心和物两个世界，揉成了一个。

由于他强调这个理是本具于人心，所以不主张向外去穷理。在他的体系中，乃是以明理两字代替朱子的穷理。

有一次他的朋友问他治学应从何处下手，他回答说："格物。"那位朋友问什么是格物，他回答说："研究物理。"那位朋友又问："天下万物不胜其繁，怎么能够研究得了呢？"他却回答说："万物皆备于我，只要明理。"

可见他的格物不是穷理，而是明理，而是要明这个心中之理。他认为理学家的毛病，就是向外去穷理：今天格一物，明天格一物，就同跟自己的影子竞走，追得愈急，影子逃得愈快，结果只是徒然地使自己疲于奔命，这就是由于忽略了自己本身是影子的主宰。心和理的作用也是如此，心是我们的本身，而理是我们的影子，这个万事万物的理，都是心的投影。理之所以为理，在于心之所以为心。因此我们不必向外去追逐形形色色的理，只要体认心中的这个理，便能以一御万，无所不通了。所以他说："一是即皆是，一明即皆明。"心明，理自然就明。

但此理"不解自明"，而此心也本体自明，只是因为人们自己把它蒙蔽了。蒙蔽的原因，不外两种：一是智慧不够的人，为物欲所蔽；一是用智过偏的人，为成见所塞。因此我们要保持此心灵明，不必苦索，只要以仁存心。

他认为孔子所谓的"吾道一以贯之"，孟子所谓的"夫道一而已矣"，这个"一"，就是指的心，就是指的理。因为"至当归一，精义无二"，所以宇宙只是一理，天地只是一心。同时孔孟的这个"一"，又是指的"仁"，因为仁对内的作用是心，向外的实践是理。把心和理合起来，就是仁。整个心充满了理，就是仁心。孟子要"先立乎其大者"，就是要先立"仁"。而明道的"学者须先识仁"，就是明此心，存此仁。

象山的思想，由格物、明理、一转而为明心、存仁，便完全摆脱了理学的色形，而进入了心学的堂奥。

五

不过象山的心学，值得我们称述的，不在体系的庞大，析理的周详，而在其手法的简易，气魄的过人。

他只是一手抓住理，一手抓住心，把它们合成了一个仁。除此之外，他都认为是枝叶问题，不值得一谈。有一次他的朋友问他："性才心情，如何分别？"他却回答说："老兄所问的，只是枝叶。但这不是你的过错，而是今日学界的通病。"

这里所谓学界的通病，显然是指的理学。他认为朱子那套把心分作人心、道心，把理分作天理、人欲的把戏，都是水中捞月，瞎子摸象。真正做学问的工夫，是要明本心、识大体，抓住学问的血脉，直达圣贤的仁心。绝不可咬文嚼字，埋首于支离的注疏。能够这样，我与圣人同心，六经反而成为我的注脚了。

因此他在应天山讲学的时候，并不像朱子白鹿洞书院一样，订立了许多教条。他只是淡淡地告诉学生说："道并不远人，只是人离开了道。你们住在山上，不可徒然地面对群峰，浪费时光，而应好好地切己反省。"

这就是他的教条。所以每次当学生请教治学的功夫时，他总是这样回答："切己反省，迁善改过。"

虽然这个教条很简单，但象山所要求的却很严格。他并不希望学生们在小枝节上做工夫，而是要"吾心即宇宙"，做一个顶天立地的大丈夫。

他讥笑那些斤斤于功名利禄的学者，"大世界不享，却要占个小蹊小径。大人不做，却要为小儿态，可惜"。他批评那些从事注疏考释的学者，只是"揣量模写之工，依放假借之似"。他认为这些都是蔽于物欲，囿于成见，都没有抓住学问的血脉，都没有大丈夫的气概。他说："像我，哪怕是不识一个字，也要堂堂正正地做一个人。"

然而"大丈夫事，岂当儿戏"。并不是自我吹嘘，而是要脚踏实地去做的。他说："孔子十五岁就志于学，可是千百年来，却没有一个人有这样的志气。其实这也难怪，试想叫他们志个什么？必须先要有智识，然后才有志气的啊！"但象山在这里所指的智识，不是朱子那套"道问学"的知识，而是"尊德性"的智慧。所以他一再地强调为学应先认清义利的分别，应先了解所学究竟为了什么。他说："人生天地间，做人就应该尽做人的道理，学者所以为学，并非要做一个学问专家，而是要学做人罢了。"

象山的思想，发展到这里，由明心、存仁，而到做人，已完全把握住孔孟的精神，建好了他的心学体系。这里面虽然都是些简易的原则，却具有最伟大的气魄，这就是象山精神血脉的所在。

六

在先秦思想上，孟子和荀子是一个强烈的对比，因为孟子偏于主观的心，荀子偏于客观的理；孟子发扬孔子求道的精神，荀子承袭孔子治学的功夫。不过在时间上荀子比孟子晚出，所以我们只看到荀子批评孟子空虚不实。如果孟子和荀子同时的话，他一定会反过来批评荀子的学说太支离破碎了。虽然这只是个假设，但在一千多年以后，却得到了印证。因为朱陆的不同，正可作孟荀的对照。朱子的学说是踏着荀子的步伐，而孟子的精神却在象山的思想中复活了。

孟子的精神是"先立乎其大者"，而这句话正是象山一生思想的代表。

他批评理学的支离，高唱心学的远大，就是为了要"先立乎其大者"；他强调义利的分别，揭示大丈夫的气概，也是为了要"先立乎其大者"。

他认为朱子那套偏于"道问学"的功夫，虽然体系庞大，可是不明道体，反而把学问做小了，成为解字的游戏。因为人心是宇宙的根本，德性高于一切，如果不能"尊德性"，仅仅"道问学"又有什么意义呢？因此为了把握学问的血脉，他所要立的大者，乃是明心存仁的"尊德性"。

他这套"尊德性"的功夫，的确是简易的、高明的，然而象山心学的漏洞，也就在这里。因为简易之处，原则必少，一般学者，反而不易把握；至于高明之处，意义深长，又不是普通人所能领略。固然以他的天纵英明，可以和宇宙同心，但对于资质稍差的人，却不知何处是心。所以当朱子的门人，向象山问学时，往往不知所云，无所适从。而他自己的学生虽有几千人，他们都曾被象山激烈的言词，感动得泪流满面，可是真正得到象山心传的，却寥寥无几。这都是因为象山最简易的地方，却是功夫最难的地方。

但尽管如此，象山在思想上却另有更深长的意义。他是有感于学术的支离，才提出易简的功夫；他是痛愤人心的萎靡，才高树心学的旗帜。他对当代的世局人心来说，无异是一个警世的木铎，敲醒了不少儒生的迷梦。虽然他的心学，仍然染有理学的气氛，甚至带有禅宗的色彩；但他对理学的这一挑战，这一呼声，终于使理学逐渐改变了路线，而酝酿成有明一代的心学。不过这还须等待三个世纪，由另一位心学的大师来把它推上高峰。

第二十四章　知行合一的伟人——王阳明

一

象山高唱"此心同，此理同"，可是当代和他同心、同理的人，却寥寥无几。因为理学派自北宋以来，便一脉相传，声势浩大。后来到了明初，政府还特地把理学当作官学，以程朱思想为主，编了一部性理大全，作为科举取士的标准，声势之盛，可见一斑。至于象山的心学，虽然和明道的思想前后呼应，但其间并无师承，而是靠他一人孤军奋战的。在声势上，当然不及程朱学派。尤其心学的高蹈，附和不易，因此很难找到能闻弦歌而知雅意的同调。所以直到象山死后的三百多年，才有另一位哲人出来，与象山同心共鸣，替象山热情地申辩。

这位哲人，就是有明一代的心学大师——王阳明。

阳明在写给朋友的信中，便这样指出："象山之学，简易直截，孟子之后一人，其学问思辩，致知格物之说，虽亦未免沿袭之累，然其大本大原，断非余子所及也。"

他认为朱子的学说，虽然集北宋理学的大成，发明六经论孟的要旨，对文化上的贡献很大，可是象山辨明义利，直探本源，对于性灵的提撕，也功不可泯。岂能为了附和朱子，便诬象山为禅学，使象山受不白之冤，达四百年之久？所以他激烈地说："我愿冒全天下的指责，而为象山进一言，即使因此得罪了别人，也绝不后悔。"

阳明这段慷慨的言词，并非意气用事，而是为了挽救学术风气，不得不辨个是非曲直。他深深地感到宋代所以偏安江南，所以积弱不振，以至于灭亡，就是因为人心的浮薄和士风的低落。而这一切，都是由于学术的不明。所以他要挺身而出，接过象山心学的旗帜，愿以"道济天下之溺"。他在写给朋友的信中，便坦白地说："我平生对朱子的学说，本来很崇拜，一旦与他背驰，心中实在有所不忍，但这也是不得已的。"

为学术而辩曲直，这是阳明的不得已处，也是孟子、象山的不得已处。他们的动机相同，目标相同，精神相同，而不得不挺身以出，也复相同。这正是象山所说的"此心同，此理同"。象山在三百多年以后，终于找到了这位有明一代的伟大知音——王阳明，在艰难困苦中，以旋转乾坤的魄力，把心学推上了高潮。

二

王阳明，字伯安，名守仁，自号阳明子，所以大家都称他为阳明先生。他是浙江余姚人，生于明宪宗成化八年（1472年），离象山之死，已有二百七十九年。

阳明从小就聪颖异人，气宇非凡，十一岁时，便能在宴会上，即席写了一首诗：

> 山近月远觉月小，便道此山大于月。
> 若人有眼大如天，还见山小月更阔。

这首诗，虽然不大高明，可是一个十余岁的儿童，居然能有这种气吞斗牛的意境，已可预卜他来日为圣贤、为豪杰的成就了。

可惜在这最重要的几年中，没有一位名师指点他做学问。那些迂腐的塾师，只是加深了他的疑惑。有一次他忍不住问塾师说："什么是天下第一等事？"那位塾师回答说："就是读书登第啊！"他想了想，大不以为然地说："恐怕不是登第，而是读书做圣贤吧！"

由于没有人指导他做圣贤，后来又转而想做豪杰。他曾不畏艰苦，冒险驰出塞外，纵观山川形势，调查诸夷种族，慨然有经营四方的雄心。然而那时他还只有十五岁，一切都未成熟，因此不能如愿以偿，只有在梦中，去发泄他的豪情壮志。

他父亲为了使他安定下来，便在十七岁那年，命他到洪都（南昌）去成亲。可是在结婚的那天，他却一个人闲步到附近的铁柱宫内，看见一个道士正在打坐。由于好奇心，便向道士请教养生的方法，学着静坐而忘归，错过了洞房花烛夜。这是他荒唐之处，也正表现了他的哲人气质。而这一夜的参悟，又种下了他日后想做道士的因缘。

在婚后的第二年，他和夫人起程回余姚，路经江西广信府时，便顺道去请教娄一斋（名谅），一斋告诉他宋儒格物致知的方法。虽然这对他一生学说的影响不大，可是他与理学的接触，以及日后思想的发展，一斋的讲学却是一个开端。

此后，他便离开空思冥想的阶段，而到实际生活中去奋斗。不过跟他日后的成就，还有一段极长的距离。而且在这段时间，风浪迭起，痛苦备尝。

先是他研习朱子的学说，对格物的功夫大感兴趣，便约了一位朋友，试格庭前的竹子。他们整天对着竹子沉思，那位朋友格了三天，便病了。而他坚持着格了七天，也病倒了。但竹子仍然是竹子，他仍然是他。这时才深悟格物不是做圣贤的功夫，便放弃了朱子的学说。

接着他曾参加过两次会试，都因恃才傲物，而不幸落第。后来他和几位朋友在龙泉寺结了一个诗社，每天陶醉在吟咏之中，希望做个大文豪。可是第二年回到京师，看见国家边疆危急，需要军事人才时，便转学武艺，遍读兵家的秘典。然而在这方面，他也没有达到理想。

经过了这几次的挫折，几次的转变，他已感到极度的厌倦。

功名不成，武事不就，圣贤之学不得其门而入，辞章文学又满足不了他的雄心。正在这个彷徨失措的时候，有一次读到朱子奏疏中的几句话："居敬持志，为读书之本；循序致精，为读书之法。"深悔以前的好高骛远，不切实际，于是彷徨的心，逐渐安定下来，而努力于读书精进。所以在二十八岁那年，便考取进士，做到工部观政，又转为刑部主事。在这几年中，他非常热心于政治，曾提出数千言的奏疏，痛切地指陈时弊的症结所在，以及边务的紧急措施。但他的热心，却得不到孝宗的采纳。在失望之余，又逐渐地转为消极。

这时，因为厌倦政治，也为了保养身体，便告病回家。而他的生活也转了一个方向，转入了出世的道路。他曾在浙江四明山的阳明洞中，筑了一间房舍，就在那里穷研仙家秘典，及长生久视的法门。不久又悔悟说："这哪里是道，只是欺弄精神罢了。"接着又想出家做和尚，以摆脱苦恼的尘世。可是他上有祖母和父亲，下有妻子，实在放不下心，断不了情。正在彷徨犹豫间，终于悟到三教中，只有儒学才是人生正道，于是便回到钱塘西湖来养病，准备转换兴趣，培养精力，以儒学来救世。这时，他面对江上明月，回顾往事，不禁唏嘘地吟着：

> 江上孤臣一片心，几径漂没水痕深。
> 极怜撑住即从古，正恐崩颓或自今。
> 藓蚀秋螺残老翠，蟆鸣春雨落空音。

好携双鹤矶头坐，明月中宵一朗吟。

　　的确，这些年来，他的心一直在漂泊着，他要做圣贤、做英雄、做文豪、做政治家、做道士、做和尚。他到处执着，到处跳脱。最后又回到了儒家，这一个弯绕得可真大。从他这段漂泊、挣扎与奋斗的过程中，可以看出他内心的苦闷、彷徨与矛盾。他有一个理想，然而找不到一条通往理想的大路。他永远在黑暗中摸索，这不是由于他的感觉迟钝，相反的，却是因为他的感觉过分敏锐。每次当他决心走入某条路时，才跨出一二步，就发觉这条路不够宽大，不合他的理想，便立刻悔悟，掉头而回。所以他每次转换方向，都是由于突然的悔悟。在每次的悔悟中，他的心境提高一层，他的苦闷也加深了一度。而这些苦闷到最后的大悔悟时，又都会突然地冰消雪释。于是以前无数次的失败和挫折，反而变成了一条通往成功的大路。"天将降大任于是人也，必先苦其心志"，孟子这话，正可作为阳明的写照。

　　经过了这个大转弯后，他终于找到了应走的路子，所以当他三十四岁时，回京担任兵部主事，便专心研究道学。他和湛若水相约，在京师聚徒讲学。若水是明代大儒陈白沙（即陈献章）的学生，而白沙正是象山一路的人物。所以阳明从这时开始，才透过若水和白沙，接触到象山的思想，露出了心学的光芒。不过这只是一线曙光，离他后来的大放光明，其间还须经过一个很大的波折，这在他的思想和生命史上，是一个最重要的转折点。

那是在他三十五岁时，武宗刚即位，宦官刘瑾操纵权柄；许多大臣们直言相谏，都被陷入狱。而阳明主持正义，上疏乞赦。事为刘瑾所知，惨遭诬陷，廷杖四十，并贬逐到贵州去做龙场地方的驿丞。救人的阳明，自身却落得如此，怎不令人悲愤！

龙场位于贵州省城的西北，在万山丛棘之中，充满了毒蛊瘴气，而且又是苗夷居住的地方，言语不通。危困如此，真有"人生至此，天道宁论"的慨叹！阳明生活在这种环境中，一切的理想都成泡影。只有面对群峰，无语问苍天，默默地沉思。

然而环境的恶劣，终于磨出了他的光辉。在某一个深夜里，他突然悟出了格物致知的道理，好像有人在睡梦中告诉他似的，不禁跳跃而起。旁人被他惊醒，问他原因，他回答说："我以前被格物的道理所困惑，现在才知圣人的义理是本性自足的，只要反求于本性便是格物了。"于是他便默记五经中的许多道理，和他的思想印证，真是若合符节。

这一梦，启示了他"心即理"的学说。由这学说推广为"致良知""知行合一"，便奠定了他整个思想的体系。这一梦，是一次大悟，使他以前的苦闷、以前的困惑以及所有的矛盾和痛苦，都冰消雪释，化作甜蜜的回忆。他不禁兴奋地高歌：

大道即人心，万古未尝改。

长生在求仁，金丹非外传。

谬矣三十年，于今吾始悔。

这首歌唱出了他心中的抑郁。二十多年来，他一直徘徊在儒释道之间，不知所从。现在悟透了大道即人心，无论是儒、是释、是道，都不外我心的作用。因此再也不必向外去追求，去摸索了。至此，才深悔二十多年来走错了路，也庆幸这一夜的大悟，消灭了二十多年的心中积垒。

贬谪三年以后，他被调升为江西庐陵的知县。接着刘瑾伏诛，他受召回京，升任刑部主事。由于他读书不忘救国，能文善武，数年间，便由一介书生，做到统率大军的巡抚。少年时做豪杰的愿望，至今也逐渐地实现了。

就在此后的十余年间，他建立了不少大功：先是剿清湖南、江西、福建、广东边境数十年来的积寇；接着又于第二年，以闪电的手法，平定了宁王宸濠的反叛，使东南半壁免于涂炭。最后，也是他生命的最后二年中，征服了广西的土酋，开拓南疆，绥靖了边陲。

这几次的征寇平乱，的确耗尽了他的心血，尤其他好学深思，身体本很虚弱，曾患有咯血的毛病，所以当乱事平定以后，他自己也不幸病倒了。

这时，他虽然还只有四十七岁，却因这一病而丧尽了元气，以致不能恢复。当病危时，门人来问遗言，他只是皱一下眉头说："此心光明，还有什么话可说呢！"接着便闭目而逝。

这一代的伟哲，度过一生的忧患，虽然没有给我们留下一句遗言，但我们可以从他生前的一首诗中，了解他的"此心光明"。这首诗就是：

> 四十余年睡梦中，而今醒眼始朦胧，
>
> 不知日已过停午，起向高楼撞晓钟。
>
> 起向高楼撞晓钟，尚多昏睡正懵懵。
>
> 纵令日暮醒犹得，不信人间耳尽聋。

如今，他已不能再"起向高楼撞晓钟"了，但他昔日所撞亮的心钟，却永远地响彻古今。

三

阳明的一生，谪居龙场是个转折点。他的思想，也就在龙场一悟时，才找到了重心，才建立了体系。

在此以前，虽然他对朱子的学说早已感到怀疑，虽然他从甘泉和白沙处，早已知道象山思想的消息。但他并不任意批评一家的学说，也不随便接受一家的思想。非等自己悟透了这个理，他从不轻易地立论。所以他沉思了又沉思，悔悟了又悔悟，用功之勤，用力之久，而至于咯血。

在此以前，他所以悟不透的地方，乃是朱子的格物致知，要在事事物物上穷理，显然是把心和理分作两截，把"格物致知"和"诚意正心"分成了两套功夫。至于象山的批评，也仅是把理搬入了心中，而把物留在外面，仍然没有把"格物致知"和"诚意正心"连成一贯。所以他深感：朱子的学说支离破碎，固然不妥；但象山的思想，在"学问思辩，致知格物"上，也仍然染有理学的色彩，而不够纯粹。

可是究竟要如何补充象山的不足，以纠正朱子的错误呢？二十余年来，他所困惑，所百思不得其解的，就是这个问题。然而龙场的一悟，却使他悟出了这个答案。因为当时根本没有科学方法，而朱子要格一草一木的理，要穷天下万物的理，未免令人无从着手。而且即使格得一草一木的理，与自家心性又有何关呢？想到这里，他便恍然大悟地说："我在龙场三年，终于悟出了这个道理，才知天下万物，本来没有可格的地方。格物的功夫，是要在心上做的啊！"

为了说明格物是心上的功夫，首先，他把格物的"格"，解作孟子"格君心之非"的"格"字，是"正其不正，以归于正"的意思。然后，再把外面的物搬进了心中。可是这个物，明明在外面自生自长的，又如何能搬了进来呢？对于这点，曾有一段耐人寻味的故事：

有一次，当阳明漫游南镇时，一位朋友指着岩石上面的花树问："你说天下没有心外的物，请问这些花树在深山中，自开自落，于我心究竟有何相关呢？"阳明便回答说："你未看这些花时，它和你的心同归于寂；当你看到了这些花时，它的颜色便一时明白起来，可见这些花并不在你的心外。"

这段对话乃是说明：尽管从表面上看，外物不在心中；但外物的形体、颜色，却因心的感觉和认识，才能产生作用，否则虽有也等于无。在这里，他承认万象森罗，都由主观所造，几乎进入主观实在论的范围。不过他没有做进一步的解释，却很巧妙地避过了这个抽象的问题，而把物与理合起来，认为物理是心的一种认识，是心的一种组织与理解作用。离开了心，便没有物理的存在；同样，心也就正由于这种作用而表现其存在，舍弃了物理，心也就空无所有。因此心和物理便相互含摄，所以物不外于心，而心也就是理。

这样一来，他便很轻松地把物理搬进了心中。不过接着又遇到了一个问题：如果"格"当作"正"字解释，那么我们究竟要怎样正心中的物理呢？为了理论上的需要，他又把物解作事。认为心的所发，便是意，意的所在，便是物。"如意在于事亲，即事亲便是一物；意在于事君，即事君便是一物。"至于仁民爱物，视听言动也都是一物。于是物理变成事理，格物就是正事理之不正，以归于正了。

经过这番努力，阳明终于把格物变为心上的工夫，解决了二十多年来的困惑。至此，他整个的思想体系，便以格物为开端。

紧接着格物而来的，就是致知的问题。他认为既然这个物是心中的物，那么这个知当然是心中的知；既然这个物是仁民爱物等事，那么这个知当然是知仁知爱的良知。

这个良知，不是由见闻所得的知识，而是心的本体。它是先天的，未发之中的，又是廓然大公，寂然不动的。它是行为的准则，是非的尺度，又是人人所固有，所同有的本来面目。因此"见父自然知孝，见兄自然知悌，见孺子入井自然知恻隐"，所以良知只是一个天理，只是一个自然明觉的流露。

然而良知在我们心中，如果不加以保存，不加以扩充，便将为人欲所蔽，物欲所塞，也就失去了它的昭明灵觉，失去了它所以为良知的作用。因此为了保持良知的晶莹透彻，他便特别强调"致良知"，认为千思万虑只是要致良知，这是千古圣学的秘诀，这是孔门的"正法眼藏"。

致良知的工夫有二：一是在事上磨炼，致我的良知于事事物物，使事事物物都有其理；一是拂除心中的私念，以保存那个本具的善端。前者是格物，后者就是诚意。所以阳明的"致良知"，乃是在心上，把格物和诚意贯串起来，连成了一套工夫。

他认为身的主宰，便是"心"；心的发动，便是"意"；意的本体，便是"知"；"知"的所在，便是"物"。所以就物方面是"格"，就知方面是"致"，就意方面是"诚"，就心方面是"正"。于是"格物、致知、诚意、正心"，非但不是两截，而且没有前后的次序，只是一体的几个方面而已。

阳明一生教人的，就是这套功夫。所以他的学生钱绪山（名德洪），曾把阳明的教言，编为四句诀，就是："无善无恶是心之体，有善有恶是意之动，知善知恶是良知，为善去恶是格物。"这四句话，正好是"正心、诚意、致知、格物"功夫。后来王龙溪（名畿），提出异议，认为："若说心体是无善无恶，意亦是无善无恶的意，知亦是无善无恶的知，物亦是无善无恶的物。"他们两人各执己见，互相辩论，曾在天泉桥上，特地请阳明来指正。阳明却认为他们的见解，各有千秋。因为绪山的四句诀，是对付根基较钝的人，教他们渐修；而龙溪的"四无"，乃是对付根基较锐的人，使他们悟入本源。所以一个讲功夫，一个谈本体，各有短长，可以兼用。这次的论辩，就是有名的"天泉证道问答"。归结起来，也只是一个本体，一套功夫，和几个方面而已。

四

阳明经过几十年的苦思，终于建好了这套心学的功夫。于是他就利用这套功夫，一面弘扬儒家的思想，一面批评各家的学说。

当他把外界的物理搬入心中，再从心中找出一个良知后，便搭成了整个思想的间架。在这个间架上承担着的，就是儒家"明明德""亲民"而"止于至善"的一脉道统。

他认为物理不外于我心，而良知又是我心所本有。因此这个心，乃是宇宙的主宰，万物的尺度。因为我的良知，就是草木瓦石与飞禽走兽的良知，没有我的良知，就没有万物。同时"天没有我的灵明，谁去仰他高；地没有我的灵明，谁去俯他深"。所以天地万物不仅与人共一个良知，而且其发窍的最精处，也就在于人心的一点灵明。这点灵明，在认识作用上，是良知；在天命之性上，就是"明德"。

但明德虽然是我心本具，却未必人人都能发挥，都能成为"大人"。因为这个"大人"的境界，乃是以天地万物为一体，"视天下犹一家，中国犹一人"。要达到这种境界，还必须"明"明德。

"明明德"，就是推广这个天地万物一体的心，用于仁民爱物，而成一体的仁。但这已不是一个本体问题，而是如何去致用，如何去增进君臣、父子、夫妇、朋友间的关系，如何去使男有分女有归，以达到保民养民的目的。换句话说：也就是发挥民胞物与的情怀，以兼善天下。这种事功，就是"亲民"。

明德是仁的本体，亲民是仁的实践。在本体上，固然万物一体，但在实践上，却有轻重厚薄的分别。这并非理论上有了矛盾，而是事实上不得不然。譬如手足和头目都是人身的一体，可是却用手足去保卫头目；草木和禽兽都是天地的一体，可是却用草木去饲养禽兽。这并非有所偏袒，而是为了宇宙的生生不息，必须如此。但其间不是杂乱无章的，而是自然而然，有它的中和，有它的极则。所以亲民做到根本处，就必须"止于至善"。

阳明利用《大学》中的这三个纲领，强调了他对宇宙人生的看法。也就以这个看法，指出了墨子的错误，道佛的空诞。

他认为墨子主张兼爱，用心未尝不美，可惜不懂仁心。因为仁心，有个发端处，正像树木的生长，必须先抽芽，再逐渐生枝生叶。这个发端处，就是"亲亲"，由亲亲才能仁民，才能爱物，这是人情之常，理所必然。但墨子的兼爱，却把自己的父兄和路人一般看待，这是不分轻重厚薄，忘了仁的本源，于是一切伦常礼教便无由建立。所以墨子的兼爱，反成了兼害。

至于道佛二家，虽然"其妙与圣人只有毫厘之间"，但他们只讲上一截，而忽略了下一截，不如圣人那样面面兼顾。所谓上一截，是指的明明德；而下一截，就是指的亲民。他认为道佛二家，谈虚说无，都是为了逃避执着。其实他们愈逃避，愈执着。不像儒家，有个父子的关系，就以"仁"来承当；有个君臣的关系，就以"义"来规范；有个夫妇的关系，就以"别"来维系。反而俯仰无愧，此心坦然。所以道佛二家，逃避一切关系，遁入虚无、即使能够道通天地，悟入涅槃，但与世间毕竟无交涉，不可以治天下。

阳明这段批评，乃是站在儒家的立场，指出道佛的错误。可是当他再回顾当代的儒家时，却不禁感到非常痛心。因为那时的儒生们，受道佛的影响颇深，即使在口头上排佛辟道，而实际上，把儒家的道理谈入玄妙，仍然和道佛只是五十步与百步之差。所以为了针砭当代儒家的病痛，他又特别提出"知行合一"的学说。

他认为理学家们的向外穷理，便是把知行分成两截。他们强调必先知了，然后能行，可是当他们去知时，已再也没有余暇去行了。如果知而不能行，知也就毫无意义。因为知行是不可分的，知到真切笃实处，便是行；行到明觉精察处，便是知。知是一念，而一念的发动，就是行。譬如看见美色，闻到恶臭，是知；而喜欢美色，讨厌恶臭，就是行。它们是同时发生的，并非知了以后，又立一个心去行。因此"只说一个知，已自有行在；只说一个行，已自有知在"。

古人所以说知，又说行，乃是为了用"知"去针砭那些懵懵懂懂，一意妄行的人，而用"行"去针砭那些空思冥想，不肯躬行的人。因此问题都出在行上，尤其一般学者的大痛，就是行得不够笃实。所以阳明"知行合一"的重心，乃是偏重在行上：劝人于一念之间，便须切实地为善去恶。

阳明一生，处处以"行"鞭策后进。他曾对学生说："你们听我讲致知格物，日日如此，讲一二十年，也是如此。你们听了以后，必须着实用功，才有所长进，否则只是活一场罢了，又有何用？"阳明不仅教人如此，而他自己更是如此。试看他，以前对于格物、成仙和学佛，都是用着所有的热情，拼着整个的生命去追求的。而他后来在政治上的事功，更说明了这种"知行合一"的精神。阳明的光辉，阳明的伟大，就在于此。

五

在本书所述的思想家中，孔子是第一人，阳明是最后一人。虽然他们之间，相隔了两千多年，其中，多少波浪的起伏，多少思潮的澎湃，但从孔子传到阳明手中的，仍然是同一个道。

这个道中，曾渗有墨家的热情、道家的睿智、佛家的圆融，以及无数学派、无数哲人的心血。然而这个道，由儒家开始，又返归儒家，仍然是那么简易平实、颠扑不破。

阳明的一生，正像一部思想史。他遍历儒墨道佛各家，最后又回到儒家，终于悟透这个道，承接了"尧舜之正传，孔氏之心印"，建立了他的思想体系。

他的学说，在承先方面，不仅光大明道与象山以来的心学；而且远绍孔孟，发挥内圣外王的功夫。尤其他的"致良知"，更在儒家思想中注入了新的血液。

至于启后方面，他不仅转变了理学的颓风，使心学步上高潮，支配了此后四百余年的思想流变，而且在他死后的百余年间，他的同乡后进朱舜水，逃亡出国时，曾把他的学说带到日本，引起了彼邦研究阳明思想的热潮。而此一热潮，直接推动尊王攘夷的明治维新，揭开了日本现代史的序幕。

然而阳明的伟大尚不止此。直到今天，我们要砥砺士风，改变气质，从事心理建设，从事国家复兴，仍都以阳明的思想为号召，以阳明的人格为风范。这究竟是何原因？理由很简单，因为阳明不仅是位思想家，而且是位政治家、军事家。他在思想上，提倡"知行合一"的学说，针砭了千年来儒者空疏迂阔的毛病，正是所谓"道济天下之溺"。而他在实践上，更表现了文武合一的精神，一面破心中之贼，一面破山中之寇，十余年来的戎马生涯，使他成为一代的儒将。

总之，阳明的一生，无论在思想和人格上，都是一种"力"的表现。而这种力，正是我国历史上所缺乏的，也是我们今天所最需要的，这就是阳明之所以能闪耀古今了。

的确，孔孟的心传，到阳明手中，终于心花怒放了。然而自阳明以后，却不得其传。儒者都以为五百年间，必有圣人出现。但今天，离阳明之死，已将近五百年，而人心的颓废，士风的低落，更有甚于当年。所以能继阳明心传而兴起的，实有待于我辈的努力了。

第二十五章 中国哲学的未来

一

本书从孔子叙述到王阳明，王阳明卒于明世宗嘉靖七年（1529 年），距今已有四百多年。这四百年间，哲学的园地，虽不是完全空白，但要想求一位能与程朱陆王等人旗鼓相当的思想家，却渺不可得。为了斤量相称，乃使我们不能不于此搁笔而待来兹。

从思潮的大势来看，明朝中叶以前，思想界可说全是程朱的天下。等到王阳明出来，高倡良知之说，才代替了程朱之学。及后王氏虽卒，而其学说却经由弟子们的弘扬而大盛。直到明亡，学术界都为王氏的思想所笼盖。王学流行的结果，虽纠正了程朱支离外逐的短处，但是却带来了更大的流弊。尤其在王心斋（名艮，1483～1540）、王龙溪（名畿，1498～1583）两人作风的影响下，士风走上狂诞空疏的歧途。大家由于尚气节而流为嚣张哗噪，由于讲良知心性，而废书不读。相与讲论，使孔孟之学流为变相的清谈，不仅内圣外王之道不能大明，而人们本有的智勇才分，也都桎梏斫丧而殆尽。所谓"无事袖手谈心性，临危一死报君王"，便是当时最好的写照。而明朝的天下也就在这种空疏狂诞的士风下结束了。

明亡之后，社会情形为之巨变，学术风气自然也难例外。在这明清交替之际，虽也有几位名世的大师，如孙夏峰（1584～1675）、黄宗羲（1610～1695）、顾炎武（1613～1682）、王夫之（1619～1692）、李颙（1627～1705）、颜习斋（1635～1704）等是（按以上六人都是生于明末，而卒于清朝康熙年间）。他们虽都学问渊博，各有所长，但在哲学思想方面却并无卓越的创见。他们不是因袭调停于程朱陆王之间，便是由于痛感亡国之祸，而弃华崇实，留心于经世之学。例如颜习斋说："吾读《甲申殉难录》至'愧无半策匡时难，惟余一死报君恩'，未尝不凄然泣下也"，"……岂若真学一复，户有经济，使乾坤中永享治安之泽乎"，因此他们为学重实行，而以德行六艺教人，期能有益世道。这固然是圣贤精神，极可敬佩，但其无益于哲学思想，则是不争的事实。

等到这一般大儒，老成凋谢后，更是继起乏人，形成一片思想真空。我们并不是说，这一段期间没有读书人，而是在清朝的文化高压（如文字狱等）与利禄笼络下，科举八股已成了读书人唯一的正途。就是不屑于为此的，也都相率投身于训诂考证之途。欲求微言大义，一究圣贤至道的，实已渺不可得。因此终清之世，我们所看到的只是一科一科的状元举子，一派一派的文章名手，一位一位的经学大师，但是在思想方面，能卓然自成一家言的，却绝无仅有了。在这种学风弥漫下，我们简直看不到哲学思想的生机。

但天下事往往是"山穷水尽疑无路，柳暗花明又一村"，就在这"思想真空"达到巅峰的时候，却孕育了一个波涛汹涌的思想怒潮，那便是由鸦片战争而揭幕的"中西文化之交汇"。

二

中国与西方的全面接触，虽自鸦片战争前后便已开端，但西方哲学的正式输入，则是始于清末严复的译介西方名著（严氏于1898年译出赫胥黎的《进化论》是为其始，及后又译出孟德斯鸠之《法意》，斯宾塞之《群学肄言》，穆勒之《群己权界》等多种，名噪一时），而大盛于"五四"前后。在这短短三十几年中，西方各家各派的哲学，无不先后介绍到中国，甚至还邀请西方当代一流的哲学家杜威、罗素，到中国来讲学，风气高涨，盛极一时。

西方这些哲学，来自不同的背景，出于不同的想法，因此不仅内容新异，为中国人前所未闻，而其为学的旨趣方法，尤与中国人有着根本的不同。于是乃使大家眼界豁然开朗，知道在佛学义理之学等旧有学问外，还另有迥然不同的新天地。而著书立说，在我们旧有的路子外，还大有其他思考的准则与方向。这一新异狂潮的输入，遂使中国学海的领域拓宽，而使好学深思之士，平添了无数新的耕耘原野。

一种思想的输入，将不止是有个新的"存在"而已，它是要发生作用的。因此我们在知道西方哲学后，绝不止是在学术园地上添几个座位，而它自然而然地要对固有的哲学思想发生作用。这些作用有的浅近，当下即可显现，有的则比较深远，须在几代之后始能看出。首先产生的一个具体反应就是大家接受了西方的方法来讲解中国固有的哲学。胡适的《中国哲学史大纲》一书，就正是首先脱颖而出的一本代表作。胡氏此书，就哲学的观点看，虽极平凡，且只有上卷，但在历史上则具有划时代的意义。他是把前人的书文综合起来，然后把他的思想主张，分条析理地报道出来。这种做法，以前在中国是绝对没有的，而完全是受了西方哲学史的影响。从此以后，尽管有人反对胡氏的主张见解，尽管能有远比胡书深刻的著作，但是胡氏所走的路子，却为大家普遍接受了。那也就是说大家都已改用西方的方法，来讲中国哲学。

跟着就发生进一步的影响，而有人吸收了西方哲学的精神和技巧，来充实中国固有的哲学。儒释道三家，无不都有这一类的著作产生。其中可推冯友兰的《新理学》（儒）、熊十力的《新唯识论》（释）、张起钧的《老子哲学》（道）三书为代表。三者中以《新唯识论》最为深刻，而《老子哲学》则最有逻辑系统。他们虽都以旧有的哲学标榜，但其内容与旧有的面貌迥然不同。他们大体都是用西方的方法，给所述的学说建立一个理论系统。《理学》《老子》，原只是零散的语录短简，尤其在精神方面，不论是儒是释是道，其传统的旨趣都在使人实践，而言辞不过是指点人们体认的工具而已，但这三书则是在有意地经营一个学说。而这一不同的精神，正是来自西方。

上面指出这两种影响，都是比较浅近，容易显出的。所以在短短五六十年间，便有具体的表现。至于把西方哲学深沉融会而产生崭然全新的思想，一如当年融会佛学，而产生宋明理学，那就牵涉繁多而唯有期之于未来了。

三

我们所期待之崭新的哲学迟早终会出现。这是外来思想输入后的必然结果，只要中国人的头脑还不冬眠。但这一新的哲学究竟怎样形成，问题却非常复杂。

在前一次外来思想的输入——那也就是汉末以后的佛教的输入——虽也规模极大，但情形比较单纯。佛教虽如洪流一般灌入中国，而印度始终安静地躺在喜马拉雅山脉之南。但近代哲学的情形，便不同了，它是先有两大世界不断地接触，而后在船坚炮利、财大气粗的情形下输入的，于是牵涉的因素便大为复杂了。尤其就本质论，佛学是出世的，其范围只限于哲学宗教；而西方哲学则与世法关联极深，不仅许多观念想法，是由西方社会而产生，并且也另有一些观念意识，正是近代西方社会所以形成的精神支柱。我们只要接受这些观念意识，它便自然而然地形成一种力量，把我们推向近代西方社会的思想认识（例如"科学""民主""自由"等），何况伴随着哲学输入时，这两大世界早已被政治、经济、交通等力量牢牢地联结成一体。在这种情形下，我们不仅是接受新的思想，同时还要以我们古老的东方社会来适应或变成西方社会，在这一艰巨的激荡过程中，自然形成种种前所未有的问题，而这些新生的问题，就又转化成我们面临的思想课题，于是情形便益加复杂，而远非当年佛教思想输入之单纯了。

假如问题仅止于此，事情还好办，我们尽可在"迎头赶上"的西化努力中，输入思想解决问题，而听候哲学史上的自然演变。但哪知道这源流所自的西方思想和西方社会，其本身在今天也有了种种严重的问题。今天举世动荡不安，人类濒于毁灭的边缘，就是其例证。我们既承西潮而与西方形成一体，则这些问题便也平空地落在我们的头上，迫使我们不能不解决，否则我们自己的问题便无从单独解决。于是思想套思想，问题加问题，彼此交织成一个极复杂的汇丛。在这种情形下，我们中国哲学的未来发展，不仅要融汇西方思想的大流，并且要超出思想的范围以外，担负起解决人类全面问题的任务。只有能把这个大问题找出个端倪来，才是我们哲学发展的正鹄，而我们的哲学也才能有一个辉煌灿烂的前途。那也就是说中国哲学已进入世界的舞台，担负起人类的使命了，而这一远景就正是中国哲学未来发展的新天地。

四

从上面的分析看来，今天新起哲学的创建，远非当年建立宋明理学时的情形所能比。那时佛学带给我们的问题是：明心见性，了生脱死。那是一个超时空的永恒问题，我们可以抛开一切环境背景不管，而自由自在地融摄在中国固有哲学中。因此宋明理学虽是新起之学，实际上不过是把传统的孔孟之道，针对着二氏之说，加一个抽象而深刻的理论答辩而已。但今天的情势则大不一样。今天我们要建立新的哲学，绝不是仅仅吸收西方传入的思想，模仿西方的理论形式，塑造一套中国哲学便可交卷。这样的作品在当年建立宋明理学时则可，但在今天则将只是哲学橱窗里的花瓶，徒供人们赏玩而已。因为它未能解决今天我们面临的实际问题，而放弃了哲学的使命。反之只有能鼓舞群伦，给人类树立新的精神力量，使人们从内心里能够和谐相处，而共同迈向健全合理的理想境界，然后才算尽了当前哲学的应有使命，而世界的问题也才算有个彻底的解决。

这一任务，艰巨而重要，绝非个人的一己才思，或是一家一派的空洞想法，所能解决。那势必要汇聚中西双方的经验智慧，取精用宏彻底筹思，然后才能找到拔本塞源的对策，而树立起这领导人类的新精神。这一任务，固是中国哲学所应有的远景，但由于中国哲学已走进世界舞台，面对的是世界共同问题，因此它同时也就是世界哲学未来要作的严正课题。在这一共同的课题下，不分东西中外，人人都有责任，竭其才智，去为这一崇高的使命而奋斗，以期集思广益，互相诱发，共促问题早日解决。

在这一进程中，无疑的，中国哲人应该担起更多的肩责，义无反顾地走在大家的前面。因为中国自从鸦片战争后，惨遭列强打击侵略，为了御侮图存，不得不全心西化，力事西学。加以西潮正盛、中学委曲不振，遂使中国在文化方面也与政治一样的沦于次殖民地的地位，这真是中国人有史以来所未遇到的低潮，真是痛心已极。但诚如老子所说："祸兮福之所倚，福兮祸之所伏"，就在这惨痛的一世纪中，中国人学会了西方的一切。西方哲学思想对于中国人已成了通俗的常识，一如中国本国圣哲的思想一样。每一位中国哲人，只要他肯下工夫，都能深通西哲的学说。如其不高不精，那只是由于学力的问题，而不是因为他是"中国人"。换句话说，就是中国人对于西方哲学已毫无隔阂。反之，西方人对中国哲学的情形就不同了。伏尔泰（Voltaire）和莱布尼兹（Leibniz）推崇中国学术的时代，早已随着法国大革命而结束。鸦片战争以还，更是骄矜自满，不屑一顾。其间虽也不无钻研中华学术的，但多是充满了凭吊古国，探险非洲的情调。二战后，西方人开始注意研究了。但不仅文字是极大的隔阂，尤其中国思想的意态精神，以及表达的方法，都与西方迥然不同，绝不是按照西学方法，能够望文生义求懂的。虽也有极多的人从事译解孔、老，讲论儒、道，但实际仍停留在汉学、东方学的阶段，其境界相当于我们当年的"洋务"时代。尤其"东方学"（Far Eastern Studies）一词之意识，正与"洋务"两字，不谋而合。因此其所致力的乃在文字和史料，而距离思想的真正了解为时尚远。今天我们新哲学的创建，新的领导人类精神之树立，是要融会了中西双方的经验智慧而构成。但现在的情形则是西方哲人多只能专攻西学，而对中学极为隔阂（甚至一无所知），而中国哲人则兼通中西双方的哲学思想。两相比较之下，谁最为适宜担负融会中西的工作，那就不言而喻了。在这种情形下，中国人如不奋发而起，多尽一点责任，那实在是辜负了一百多年来所付出的沉痛代价。

尤其西方哲学自古希腊以来，就侧重于抽象的推理，而好作超时空的论断。到了近来更是趋骛于逻辑的推敲，语意（Semantics）的分析。这虽都表现出哲学上极其精深的造诣，但却流于空洞的"架子"，而难触及实际的现世问题。因此往往在理论上讲得头头是道，一旦衡诸事实则不是使人感到隔靴搔痒（因为缺乏实际的体验），便是显为一偏之见（因为只求理论的贯彻）。以这样的传统风格来谋解决当前繁难的世界问题，而求树立领导人类的精神（按：西方过去领导人类精神的任务，多委之于宗教），纵非缘木求鱼，至少也是用非所长了。反之中国哲学的传统精神就在面对现实，救人救世。如纯从西方的"哲学"（Philosophy——爱智之学）标准来看，可能并不为西人欣赏，甚至不承认是"哲学"（如西人每把儒家道家列于宗教之林）。但那是取舍的标准问题，不足为论。而要真正解决今日的问题，为人类找一条出路，却唯有以我们救人救世的传统精神为张本。我们既忝为中国人，便应该懔于自己的特殊责任，而去好好地发扬我们圣哲一脉相传的这种精神，使这种精神成为今后哲学思想的推动主力。我们要在这种推动下来融合古今的思想智能，运用近代的知识技能，而为人类建立一条长治久安的合理大道。到这时，中国哲学才算有一个光辉的未来，同时也把世界的哲学带到了一个新的境界。

近多年来，时常听到"光明来自东方"的呼声。在这一呼声的背后，反映着西方的哲学思想、精神文化都已发展到"穷则变"的阶段，而希望能从另一个世界中产出新生的力量。中国哲人固不可仅因生于东方，便有骄傲的幻觉，但是却应该当仁不让、坚定地有此信念，勇毅地尽此天责。我们要在这五千年智慧的灯塔上，点燃起举世期待的光明。

附录：中国哲学简明系统表

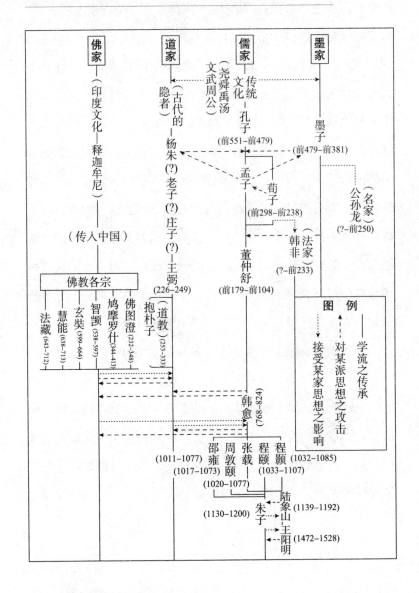

· 读懂中华文化　构建中国心灵 ·
———————— 道善书院国学新经典丛书 ————————

毓老师说论语（修订版）	爱新觉罗·毓鋆　讲述
毓老师说中庸	爱新觉罗·毓鋆　讲述
毓老师说庄子	爱新觉罗·毓鋆　讲述
毓老师说大学	爱新觉罗·毓鋆　讲述
毓老师说老子	爱新觉罗·毓鋆　讲述
毓老师说易经（全三卷）	爱新觉罗·毓鋆　讲述
毓老师说（礼元录）	爱新觉罗·毓鋆　讲述
毓老师说吴起太公兵法	爱新觉罗·毓鋆　讲述
毓老师说公羊	爱新觉罗·毓鋆　讲述
毓老师说春秋繁露（上、下册）	爱新觉罗·毓鋆　讲述
毓老师说管子	爱新觉罗·毓鋆　讲述
毓老师说孙子兵法（修订版）	爱新觉罗·毓鋆　讲述
毓老师说易传（修订版）	爱新觉罗·毓鋆　讲述
毓老师说人物志（修订版）	爱新觉罗·毓鋆　讲述
忧患：刘君祖讲易经忧患九卦	刘君祖
乾坤：刘君祖讲乾坤大智慧	刘君祖
新解论语（上、下册）	刘君祖
刘君祖完全破解易经密码（全六册）	刘君祖
四书的第一堂课	刘君祖
易经的第一堂课（全新修订版）	刘君祖
新解冰鉴	刘君祖
新解黄帝阴符经	刘君祖
一代大儒爱新觉罗·毓鋆	许仁图
说孟子	许仁图
哲人孔子传	许仁图
毓老师讲学记	许仁图
子曰论语（上下册）	许仁图
百年家族的秘密—林乾讲曾国藩家训	林　乾

· 化成整体生命智慧 ·

—————— 道善学苑·国学音视频精品课程 ——————

已上线课程：

《详解易经六十四卦》　　　　　　　　刘君祖

《孙子兵法：走出思维的迷局》　　　　严定暹

《史记100讲》　　　　　　　　　　　王令樾

《曾国藩家训18讲》　　　　　　　　　林 乾

《醉美古诗词》　　　　　　　　　　　欧丽娟

《唐宋词的情感世界》　　　　　　　　刘少雄

即将上线课程：

《解读孙子兵法》　　　　　　　　　　刘君祖

《解读心经》　　　　　　　　　　　　刘君祖

《论语精讲》　　　　　　　　　　　　林义正

《中庸精讲》　　　　　　　　　　　　黄忠天

《韩非子精讲》　　　　　　　　　　　高柏园

规划中课程：

《详解大学》　　　　　　　　　　　　黄忠天

《详解庄子》　　　　　　　　　　　　敬请期待

《公羊春秋要义》　　　　　　　　　　敬请期待

《春秋繁露精讲》　　　　　　　　　　敬请期待

《详解易经系辞传》　　　　　　　　　敬请期待

更多名家音视频课程，敬请关注我们的公众号

在这里，彻底学懂中国传统文化